IMPRESSIONS ET LIGNES CLAIRES

Aujourd'hui maire du Havre, Édouard Philippe a été Premier ministre de 2017 à 2020. Gilles Boyer a été son conseiller à Matignon pendant deux ans avant d'être élu député européen. Ensemble ils ont également écrit deux romans, *L'Heure de vérité* et *Dans l'ombre*, en cours d'adaptation en série.

Paru au Livre de Poche :

DANS L'OMBRE

ÉDOUARD PHILIPPE
GILLES BOYER

Impressions et lignes claires

POSTFACE INÉDITE

JC LATTÈS

ISBN : 978-2-253-10745-3 – 1re publication LGF

À Antoine Rufenacht.

Ce livre n'est ni une chronique, ni, à proprement parler, un récit des 1145 jours passés à Matignon, ni un essai, ni un ouvrage programmatique : nous avons choisi des sujets, des angles, des moments, des lieux et quelques personnes qui, à un titre ou à un autre, nous ont marqués. Choisir, c'est renoncer : à d'autres sujets, non moins importants, à d'autres moments, à d'autres personnes, mais la vie est longue et les futurs livres nombreux.

Si ce livre était un tableau, il se revendiquerait de l'impressionnisme : des coups de pinceau visibles, qui pris séparément peuvent sembler flous mais dont l'addition finit parfois par dessiner un paysage, un portrait, une époque.

La promesse de l'aube

« Tu trembles, carcasse,
mais tu tremblerais bien davantage
si tu savais où je vais te mener ! »
Henri de La Tour d'Auvergne,
vicomte de Turenne, 1667

« *E pur si muove.* »
Attribué à Galilée

Au commencement sont les idées.

En politique, ce sont souvent celles des autres, mais enfin, ce sont des idées. Elles peuvent concerner le fond, la vision de la société, l'avenir de la France ou de la planète, elles peuvent décrire une organisation économique ou géopolitique, conceptualiser une colère ou organiser le progrès. Elles peuvent aussi traduire des choix tactiques, lesquels ne sont pas moins importants, même s'ils sont plus circonstanciels, et susciter des aspirations, voire des mouvements systémiques. En structurant l'action, elles mènent le monde. « Au fond des victoires d'Alexandre, on retrouve toujours Aristote », disait le général de Gaulle, à raison.

En 2017, nous avons rencontré une de ces idées.

Elle est apparue, paraît-il, un peu avant le deuxième tour de l'élection présidentielle. Peut-être avait-elle germé bien avant, peut-être avait-elle été glissée à l'oreille par un conseiller ou un ami, peut-être est-elle née d'une intuition longuement mûrie, ou bien d'une subite provocation. Personne, sauf l'intéressé lui-même, ne saurait répondre avec précision à cette question, dont tout indique qu'elle n'intéresse plus désormais que les archéologues de la vie politique.

Avant d'être qualifié pour le second tour de l'élection présidentielle, il avait déjà eu l'autre idée, totalement inédite, d'y présenter sa candidature contre tous les codes et les précédents de la Ve République : trop jeune, n'ayant jamais été parlementaire, ni maire, jamais même élu dans un conseil régional ou départemental, jamais même candidat à aucune élection d'aucune sorte, inconnu des Français encore deux ans auparavant, ayant créé son propre mouvement politique sur l'intuition que la gauche et la droite sont usées et tellement fracturées que les modérés des deux camps se retrouvent plus proches les uns des autres que les membres d'un même parti entre eux, et que le moment est venu de les rassembler en réunissant, enfin, la gauche de la droite avec la droite de la gauche.

S'il avait fait comme tous les autres avant lui, il aurait attendu son tour. Il se serait laissé berner par tous ceux qui lui expliquaient que ça ne se faisait pas. Bien sûr, cette audace lui a été reprochée, le plus souvent par ceux qui se reprochaient à eux-mêmes de ne pas l'avoir eue. La vérité, c'est qu'il n'y a pas de tour, et qu'en attendant le sien, on prépare celui des autres.

Par un improbable mélange d'intuition, de talent, d'audace et de chance, les planètes s'alignèrent. Et il apparut probable, au soir du premier tour de l'élection présidentielle, qu'un homme d'à peine 40 ans, jamais élu nulle part, puisse devenir président de la République française.

Il aurait été possible qu'au moment précis où cette audace allait le conduire à l'Élysée, le futur Président décidât de rentrer dans un moule de confort et de conformisme. Curieux, mais possible.

Il n'en fut rien. À l'audace initiale succéda une idée au moins aussi curieuse : nommer Premier ministre un homme encore moins connu, des Français comme de lui-même, siégeant dans l'opposition parlementaire qui l'avait combattu, certes maire d'une grande (et belle !) ville, mais sans expérience gouvernementale et qui n'avait pas jugé bon de faire campagne pour lui.

Toute la grammaire de la Ve République réprouvait cette idée, la prudence la déconseillait, la logique même de la vie politique semblait la condamner. Qui sait s'il saura faire ? Qui sait si on peut avoir confiance ? On le connaît à peine, on ne va pas lui donner les clés du camion ! Il vient du camp d'en face, tout de même ! On lui demanderait de mettre en œuvre un projet qu'il n'a ni conçu ni soutenu ? On a quand même dans nos rangs des calibres qui pourraient faire, et qui étaient dans l'aventure depuis le premier jour !

Toutes ces objections, défendables, le futur Président les connaissait sans doute avant qu'elles ne soient formulées par ses proches. Et nul doute qu'elles le furent, un peu avant la nomination, longtemps après, et aujourd'hui encore. Étaient-elles fondées ?

Il ne faut jamais penser que ce qu'on vit serait unique, ou constituerait l'étape ultime de quelque chose. Dans le déconcertant, le tragique ou le ridicule, la vie politique française démontre régulièrement sa capacité à pousser toujours un cran plus loin. Mais il faut reconnaître que cette idée était, avant le deuxième tour de l'élection présidentielle, pour le moins originale.

Jamais un Président élu n'avait choisi comme Premier ministre, sans y être contraint par les institutions (les cohabitations), une personnalité n'appartenant pas à son camp. Peut-être un lecteur attentif et érudit pourra-t-il dénicher, en France ou ailleurs, un précédent comparable. Encore faudra-t-il trouver un pays où un Président élu et doté de pouvoirs importants doit nommer un Premier ministre lui-même doté de pouvoirs importants, ce qui est une singularité bien française.

Mais lui savait qu'après avoir fracturé la gauche avant la présidentielle, il serait urgent de fracturer la droite ensuite, en particulier dans la perspective des élections législatives du mois suivant. Et que le meilleur moyen d'y parvenir serait de nommer à Matignon une personnalité qui en serait issue.

Manifestement, il savait à qui il pensait. Nous, pas du tout. Lorsqu'il avait proposé au maire du Havre de venir discuter une heure, entre les deux tours de la présidentielle, nous nous étions bien dit qu'il avait quelque chose en tête, mais quoi ?

Ce jour-là, le futur Président semblait calme. Peut-être un peu exalté, on le serait à moins, par la perspective du second tour à venir, tout à fait conscient de la difficulté de la mission qui l'attendait, et visiblement prêt à supporter la charge de l'impopularité qui s'y attachait : il voulait vraiment changer les choses, ce qui ne va jamais de soi dans notre beau pays.

Il était souriant. Il ne négociait pas. Il voulait convaincre, et séduire, et jauger, peut-être même juger. Peut-être pas dans cet ordre. Mais tout cela à la fois.

Dans le bureau régnait un sympathique désordre. Les livres s'empilaient en colonnes fragiles, les souvenirs des déplacements et des rencontres de la campagne présidentielle occupaient tout l'espace, et, dans un amoncellement joyeux, les maquettes de fusée, les écussons d'unité et les bibelots racontaient, aux autres, aux visiteurs, l'histoire d'un homme tel qu'il souhaitait qu'elle soit vue.

Un bureau, même un bureau de campagne, par nature provisoire et de passage, dit toujours quelque chose sur son occupant. Sur son parcours et sur ses goûts. Sur la place qu'il accorde à la pompe ou au confort. Sur ce qu'il garde. Sur ce qu'il montre. Et lorsqu'un bureau est impersonnel au point de ne rien dire, il dit encore quelque chose. En l'espèce, l'ensemble était cohérent : du bureau et de son occupant émanaient une impression de jeunesse, de vitalité, de culture et d'intelligence, une volonté de rompre avec des pesanteurs que la technologie autant que l'époque rendaient caduques et contre-productives.

De l'entretien qui se tint dans ce bureau, rien ne sera raconté, en tout cas pas de ce côté-ci de la table : un usage bien établi que nous a transmis Alain Juppé commande en effet de ne jamais faire état des discussions que l'on peut avoir avec le président de la République. On objectera peut-être qu'à ce moment il n'était pas encore élu, et que donc l'usage n'était pas exactement de mise. On fera valoir, faussement consterné, que cet usage, comme beaucoup d'autres, n'a plus cours, et qu'aujourd'hui tout le monde raconte tout, y compris ce que le Président peut dire, y compris et surtout ce qu'il n'a jamais dit ni même pensé.

Et ainsi, dans les alcôves des restaurants, dans les arrière-cours des ministères, dans les *open spaces* des rédactions, on montre des messages, on relate des coups de fil, et bientôt de parfaits inconnus viennent vous décrire une réunion ou, pire, des rendez-vous, auxquels vous participiez, en vous expliquant qu'ils savent, eux, ce qui s'y est dit : on raconte, on transforme, on tord, on enjolive, on romance, on interprète. Et comme une digue assaillie par une marée puissante et régulière, l'usage ne tient que lorsque tout le monde le respecte et qu'aucune faiblesse n'apparaît. Au premier signe de fragilité, à la première transgression venue, aussi sûrement qu'une fissure peut emporter tout l'ouvrage, tous ceux qui, pourtant, ont juré, tombent dans le travers et racontent, interprètent, enjolivent et déforment.

Par attachement aux usages républicains et au respect des institutions, mais aussi par orgueil, celui de ne pas céder aux faiblesses de l'époque, il fut décidé, une fois pour toutes, pendant cet entretien, que jamais, sauf autorisation expresse du Président, il ne serait fait état du contenu des échanges qu'il pourrait avoir avec celui qu'il pressentait tacitement. Et cette règle solide, fixée unilatéralement, respectée avec rigueur depuis ce premier entretien, paraît devoir être observée pendant encore longtemps.

Sans évoquer ce qui fut dit, il est toutefois permis de relater ce qui ne le fut pas.

En politique, comme dans la vie en général, tout ce qui est dit n'est pas forcément pensé. Et tout ce qui est pensé n'est pas forcément dit. Et ce qui est tu a souvent autant de sens que ce qui est verbalisé. Les commentateurs cherchent toujours à savoir ce qui se serait dit, pour s'en extasier ou s'en offusquer, mais ils pourraient, plus utilement encore, se demander ce qui n'a pas été dit. De quoi il n'a pas été question. Soit parce que tel ou tel problème n'est, en réalité, pas un sujet. Soit parce que personne n'ose en parler.

Soit parce que les hommes qui gouvernent préfèrent parfois la liberté floue de l'implicite à la clarté souvent contraignante de l'explicite.

Jamais, au cours de l'entretien qui s'est tenu dans ce bureau, celui qui allait devenir Président n'a évoqué explicitement son idée. Mais il est possible de décrire quelque chose sans le nommer, ou de le laisser entendre sans le mentionner : aussi l'idée était-elle là, présente, rôdant au-dessus de l'hôte du jour comme un esprit rôde dans une maison hantée, aussi omniprésente dans les esprits qu'absente dans les mots. Celui qui l'avait eue ne voulait pas encore la formaliser : il avait besoin de pouvoir changer d'avis, sans contrainte. Mais plus l'entretien durait, plus elle s'imposait, et plus la chape de plomb qui l'accompagnait s'abattait sur les épaules du pressenti.

Peut-être le futur Président ne faisait-il, au fond, que jouer avec l'idée ? Mais du moins l'idée existait-elle, et sa concrétisation oscillait en permanence entre le possible et le probable, dans une joyeuse ambiguïté, et des facteurs multiples : une réputation, des recommandations, des comparaisons, le rapport entre le risque pris et les avantages attendus, et surtout, surtout, une intuition.

De l'autre côté de la table, on savait que le futur Président se renseignait, mais il était urgent de ne poser aucune question et de tenter de ne trahir aucune émotion, de rester calme, factuel, analytique et souriant.

Pendant les vingt jours qui séparèrent cet entretien, amical et détendu, et l'annonce de la nomination du Premier ministre par le secréta… l'Élysée, le 15 mai 2017, jamais le Préside… qua directement avec celui qui allait devenir Pr… ministre la possibilité de cette nomination. À mesu… que les discussions avançaient et que les contacts se multipliaient, cette possibilité s'affermissait.

Mais rien n'était sûr.

Et pendant ces vingt jours, la surprise laissa place à la peur.

*

La peur s'installe rapidement dans un esprit.

Il ne s'agit pas, en tout cas pas au début, d'une peur paralysante, au sens où la réflexion, le sens des réalités et des rapports de force, la capacité d'analyse s'en trouveraient amoindris. Elle prend plutôt la forme d'une inquiétude latente, cette incapacité à rester tranquille, que l'on pense dominer en s'occupant, en se réfugiant dans la solidité de la routine et des usages, mais qui finit toujours par se glisser dans vos pensées, et y prendre une part d'abord lancinante puis de plus en plus imposante.

Puis, au fur et à mesure que l'idée semblait prendre de la consistance, cette inquiétude s'est imposée, prenant la place que lui laissaient, de mauvais gré, toutes les autres occupations intellectuelles et matérielles et finissant par se transformer en une vraie peur.

La peur de se tromper. Celle de ne pas être à la hauteur, de se méprendre sur l'époque, sur les cironstances ou sur les personnalités. Une peur physique, qui comprime le torse et liquéfie l'estomac. La peur de se retrouver dans une situation qui pourrait conduire à constater que l'on n'est pas celui qu'on voudrait être, ou à constater qu'on n'est pas prêt pour ce à quoi on se prépare. La peur de décevoir ceux qu'on aime ou ceux qui nous ont fait confiance. Une peur qui serre le cœur jusqu'à la nausée.

Une peur solitaire. La trahir vous condamnerait. La partager vous exposerait au risque d'une indiscrétion, qui tuerait l'idée, ou vous rendrait ridicule, ou les deux. Une peur paradoxale aussi, parce que l'âme est compliquée, et que cette peur devient aussi, assez vite, la peur de ne pas voir l'idée prospérer. Avoir peur que quelque chose arrive, et peur que ce quelque chose n'arrive pas. Comme disait Céline : « La peur ne dit ni oui, ni non. Elle prend tout ce qu'on dit, la peur, tout ce qu'on pense, tout. »

Après l'entretien amical et détendu, c'est donc la peur qui s'est imposée.

Peut-on avouer qu'on a eu peur ?

Pourquoi le nier ?

Gouverner, c'est parfois avoir peur.

C'est avoir peur que Notre-Dame brûle puis s'effondre. C'est sentir l'angoisse monter lorsque le général Gallet, commandant la brigade de sapeurs-pompiers de Paris, après avoir mesuré tous les risques, après avoir évoqué toutes les options, propose d'envoyer dans la tour nord, alors que la nuit tombe, une vingtaine de ses hommes pour essayer de sauver la cathédrale et qu'il relève les yeux vers le Président, pour savoir si, le risque opérationnel étant admissible, le risque politique qu'il reviendra au Président et au gouvernement d'assumer peut être couru. C'est la peur de l'attente. Et c'est surtout la peur qui vous saisit, 24 heures après, lorsque la cathédrale est sauvée, lorsque l'Assemblée unanime et la nation tout entière ont salué les héros et tous ceux qui ont participé à cet incroyable sauvetage, en passant devant les Invalides : c'est être pris d'un tremblement incontrôlable des mains en imaginant, comme dans un cauchemar, les vingt cercueils alignés des pompiers s'ils n'avaient pas réussi leur exploit et que la cathédrale s'était effondrée. Il arrive d'avoir peur avant les faits, mais il n'est pas rare aussi d'avoir peur après.

C'est parfois avoir peur que quelqu'un frappe à la porte. Il se trouve qu'échoit au Premier ministre la responsabilité de la défense aérienne du territoire. À ce titre, il lui revient d'ordonner le feu contre un aéronef qui constituerait un danger avéré. Tout cela peut sembler théorique. Mais l'expérience du gouvernement montre que rien de ce qui peut sembler théorique ne doit être pris à la légère. Le pire n'arrive pas toujours, mais il ne doit jamais être exclu. Le pire peut prendre la forme d'un renseignement indiquant qu'un avion d'une compagnie aérienne étrangère, décollant d'un pays voisin et se rendant dans un pays tiers mais survolant notre territoire, pourrait être détourné et transformé en avion suicide pour commettre un attentat d'ampleur. Le renseignement n'est pas complètement solide, mais il est suffisamment sérieux pour que le dispositif d'alerte et de réaction soit placé à un niveau de mobilisation maximale. Et qu'ainsi, toute la journée, pendant toutes les réunions qui doivent se tenir normalement, dans les ministères ou à l'Assemblée, sous l'œil des caméras, ou dans votre bureau, vous redoutiez que le chef de votre cabinet militaire, un général qui en a vu d'autres, mais qui n'est pas totalement détendu pour l'occasion, vienne vous interrompre pour vous annoncer qu'il faut décider.

C'est avoir peur de manquer de médicaments. Lorsque l'épidémie de Covid-19 s'est déclarée en France, les stocks de médicaments nécessaires à la réanimation étaient constitués dans les hôpitaux. Les circuits d'achat étaient éprouvés. Il n'y avait pas de précédent d'une tension réelle sur ces approvisionnements. Et puis l'épidémie a éclaté. Chez nous, bien sûr, mais aussi en Italie, en Espagne, en Grande-Bretagne, en Belgique. Puis aux États-Unis. En quelques semaines, la consommation de ces médicaments indispensables à l'anesthésie et au maintien en intubation a progressé de 2 100 %. Aucun stock ne résiste à une consommation aussi rapide, à des réanimations aussi nombreuses et aussi longues. Et pendant quelques jours, la crainte d'une pénurie de ces médicaments a été sérieuse : les stocks dans certains hôpitaux du Grand-Est, des Hauts-de-France ou de l'Île-de-France n'étaient plus que de quelques jours, et il aura fallu les efforts remarquables et trop souvent ignorés, voire dénigrés, des autorités sanitaires françaises (et des membres du corps diplomatique) pour mettre en commun les réserves de médicaments d'établissements hospitaliers de toute la France et réussir à acheminer dans des conditions parfois rocambolesques les molécules indispensables aux soins prodigués par les services de réanimation. Mais pendant ces quelques jours, où l'approvisionnement est resté incertain, où les démarches internationales intenses et les réorganisations internes profondes ont permis d'éviter une situation dramatique, la peur a rôdé et saisi beaucoup de ceux qui gouvernaient.

Évidemment, ce jour d'avril 2017, en sortant du bureau du dernier étage de cet immeuble banal du XVe arrondissement de Paris, aucune de ces raisons d'avoir peur n'était envisageable. Notre-Dame semblait éternelle, les gilets jaunes rangés dans les coffres des voitures ou dans les boîtes à gants et les pandémies lointaines dans l'espace et dans le temps. Le risque d'attentat était bien plus concret, le pays ayant été durement éprouvé par le passé par des actes abominables et criminels. Mais sans toujours mettre un nom ou une image sur les dangers auxquels notre pays est soumis, la perspective de gouverner impose de prendre la mesure des risques immenses qui se présentent. Et à ces risques, qui provoquent à raison l'angoisse, s'ajoute un sentiment plus humain, plus naturel, plus normal même : la peur de faire. D'être non plus en situation de commenter, d'objecter, de proposer, de critiquer, dans une opposition qui peut être féroce ou constructive, mais qui ne ressemble à rien de ce que peut être le fait de gouverner. D'être en situation de prendre des décisions multiples, dans les domaines les plus variés. De devoir répondre de ces choix, d'en être comptable.

Au demeurant, la peur face à l'inconnu est assez courante, et la politique ne fait pas exception. Ce qui est peut-être moins courant, c'est de l'admettre. Pourtant, c'est davantage ceux qui n'ont pas peur qui devraient nous inquiéter. L'inconscience est rarement une vertu, et lorsque la légèreté est présentée comme une force, il convient de s'inquiéter pour le pays.

Oui, il y a eu la peur.

Et puisqu'elle était là, il a fallu l'apprivoiser.

D'abord en restant calme et en réfléchissant. Ensuite en partageant ce qui n'est pas partageable, pour discuter de ce qui n'est pas discutable.

Dans ce type de circonstances, nous nous appelons. Parce que, au fond, depuis notre rencontre en 2002, nous avons partagé tous les combats.

Les grandes espérances

> « Quand ça change, ça change. Faut s'adapter ! »
> Michel Audiard

Peut-on apprendre à gouverner ?

La question est aussi ancienne que l'organisation du pouvoir. Car gouverner, c'est prendre des décisions pour l'avenir, immédiat ou lointain, d'un groupe humain. C'est s'interroger sur la manière de perpétuer le pouvoir, de l'asseoir, et donc de s'y former et d'y former ses successeurs. Notre conviction, ou plutôt notre intuition, c'est que le principe même d'une société humaine, parce qu'elle pose systématiquement la question du pouvoir, implique des formes de préparation à son exercice.

Alexandre le Grand reçoit l'enseignement d'Aristote, parce qu'il devra gouverner, et que cela s'apprend. Plus raffiné et plus impressionnant encore, parce que destiné à organiser une société entière, le *cursus honorum* romain illustre à merveille, par la force et le raffinement de ses règles autant que par les exceptions et la souplesse propres à tout système conçu pour durer, ce besoin d'assurer aux prétendants et de garantir à la Cité la formation des futurs gouvernants. Avant de devenir consul, le questeur, puis l'édile, puis le préteur, avait franchi toutes les étapes initiatiques.

On pourrait ainsi, à chaque époque, pour chaque civilisation, déceler les parcours, les formations et les rites destinés à préparer ceux qui, par leur naissance ou par leurs talents (et parfois les deux), seront appelés à gouverner.

De façon parallèle, la pensée politique a tenté, depuis toujours, de théoriser l'art de gouverner, afin d'y préparer les aspirants. Machiavel, Han Fei Zi ou Fénelon s'inscrivent dans cette logique de l'enseignement, le Prince devant être préparé à l'exercice du pouvoir. On se plongera avec délectation dans l'article de Maupassant publié par *Le Gaulois* en 1881[1] où l'auteur, qui en profite pour égratigner Gambetta, assure qu'on ne « peut être fort à l'escrime qu'en la pratiquant dès l'enfance. On ne peut savoir gouverner les autres que si l'on a été élevé avec cette idée constante qu'un jour on sera appelé à prendre le pouvoir. Alors on apprend, sans s'en douter, toutes les petites ficelles du métier, tous les moyens employés ; on devient enfin un homme pratique remarquable, sans être nullement un homme de génie ».

1. *L'Art de gouverner.*

Mais s'il est simple de pressentir que gouverner s'apprend, il est plus compliqué de savoir comment faire.

Commençons par l'évidence : aucun titre, aucun diplôme ni aucune formation ne sont nécessaires pour gouverner. Aucun ne nuit non plus : stigmatiser celui ou celle qui aurait fréquenté telle ou telle école serait aussi absurde qu'écarter celui ou celle qui aurait choisi, ou subi, un autre chemin. Réussir des concours n'est évidemment pas un brevet de compétence pour la vie, mais il n'est pas certain que les rater soit une vertu cardinale.

Comment acquérir ce mélange particulier de maîtrise technique, de bon sens, de management, de lecture des rapports de force, de capacité d'adaptation et de conviction, de charisme parfois, de patience toujours, de détermination et d'endurance, de fulgurance et de goût du risque ? Rien n'y prépare, sauf la vie : la vie professionnelle et ses défis, la vie personnelle et ses difficultés, la vie sociale et ses complexités, la vie intellectuelle et ses émulations, la compétition et la contemplation, l'expérience et l'enthousiasme.

Gouverner est un art. Et l'art, ça s'apprend.

Pour notre part, nous avons reçu, ou subi, une formation de juristes. Plus précisément, pour résumer en une formule toute la saveur et l'ironie de notre système éducatif, l'un a étudié le droit et l'a très peu exercé alors que l'autre l'a effleuré pendant ses études et pratiqué pendant une bonne partie de sa vie professionnelle. Mais, incontestablement, juristes nous sommes. D'esprit, bien plus que de pratique. La règle de droit, son agencement dans l'ordre juridique, la rédaction précise du compromis, de l'engagement ou de la norme, le choix et la précision du mot juste ont été et sont encore au cœur de notre façon de penser, et ont façonné notre jugement autant que notre manière d'aborder les problèmes. Ce n'est heureusement pas notre unique porte d'entrée dans la résolution des problèmes, mais c'est un référentiel précieux qui nous a tirés de bien des embarras, tant il est vrai qu'à la fin, il y a toujours une règle de droit, une loi, un décret, une circulaire, un arrêté municipal, une lettre recommandée, qui vient concrétiser la décision prise. Sans parler des usages, qui peuvent revêtir une force normative redoutable.

Depuis Rome, droit et politique s'entremêlent, les juristes devenant responsables politiques lorsque leur connaissance du droit, leurs talents oratoires ou leur proximité avec le pouvoir les conduisent à franchir le pas. Du reste, si connaître le droit constitue sans doute un avantage, le mépriser, ou en tout cas savoir ne pas s'y soumettre toujours, n'est pas sans intérêt. André Duroméa, maire emblématique du Havre de 1971 à 1994, député puis sénateur, communiste depuis sa plus jeune adolescence jusqu'au dernier jour de sa vie, aimait raconter que, résistant, il avait été arrêté par des policiers et condamné à mort par des magistrats qui n'avaient pas forcément cessé leur activité après la guerre, et qu'il concevait, depuis, une forme d'indifférence à la règle de droit dans ce qu'elle peut avoir de plus déclamatoire, sans jamais en déduire qu'il pouvait la violer.

Armés de notre formation de juristes, spécialiste pour l'un et généraliste pour l'autre, nous ne savions rien faire au sortir de nos études. Et nous en étions conscients. Mais nous savions apprendre, ce qui est considérable, et nous faisions partie, grâce à nos études, d'une partie de la population à qui il est offert de multiples opportunités d'apprendre. C'est un privilège considérable, dû à nos seules études, et donc à notre travail, mais un privilège tout de même.

Et de fait, même si nous ne l'aurions pas formulé ainsi à l'époque, il nous a semblé que la seule façon d'apprendre la politique, et le cas échéant, ce que gouverner voulait dire, c'était de regarder au plus près ceux qui faisaient, de s'y essayer dès que possible, et de lire ou voir tout ce qui pouvait traiter du sujet.

Notre histoire commune commence en 2002. Cette année-là, il fallait recomposer la vie politique. Déjà.

La qualification au second tour de l'élection présidentielle du père de Marine Le Pen avait causé un séisme. Plus jamais ça ! Il convenait, à droite, où l'on avait eu chaud, d'éviter ce qui venait d'arriver à la gauche : une dispersion fatale des voix au premier tour, venant rogner les voix de Lionel Jospin, grand favori de la compétition, jusqu'à l'éliminer.

Aussi longtemps que la vie politique française avait été marquée par la confrontation de la droite (et ses deux pôles, gaulliste et centriste) et de la gauche (et ses deux pôles, socialiste et communiste), les choses étaient sinon simples, du moins cadrées : le premier tour de la présidentielle servait à désigner celui ou celle qui affronterait le candidat choisi par l'autre bloc. La multiplicité des candidatures dans un camp n'était pas si grave. Elle pouvait laisser des traces, susciter des détestations, interdire des dynamiques et rendre difficile la victoire au deuxième tour mais enfin, la vie politique ne s'en trouvait pas fondamentalement modifiée. Jacques Chirac et Édouard Balladur ont ainsi pu s'affronter en 1995, comme Jacques Chirac et Raymond Barre en 1988, comme Valéry Giscard d'Estaing et Jacques Chirac en 1981, et nous pourrions remonter plus loin, sans craindre de s'éliminer mutuellement, du moins au premier tour. Au second tour, le « peuple de droite » pouvait théoriquement, non sans ressentiment et perte en ligne, se rassembler face au « peuple de gauche ».

L'élection de 2002 avait changé la donne. Et chacun mesurait que, faute d'unité de candidature à droite, elle pouvait fort bien connaître en 2007 la même mésaventure. Pour cela, nous étions nombreux à penser qu'il était temps de mettre fin à la rivalité entre RPR et UDF, toujours unis sauf au moment des élections, et rassembler la droite et le centre dans une formation politique unique qui pourrait, le moment venu, désigner un candidat unique.

Cette considération tactique venait se conjuguer avec un constat dont beaucoup se réjouissaient, que certains déploraient et que très peu contestaient : les partis politiques de la droite et du centre, avec leurs histoires respectives et leurs cultures différentes, et malgré leurs antagonismes, partageaient désormais un corpus idéologique commun. Il y avait, et il y aurait encore, des différences entre les gaullistes (en tout cas ceux qui se revendiquaient comme tels), les centristes et les libéraux. L'économie de marché affranchie, le plus possible, de la tutelle étatique, la prééminence des fonctions régaliennes de l'État, les principes de liberté et de responsabilité, la valeur du travail, la récompense du mérite, la décentralisation, le choix européen (à des degrés certes divers) : tout cela constituait sinon une doctrine, du moins une culture politique commune qui justifiait qu'on cessât enfin de se diviser pour construire une formation solide, massive et unie afin de garantir pour longtemps une majorité politique permettant la mise en œuvre durable de politiques publiques cohérentes.

En tout cas, c'était l'idée. Alain Juppé, qui l'avait formulée avec d'autres, y croyait. Et il n'était pas tout seul. Il avait même choisi de ne pas retourner au gouvernement, alors que la proposition était sur la table, peut-être échaudé par son expérience à Matignon, peut-être conscient qu'il fallait d'autres visages pour incarner une autre période, peut-être (sûrement) désireux de rester maire de Bordeaux, peut-être animé par l'idée simple que la meilleure façon de construire sa candidature à la présidentielle n'était pas de gouverner, mais bien de concevoir un objet politique à sa main, afin de pouvoir en faire une rampe de lancement pour 2007.

Construire une machine politique qui fonctionne n'est pas exactement un exercice facile. Cela demande du temps et beaucoup d'énergie. Pour y arriver, sur le conseil de Patrick Stefanini, Alain Juppé propose à un jeune adjoint d'Antoine Rufenacht à la mairie du Havre, par ailleurs membre du Conseil d'État, de devenir directeur général du parti afin de mener à bien la fusion des trois formations politiques constitutives et de mettre en place la nouvelle organisation. Le jeune élu local n'était membre ni du RPR, ni de l'UDF, ni de DL, ni d'aucun autre parti à l'époque. Il se demandait bien à la fois pourquoi Alain Juppé avait pensé à lui, et comment il allait faire. Pour comprendre et se faire aider, toujours sur les conseils de Patrick Stefanini, il avait cherché à rencontrer beaucoup de monde, dont le directeur des affaires juridiques du RPR, par ailleurs directeur adjoint du cabinet de la présidente du RPR, un jeune homme du même âge, dont on lui disait le plus grand bien, afin qu'il vienne travailler avec lui à l'UMP.

Refus. Refus poli, mais refus ferme néanmoins. Le garçon était déjà aimable. On ne peut pas dire que le Havrais ait été trompé sur la marchandise. Plutôt que la construction du parti à Paris, le jeune apparatchik préfère la vie bordelaise, et devient directeur du cabinet d'Alain Juppé, maire de Bordeaux.

Diriger une ville, la gouverner, c'est apprendre que derrière chaque décision, la plus modeste ou la plus ambitieuse, celle dont l'effet est immédiat comme celle qui va structurer l'espace pendant plusieurs décennies, celle qui ne coûte rien ou celle qui implique un investissement de plusieurs millions d'euros, on trouve toujours quelqu'un qui s'oppose, quelqu'un qu'il faut entendre, comprendre, et à qui il faut expliquer.

Les Américains parlent parfois de *retail politics* : la politique de détail, comme on dit le commerce de détail, par opposition au commerce de gros. L'expression est bien trouvée, et nous la préférons à celle, plus guerrière et souvent utilisée dans le milieu politique français quand il s'agit de désigner la spécificité locale, de « combat de rue ». Mais elles ont en commun de montrer l'engagement humain, presque charnel, de la politique locale.

On peut passer sa vie dans un ministère sans croiser celles et ceux à qui on impose des décisions. On y verra parfois les « corps intermédiaires », les représentants, légitimes ou autoproclamés, de ceux qui sont concernés par les décisions envisagées, mais les citoyens du bout de la chaîne sont souvent trop loin ou trop nombreux pour que le ministre puisse échanger directement avec eux. Peut-être, pour réussir un effet de tribune, faudrait-il dire que c'est le ministre qui est trop loin. Mais en vérité, c'est la chaîne qui est trop longue. Dans un pays de 67 millions d'habitants, et malgré ses efforts, le responsable national ne pourra jamais avoir avec ses concitoyens ou avec l'écosystème dont il a la charge une relation équivalente au lien entre un maire et ses administrés.

Maire, il vous arrive tous les jours de croiser quelqu'un qui a, au minimum, une bonne raison d'être insatisfait : des travaux dans sa rue, un sens interdit mal placé, des ordures qui s'accumulent, la saleté, le manque d'équipements publics ou, lorsqu'ils ne manquent pas, leur coût, les impôts, le manque de logements, ou d'emplois, ou les deux, les places en crèche, les bus qui n'ont pas le bon trajet ou qui sont en retard, les jours d'ouverture du marché, les horaires de fermeture des bars et des boîtes de nuit, les bouchons, les horaires d'ouverture de la bibliothèque, les pistes cyclables, le manque d'espaces verts, le projet d'aménagement d'un quartier, etc. Lorsque c'est tout cela à la fois, il y a évidemment lieu de se faire du souci…

À portée d'engueulade, mais généralement respecté, le maire (c'est valable aussi pour ses adjoints) doit répondre directement de tout ce dont il a la charge et bien souvent du reste. Alors, jeunes candides, nous observons Alain Juppé et Antoine Rufenacht, nos patrons. Nous les voyons trancher des dilemmes, résoudre des conflits de personnes, arbitrer entre des logiques contraires, choisir quand pousser son avantage ou lâcher du lest, quand il faut séduire, quand il faut imposer, quand il faut sourire ou froncer les sourcils. Nous les observons prendre des décisions qui engagent la vie quotidienne de leurs administrés pour des décennies, diriger leur équipe municipale et leurs services, sans jamais perdre de vue le souci du détail qui leur fait appeler leur directeur de la propreté lorsqu'ils voient, au hasard de leurs promenades en ville, un sac-poubelle qui traîne, un potelet déchaussé ou un mur dégradé.

Ce mélange de vision et d'importance donnée à chaque détail, d'infiniment grand et d'infiniment petit, fait la richesse du beau métier de maire. Pour eux, qui sont grands, aucun problème n'est petit. Contrairement à l'adage, pour un maire, *de minimis curat praetor*[1].

Ainsi depuis 2002, chacun aux côtés d'Alain Juppé jusqu'en 2017, dans des vies professionnelles et politiques différentes, nous ne nous sommes pas quittés. Les barbes ont poussé puis blanchi, les cheveux sont tombés, les tristesses et les éclats de rire ont alterné, mais nous ne nous sommes plus quittés.

En 2004, la foudre qui frappe Alain Juppé lors de sa condamnation nous laisse presque orphelins. Notre Patron considère, à raison, qu'après la décision de première instance, et jusqu'à la décision de la cour d'appel, il ne peut garder la présidence

1. Note pour nos enfants qui peinent parfois à comprendre pourquoi on les oblige un peu à faire quelques années de latin : *de minimis non curat praetor*, le préteur, c'est-à-dire le chef, ne s'occupe pas des petites choses.

du parti. Il démissionne en juillet, et il revient à François Baroin, chargé de l'intérim, et au jeune directeur général du Mouvement de faire en sorte que la transition vers le futur président de l'UMP se passe dans les meilleures conditions. Ce qui n'est pas une mince affaire. Parce que le futur président est Nicolas Sarkozy et qu'avec lui les relations sont, à l'époque, pour le moins tendues : avant que la redoutable machine ne soit à son service, il en combattait le principe avec la plus grande vigueur, ce qu'on peut, au fond, comprendre. Il est élu, et largement. Le jeune directeur général démissionne donc, très rapidement suivi par le directeur de cabinet du maire de Bordeaux, après qu'Alain Juppé, condamné en appel, a été contraint de renoncer à ses mandats locaux.

Alain Juppé choisit d'aller enseigner au Québec, sans que personne ne sache, en tout cas pas nous, si et comment il reviendra.

À moins de 35 ans, nous venons de prendre notre première claque : notre Patron a été fauché en plein vol, nous devons retrouver un métier, et un très grand nombre de ceux qui, à Paris, étaient pour nous des compagnons politiques donnent le sentiment de nous avoir oubliés facilement. Nous savons qu'il ne faut rien y voir de personnel. Nous ne valions guère que ce que valait notre proximité avec Alain Juppé. Il est parti. Aux yeux du petit monde politique parisien, nous aussi. Le téléphone ne sonne plus. Nous n'avons pas renoncé à la politique nationale, mais à ce stade, elle a renoncé à nous, et ça ne semble pas lui manquer. Cela peut sembler injuste, cela peut paraître absurde, mais il est désormais impératif de faire autre chose. Utile, très utile leçon.

« Quand ça change, ça change, faut s'adapter. » Quitte à changer, tontons flingués que nous sommes, autant apprendre. C'est l'heure pour nous de partir dans le privé. Pour l'un dans l'audiovisuel, afin d'accompagner une petite chaîne de télévision qui n'en finit pas de monter, pour l'autre dans un cabinet d'avocats américain afin de pratiquer le droit public économique en plus du mandat d'adjoint au maire du Havre. Et nous décidons d'écrire notre premier livre[1].

En 2006, Alain Juppé est réélu maire de Bordeaux. Curieusement, il choisit (*sed perseverare diabolicum*) de faire à nouveau appel à son directeur de cabinet, lequel quitte la petite chaîne qui avait encore monté pour aider son Patron à monter à nouveau. L'année suivante, Nicolas Sarkozy devient président de la République. Il nomme François Fillon à Matignon, ce qui ne surprend personne, et Alain Juppé à la tête d'un grand ministère de l'Environnement, ce qui surprend tout le monde. L'avocat abandonne ses dossiers et ses clients du jour au lendemain pour devenir conseiller spécial du ministre d'État. Deux ans après le point bas, nous sommes à nouveau là où nous aimons être : avec notre Patron, à essayer

1. *L'Heure de vérité*, Flammarion, 2007.

de faire avancer les choses, près de ces manettes que pilotent ceux qui gouvernent.

Tous les bons spécialistes de l'histoire romaine, comme tous ceux qui ont une expérience nourrie de la vie et de ses soubresauts, savent cependant qu'il n'y a jamais loin du Capitole à la roche Tarpéienne. Après six semaines intenses, à découvrir en accéléré le fonctionnement d'un cabinet ministériel, le ministre d'État, ministre de l'Écologie, du Développement et de l'Aménagement durables perd son élection législative et doit quitter le gouvernement. Après, quelque temps après, lorsque la frustration de ne pas avoir pu exercer ses talents dans ce grand ministère et lorsque la blessure de la défaite seront passées, Alain Juppé reconnaîtra qu'il aura été le moins durable des ministres du Développement durable.

Deuxième point bas. Moins bas que le premier, mais enfin pas bien haut quand même. Les municipales approchent, et nous faisons campagne, à Bordeaux et au Havre, pour aider Alain Juppé et Antoine Rufenacht à poursuivre la rénovation de leurs villes.

Les deux campagnes municipales seront victorieuses, ce qui est très agréable, mais l'horizon national ne s'éclaircit guère et nous ne faisons pas les malins. À nouveau dans le privé, l'un dans l'industrie nucléaire, l'autre dans un cabinet de recrutement, nous décidons d'écrire notre deuxième livre, un polar encore[1]. Fin 2010, alors que tout ronronne, les choses s'accélèrent brutalement et, en l'espace de quinze jours, tout change pour nous.

D'abord au Havre, où Antoine Rufenacht, le maire emblématique, celui qui a relancé la ville et rendu une vraie fierté à ses habitants, décide de passer la main en cours de mandat[2], et de préparer la suite en laissant les clés à celui qu'il a formé. Ensuite à Paris, où Alain Juppé fait son retour au gouvernement, à la Défense puis au Quai d'Orsay. L'un devient maire, l'autre conseiller ministériel. Nous voilà à nouveau là où nous aimons être, mais pas au moment où nous nous y attendions. En politique, il faut tout préparer, souvent planifier, partir de loin et ne jamais être surpris si le calendrier que l'on s'est fixé ne respecte rien.

En 2012, Nicolas Sarkozy est battu. Alain Juppé quitte le Quai d'Orsay et retourne à Bordeaux. Au Havre, le maire devient député, en pleine vague rose, après une élection serrée. L'élection municipale de 2014 se profile, tandis qu'à l'Assemblée, dans l'opposition, le long travail d'apprentissage des usages et des méthodes parlementaires commence. Nous nous croyons promis à un long purgatoire, ponctué de beaux moments locaux et de joies professionnelles. Et comme souvent les circonstances

1. *Dans l'ombre*, JC Lattès, 2011.
2. *Des hommes qui lisent*, JC Lattès, 2017.

de la vie politique vont nous surprendre. Et pas seulement nous.

Ce sont d'abord les prémices de l'explosion de l'UMP avec la bagarre Copé-Fillon. Il s'est passé tellement de choses depuis qu'on a tendance à oublier la violence de la déflagration interne à ce parti, avec une détestation assumée entre les deux camps, la scission du groupe parlementaire en deux, les tentatives avortées de médiation d'Alain Juppé, puis, plus tard, mais comme une lointaine conséquence de cette haine et sur fond d'ambitions présidentielles, la démission forcée de Jean-François Copé. Dans l'intervalle, et pour calmer le jeu, le parti décide d'organiser des primaires ouvertes à tous, une grande première, afin que, bien au-delà des adhérents, le fameux « peuple de droite » puisse choisir son candidat à l'élection présidentielle en toute transparence.

Ajoutons à cela la déclaration de candidature à la primaire d'Alain Juppé et le retour de Nicolas Sarkozy, qui se fait élire président du parti sans revenir sur le principe de la primaire ouverte, et vous avez une année 2014 intense.

Nous voilà embarqués dans une aventure présidentielle qui doit permettre à Alain Juppé d'aller jusqu'à l'Élysée. Nous y croyons, nous ne sommes pas les seuls, et nous y consacrons l'essentiel de notre temps libre et de notre énergie, chacun dans son rôle : le porte-parolat d'Alain Juppé et les négociations sur l'organisation de la primaire pour l'un, la direction de la campagne pour l'autre.

Tout cela se termine fin novembre 2016[1]. Mal. Et violemment. Enfin mal et violemment pour nous parce que pour François Fillon, fin 2016, tout va encore très bien.

*

Tous ces rebondissements secouent. Mais ils soudent.

Dans le petit monde politique, où les amitiés sont rares et fragiles, on sait que ceux qui veulent essayer de mettre un coin entre nous peuvent se lever de bonne heure (depuis, ils semblent s'être, temporairement ou durablement, découragés). Nous ne serons jamais en compétition, parce que nous n'avons ni les mêmes qualités ni les mêmes objectifs. Nous connaissons bien les qualités et les défauts de l'autre, mais comme dit la maxime apocryphe : un ami, c'est quelqu'un qui sait tout de toi et qui t'aime quand même. D'ailleurs, nous ne savons pas tout l'un de l'autre, et c'est très bien ainsi.

Nous sommes très différents, mais nous nous complétons, et nous nous comprenons. L'un est chef de bande, l'autre un solitaire, l'un optimiste, l'autre pessimiste. L'un est extraverti, destiné à prendre la

1. *Rase campagne*, 2017, JC Lattès.

lumière, cherchant d'ailleurs le soleil, l'autre introverti, souvent sombre, destiné à rester dans l'ombre, cherchant d'ailleurs la fraîcheur. Le Havrais est au fond un homme du Sud, pendant que le Bordelais d'adoption est un homme du Nord. En commun, des parents profs, qui font souvent des enfants qui lisent, des lectures (pas toutes, mais au moins Dumas, le Carré, Robert Littell, Ellory, Auster...), des idoles (Churchill...), un Patron que nous avons été fiers d'accompagner durant toutes ces années, une même vision de la politique, un même recul sur les événements et sur les personnes, un même humour qui ne fait rire que nous, ce qui est déjà bien. Et encore, lorsque nous rions tous les deux, il arrive que personne ne s'en rende compte.

Nous avons confiance l'un en l'autre, et dans ce petit monde, c'est un mot qui ne se prononce ni ne s'écrit à la légère. Nous avons confiance, parce que cette confiance a été maintes fois éprouvée : l'un sachant, au fond de lui-même, qu'il peut tout dire à l'autre, qui de son côté peut tout entendre, sans que jamais la conversation ne soit retranscrite à quiconque. Nous savons, comme dit le proverbe, que la confiance arrive en marchant et repart en courant, et qu'elle est remise en question tous les jours.

Et puis il y eut l'écriture, qui nous titillait tous les deux. L'optimiste pensait qu'il était possible d'écrire à deux, ce que le pessimiste pensait impossible avant de se laisser convaincre. Le pessimiste pensait possible de terminer le premier livre mais doutait qu'il puisse être publié, pour l'autre c'était plutôt le contraire. Les deux convictions se sont additionnées, les deux doutes se sont annulés, ce qui est tout de même mieux que l'inverse. D'où deux romans, deux thrillers politiques, produits de notre plume commune, mélange de nous deux, dans lesquels nous sommes bien incapables, et c'est heureux, de savoir aujourd'hui qui a écrit quoi. Comme deux bébés, comme des bouées de sauvetage dans des moments où la politique semblait ne plus trop vouloir de nous : les romans, forcément politiques, nous permettaient de la tirer par la manche, en attendant des jours meilleurs à la survenance incertaine.

Tous ceux qui ont écrit à deux vous diront que c'est une véritable épreuve pour l'amitié, qui en ressort anéantie ou à jamais confortée. La vie a choisi.

Durant toutes ces années, pour parler des livres ou d'autre chose, nous nous sommes appelés tous les jours ou presque, y compris lorsque nous n'avions rien de spécial à nous dire, ce qui est sans doute la meilleure définition de l'amitié.

Voilà pourquoi, au bout de presque vingt ans, il nous semble possible d'écrire « nous ».

Voilà pourquoi, fin novembre 2016, donc, après la primaire, nous étions tous les deux à nouveau dans l'impasse. Nous pensions que les rebondissements se terminaient, que la pièce lancée en l'air il y a bien longtemps était retombée au sol, pas forcément du bon côté, mais c'est le jeu, ma pauvre Lucette. Nous ne pensions pas que l'aventure était terminée, mais nous ne devinions pas le chemin, et nous savions que nous devrions le parcourir sans la même complicité avec notre Patron commun, lequel avait vu son ambition se briser, brutalement.

En 2012, après la présidentielle gagnée par François Hollande, Laurent Binet a publié un récit sur la campagne au titre parfait : *Rien ne se passe comme prévu*. C'est une donnée de la politique qu'il faut saisir, sous peine de ne rien comprendre : rien ne se passe jamais comme prévu, et la plus grande surprise serait désormais qu'il n'y en ait pas.

Fin 2016, les coups de théâtre ne font que commencer.

*

François Fillon a gagné. Largement. Il devient le candidat de la droite, et le grand favori de la présidentielle. La droite qu'il incarne n'est pas exactement celle d'Alain Juppé. Elle n'est donc pas exactement la nôtre. Nous le sentons, nous le savons, et nous comprenons qu'il nous reviendra d'être dans une forme de minorité dans la future majorité. Ce n'est pas dramatique, nous avions l'habitude avec Nicolas Sarkozy. Mais l'ancien Président, nous le connaissions. On s'engueulait, on se critiquait, mais on se connaissait. François Fillon, lui, nous le connaissons mal. Nous l'avons combattu durant la primaire, sans jamais taper en dessous de la ceinture ni tacler au-dessus des genoux. Il incarne une ligne économique dure qui nous paraît certes ambitieuse, mais difficile à mettre en œuvre telle quelle dans la France de 2017. Il s'est fait le héraut d'une droite conservatrice qui, par son dogmatisme, heurte parfois notre éducation et nos convictions laïcardes. Mais c'est notre candidat, il a gagné, et il a gagné contre les sondages, en traçant son sillon, donc il doit avoir un peu raison et surtout c'est son choix. Son directeur de campagne, Patrick Stefanini, encore lui, est à l'origine de notre rencontre. Nous l'aimons beaucoup, et il nous fait intelligemment avaler quelques pilules. Nous n'avons pas réellement de responsabilités dans la campagne et le toujours député de Seine-Maritime s'apprête à quitter l'Assemblée pour rester maire du Havre, là où l'apparatchik se prépare à devenir député des Hauts-de-Seine dans une circonscription qui est à droite de toute éternité.

Mais la pièce est en l'air, elle n'est pas encore retombée, et rien de tout cela n'arrivera.

Fin janvier, l'affaire Fillon commence. Les révélations s'accumulent, jusqu'à remettre en question sa candidature aux yeux de tous, sauf aux siens. L'apogée sera, début mars, l'annonce de sa mise en examen, et son maintien alors qu'il s'était engagé à se retirer dans cette hypothèse. À ce moment-là, de nombreux cadres et élus, dont nous, outrés par ce reniement et par la mise en cause de la presse et des magistrats, quittent la campagne. Le candidat est très affaibli, au point que l'improbable hypothèse d'un « plan B », en l'occurrence Alain Juppé, refait sérieusement surface. C'est la période, il faut s'en souvenir, où de nombreux maires déposent leur parrainage pour lui alors qu'il n'est pas candidat !

On joue avec l'idée, mais Alain Juppé, lui, sait que ce n'est qu'un jeu : il a perdu la primaire, nombre de ses électeurs ont rejoint Emmanuel Macron et ne reviendront plus. Plus grave, il voit bien qu'il devrait dans ce cas appliquer le programme de Fillon et non le sien, qu'on tenterait de lui imposer un Premier ministre, qu'il serait prisonnier et non libre comme un candidat doit l'être. Qui plus est, il ne pense pas, à raison, pouvoir reprendre le manche sans le double adoubement de celui qui l'a battu et de Nicolas Sarkozy, ce qui, on le sait, n'arrivera jamais. Trop de non-dits, trop de malentendus, trop d'arrière-pensées accumulés entre ces trois-là depuis trop d'années.

Après un week-end improbable, et ce fameux rassemblement du Trocadéro qui nous laisse un goût amer dans la bouche, Alain Juppé renonce définitivement.

L'hémorragie vers Emmanuel Macron, qui fait tranquillement son marché au centre-droit, s'en trouve évidemment renforcée, d'autres, comme nous, se taisent. Nous quittons la campagne, sans en rejoindre une autre. Si nous la quittons, ce n'est pas par jugement moral sur ce dont François Fillon est accusé. Pas du tout. Mais pour deux raisons simples : d'abord l'attaque contre la magistrature est compliquée pour un homme qui prétend devenir, en tant que Président et aux termes de la Constitution, le garant des institutions. Cela ne veut pas dire qu'il soit interdit de critiquer la Justice. Elle le mérite bien souvent. Mais cela veut dire que, mis en cause et candidat à la Présidence, il nous paraît impensable, voire dangereux, que le candidat lui-même se lance dans des invectives contre la magistrature. Ensuite, et plus fondamentalement encore, il nous paraît qu'un candidat qui a fondé tout son programme (très ambitieux) sur le thème de l'exemplarité, du courage et de la vérité et qui, à la première difficulté, revient sur l'engagement qu'il a pris de se retirer s'il était mis en examen, ruine en réalité toutes ses chances de gouverner, même élu.

Bref, nous partons. Sans éclat, mais nous partons. Le premier lien qui nous relie à notre camp est cassé.

Le deuxième ne va guère tarder à céder. Pendant la campagne des primaires, Alain Juppé nous avait fait partager l'intuition qu'il y avait moins de différences entre les modérés de gauche et les modérés de droite qu'à l'intérieur de chaque camp. Il pensait, et il avait dit publiquement, qu'il faudrait, après la présidentielle, penser à la recomposition de la vie politique afin que ceux qui convergent sur des sujets puissent avancer ensemble, sans se retrouver piégés par leurs appartenances partisanes. L'intuition était bonne, nous la partagions, encore fallait-il trouver l'occasion de la concrétiser.

Casser les appartenances partisanes pour permettre des convergences entre des gens venus de partis, de cultures, de réseaux différents, n'a rien de simple. Dans le système politique, ça n'a jamais pris que la forme de l'ouverture, c'est-à-dire, au fond, du débauchage de quelques personnalités, parfois talentueuses, souvent à la marge de leurs propres formations politiques, sans réellement casser les appartenances partisanes. La place de l'élection présidentielle, le mode de scrutin, le rythme politique : tout milite pour que la majorité ait en face d'elle une opposition et que jamais ceux qui pourraient se mettre d'accord sur des options fondamentales ne puissent les mettre en œuvre ensemble.

Pour casser ce système où des gens qui s'estiment se regardent en chiens de faïence, il fallait transgresser, et transgresser fort. Alain Juppé aurait-il su, aurait-il pu, s'il avait été élu, transgresser au point de permettre cette recomposition ? Nous l'espérions. Mais nous n'en étions pas sûrs, car la primaire, pourtant ouverte, risquait de l'enfermer dans la logique qu'il cherchait à transcender. Et transgresser, c'est brûler ses vaisseaux. C'est forcément couper les liens avec les partisans de l'ordre ancien, et c'est rarement innocent. Une de nos idées, visionnaires que nous étions, était de suggérer à Alain Juppé, s'il était élu, de proposer le poste de Premier ministre à Emmanuel Macron et le poste de secrétaire général de l'Élysée à Jean Castex. Ces idées, qui n'ont jamais été discutées, et qui n'auraient sans doute pas prospéré, auront au moins le mérite de faire sourire les intéressés.

Après notre départ de la campagne Fillon, nous observons de loin, avec un mélange d'admiration et d'incrédulité, la campagne conduite par un homme que nous connaissons un peu, avec qui nous nous entendons bien et qui, lui, manifestement, a choisi d'incarner la transgression. En politique, il faut toujours incarner quelque chose, une idée, un principe, un territoire, une réforme. Emmanuel Macron, qui trouve un terrain de jeu agrandi depuis qu'il affronte des candidats de gauche très à gauche et des candidats de droite très à droite, a décidé d'incarner la rupture avec le système politique tel qu'il s'est construit depuis plus de quarante ans, le « dépassement », mais aussi l'ambition transformatrice et la foi en l'idéal européen.

En mars, il devient le favori, tandis qu'à droite le climat devient lugubre : côté Macron, on sourit et on rassemble, de l'autre, on clive. De son côté, la gauche, fascinée par le numéro de Mélenchon, se scinde elle aussi entre la radicalité des insoumis et l'audace d'un candidat qui prend bien soin de donner des gages à la seconde gauche, celle de la CFDT et des rocardiens, tout surpris d'avoir enfin une chance de mettre en orbite un candidat à la présidentielle sinon issu de leurs rangs, au moins se posant en héritier. Pendant ce temps-là, Benoît Hamon est cannibalisé des deux côtés, ce qui est rarement prometteur et souvent douloureux.

Emmanuel Macron, lui, accueille tout le monde, sans solliciter personne. Plusieurs fois, des proches d'Alain Juppé, ayant choisi de se rapprocher du candidat, nous disent combien ils ont la conviction que nous pourrions travailler avec lui. Nous n'en doutons guère, mais il nous paraît inconséquent de rallier le candidat avant le premier tour. Car très tôt, nous sentons que la recomposition politique, si elle intervient, sera longue, et qu'il faudra choisir son moment pour emporter le maximum d'effet.

Jusqu'au dernier jour, la compétition est serrée : quatre candidats, pour deux places, se tiennent en quelques points, et six configurations de second tour, dont certaines vertigineuses, sont testées par les instituts de sondage. On sait ce qu'il advint, et, au soir du premier tour, chacun doit faire un choix.

Nous revoilà en 2002. La boucle est bouclée. Nous nous sommes rencontrés au moment où la droite, consciente du danger, voulait organiser une révolution de l'offre politique en rassemblant toutes les familles de la droite et du centre. Et quinze ans après, éclatée, droitisée, rabougrie, elle est disqualifiée. En décembre 2016, elle semblait invincible. Quatre petits mois après, elle court le risque de disparaître.

Perdre, en politique, ça arrive. On peut y survivre, si on y met la manière. Mais, à notre profonde consternation, la droite partisane va y ajouter un peu d'indignité.

Le lundi soir qui suit le premier tour, le bureau politique de LR, qui rassemble beaucoup de responsables, de parlementaires, d'autorités politiques ayant exercé des responsabilités ou aspirant à en exercer (ou les deux), se réunit et pendant deux heures, deux longues heures, se tortille pour savoir quoi dire. Appeler à voter contre Marine Le Pen, ou pour Emmanuel Macron, ou ne pas se prononcer, ou trouver une autre formulation. François Fillon, dès le dimanche soir, a beau avoir été impeccable dans sa déclaration, tout cela tergiverse, et finit, à la consternation de beaucoup, dont la nôtre, par un communiqué appelant à « voter contre Marine Le Pen pour la faire battre au second tour ». Cette position, bien loin de l'attitude de la gauche en 2002, qui avait appelé à voter Chirac sans avoir peur de citer son nom, suscitera l'incompréhension de ceux qui, comme nous, voulaient plus de clarté, aussi bien que la colère de ceux, de plus en plus nombreux (majoritaires ?) et de plus en plus vocaux, qui auraient préféré une neutralité absolue entre les deux candidats.

Le ciel était déjà chargé, mais voici que l'orage éclate. Nous avons le sentiment de ne pas avoir changé, mais nous ne reconnaissons plus la majorité de notre parti. Les modérés (quel gros mot) ne se sentent plus les bienvenus. Dans un parti politique où l'on stigmatisait autrefois ceux qui flirtaient avec la droite la plus nauséabonde, voilà qu'on pointe du doigt les dangereux centristes, plus proches de la droite de la gauche que de la droite de la droite. En somme, ce faisant, ils nous poussent vers la sortie, pour mieux nous reprocher ensuite d'être partis.

Les derniers liens qui nous attachaient à la droite partisane se rompent, sans joie, sans bruit (au moins à ce moment), et avec même une forme de tristesse. La fracture entre les différentes familles de la droite, qu'une formation politique avait voulu réduire et qu'elle n'avait fait que masquer temporairement, se révèle progressivement au grand jour. Tout ne prend pas forme à ce moment. Des étapes suivront. Parfois longtemps après. Mais le système, à droite, est à bout de souffle.

Churchill, qui a changé deux fois de parti, disait avec malice qu'il était préférable de changer de parti pour rester fidèle à ses idées que de changer d'idées pour rester fidèle à son parti. Nous préférons la ligne ronde de Churchill à la ligne raide du parti.

*

Churchill.

On apprend grâce aux hommes et par la pratique, l'expérience. Et puis il y a l'Histoire et les livres. Depuis toujours nous lisons. Et c'est en lisant des livres et en connaissant un peu son histoire que l'on peut s'approcher au mieux de ce que veut dire gouverner.

En nourrissant l'imaginaire et la culture, les livres et les films alimentent la machine cachée qui pousse ceux qui aspirent à gouverner, ils donnent des références à une ambition, du relief à des convictions et des repères à un parcours.

Sur le sujet, nous n'avons évidemment ni tout lu, ni tout vu. Une vie, et même deux dans notre cas, n'y suffirait pas. Mais les inclinations sont puissantes, et convergentes : les biographies permettent, lorsqu'elles sont bonnes, d'approcher les doutes et les hésitations, la part des convictions et celle des circonstances qui expliquent les choix ou les décisions de personnages qui nous impressionnent. À nous deux, c'est plus de cinq biographies différentes de Churchill dont nous pouvons faire état et qu'il nous arrive de discuter[1]. Les romans, les mémoires, les films, les séries et les documentaires renseignent mieux que toutes les conjectures. Pour les passionnés que nous sommes, toute œuvre est utile, et chaque information glanée peut devenir une aspérité sur laquelle accrocher une idée ou une objection.

Passons sur les amours et fascinations de jeunesse, qui ne disparaissent jamais tout à fait, pour des figures évidentes : Alexandre le Grand, insolent de jeunesse et de succès, déjà plus grand que son royaume, conquérant et bâtisseur, aussi ouvert qu'orgueilleux ; Bonaparte, tout de même, sans doute plus que Napoléon, quoique ; Clemenceau, qui a rencontré sur le tard les tragiques circonstances dans lesquelles il put démontrer sa grandeur ; Churchill, bien sûr, parce que, avant de comprendre la complexité de l'homme et de son parcours, il nous a été donné à voir l'humour et la gloire du héros, et parce que, avant de faire étalage de toutes ses qualités, il lais-

1. À la grande consternation de nos proches.

sait libre cours avec gourmandise à tous ses défauts ; de Gaulle, évidemment, qui, outre son héroïsme, son courage et ses hauts faits d'armes, nous a montré comment forger sa légende ; Kennedy, qui nous paraissait sympathique, et beau, dont la part d'ombre était soigneusement cachée puisqu'on ne voulait pas la voir, et dont la mort terrible venait résonner aux oreilles de garçons nourris par leurs familles d'enseignants à la tragédie grecque.

Les études avançant, les lectures se multipliant, l'appétence intellectuelle pour l'Histoire et pour la politique s'affinant, c'est par les grandes biographies que nous avons assouvi notre appétit de découverte : celles de Lacouture pour Mendès France, Blum et de Gaulle ; sur de Gaulle encore, celle de Roussel, par ailleurs biographe de Giscard et de Pompidou ; celles de Giesbert, de Catherine Nay ou de Philip Short sur Mitterrand, celle de Winock sur Clemenceau, celle de Kupferman sur Laval ; celles de Tulard, Gueniffey et d'Andrew Roberts sur Napoléon ; celle de Maurois pour Disraëli ; celles de Keegan, de Gilbert, de Jenkins, de William Manchester et de Roberts (et d'autres…) pour Churchill ; celles de Kershaw ou de Volker Ullrich sur Hitler ; celle de Charles Moore sur Margaret Thatcher, aussi. Celle de Ted Sorensen sur JFK, hagiographie assumée d'un conseiller admiratif, si vous voulez n'en lire que du bien, celle de Seymour Hersh si vous préférez n'en lire que du mal, ou, plus sûrement, celle de Robert Dallek, par ailleurs biographe de Roosevelt et de Nixon. Et les incroyables sommes de Robert Caro sur Lyndon Johnson, près de 4 000 pages tout de même, qui nous ont valu pour certaines une jubilation totale, pour d'autres des siestes mémorables.

Lire des livres d'Histoire, c'était pour nous, confusément, essayer de comprendre ce qu'était la politique, ce qu'était le fait de gouverner. Les époques, les pays et les régimes politiques pouvaient être différents, mais toujours nous avions le sentiment, en lisant, d'approcher la politique. Même si, longtemps, c'est le XXe siècle qui nous a accaparés, en laissant libre cours à notre curiosité, en élargissant les époques, en nous plongeant dans l'histoire de Rome, dans celle des Croisades, dans l'épopée des Normands en Sicile, dans la révolution britannique ou la guerre d'indépendance américaine, dans la complexité de Constantinople, où tout est politique, dans la noirceur des régimes communistes ou dans l'effervescence sidérante de la vie politique révolutionnaire jusqu'à l'Empire, à chaque fois nous apprenions, en élargissant nos références, en voyant se dessiner des constantes, en traçant des analogies.

Au fil de nos lectures, à défaut de découvrir des manuels de politique, nous découvrons des petits manuels de cynisme : *L'Art de gagner une élection*, conseils prodigués à celui-ci par le frère de Cicéron avant sa campagne électorale contre Catilina pour être élu consul[1] ; *Bréviaire des politiciens*, attribué à

1. Une campagne entre Cicéron et Catilina, ça devait tout de même être quelque chose : on voit bien Cicéron, excédé lors d'un

Mazarin, plus probablement apocryphe, mais plus vrai que nature (« la plupart des menteurs ont des fossettes aux joues quand ils rient », on essaiera de s'en souvenir) ; les *Mémoires* de Talleyrand, à prendre avec des pincettes, ou, plus sûrement, la biographie de Waresquiel, qui nous décrit comment un personnage aussi rusé qu'antipathique peut survivre à plusieurs régimes et révolutions en suscitant non pas adhésion ni sympathie, mais simplement de la crainte.

Et puis, parfois, nous tombons sur une pépite.

À l'été 2019, nous avons par exemple découvert ce qui n'est ni une autofiction, ni un roman, ni un livre d'Histoire, mais assurément un grand livre : *Anatomie d'un instant*, de Javier Cercas. Épais, incroyablement précis et documenté, fascinant dans sa construction, dans son style comme dans sa légèreté, le livre décrit la tentative de coup d'État de février 1981 en Espagne. Pendant que la France se préparait à une alternance finalement tranquille, notre immédiat voisin se débattait encore dans les affres du dilemme postfranquiste entre la démocratie et la dictature militaire. Nous nous souvenions, comme les plus anciens dont nous commençons à faire partie, des images de ce *pronunciamiento* raté, conduit par ces militaires au chapeau un peu ridicule qui tirent au pistolet dans la chambre des députés, et de l'apparition salvatrice

---

débat, proclamer *Quousque tandem abutere, Catilina, patientia nostra ?* Nos enfants traduiront d'eux-mêmes.

du roi Juan Carlos à la télévision. À l'époque, du haut de nos dix ans, les images nous avaient marqués. Depuis, nous n'y avions pas beaucoup pensé, et notre connaissance limitée, voire carrément nulle, de l'histoire espagnole ne nous prédisposait pas à nous passionner pour le récit. Peut-être parce que les mois qui précédaient l'été 2019 avaient été marqués par la très grande violence des manifestations de « gilets jaunes » ; peut-être parce que cet épisode nous avait incités à réfléchir à ce qui peut menacer une démocratie ; peut-être enfin parce qu'un ami cher avait offert à l'un d'entre nous ce livre en nous disant qu'il était grand et qu'il fallait s'y plonger, nous avons appris bien plus sur la transition démocratique espagnole que pendant toutes nos études cumulées. Le rôle que Cercas prête au roi dans le déclenchement de la tentative de coup d'État, puis dans son échec, est particulièrement instructif. Si, bien sûr, Cercas ne va pas jusqu'à faire du souverain espagnol le commanditaire de la tentative, il montre comment le choix par le roi de son entourage, sa liberté de parole, l'absence de dénégation de propos qui lui sont prêtés par ceux qui ont intérêt à le faire parler ont pu donner le sentiment à certains qu'il n'était pas hostile à une action de ce type. Et la leçon à tirer de ces pages lorsqu'on gouverne est sans prix. Elle est universelle. Elle est très actuelle. Elle nous montre aussi qu'entre Fidel Castro et le général Tapioca, les destins se jouent parfois à un infime détail.

Et puis, bien sûr, il y eut des romans. Car la fiction dit beaucoup de la politique. Elle dit même parfois plus sur la politique que celle-ci n'en avoue sur elle-même. Elle a d'ailleurs souvent du mal à soutenir la comparaison avec la réalité...

Au fil des années, avec *Lucien Leuwen*, nous avons pris une leçon instructive sur la façon d'envisager une élection censitaire[1] ; avec *Le Vicomte de Bragelonne*, nous avons vu le jeune Louis XIV affermir son pouvoir ; avec Edmond Dantès dans *Le Comte de Monte-Cristo*, l'art de la vengeance, ressort puissant des passions humaines qui doit se conjuguer avec prudence dans le monde politique ; avec M. Madeleine, le bon maire de Montreuil-sur-Mer, l'art de la rédemption et le passé qui rattrape toujours le Jean Valjean qui sommeille en nous.

Et puis il y a eu des découvertes qui nous ont marqués.

Nous avons, il faut bien l'admettre, un puissant biais anglo-saxon. Parce que nous aimons la politique américaine et l'histoire britannique, parce que nous avons la chance de lire en anglais et d'avoir ainsi accès à une masse de livres ou de documentaires non traduits, parce que nous appartenons à une génération et à une culture pour lesquelles regarder de l'autre côté de la Manche et de l'Atlantique était synonyme de liberté et de démocratie[2].

1. On ne sait jamais, ça peut servir.
2. À la lumière de ce qui est arrivé depuis, il n'est pas certain que les plus jeunes partagent ce point de vue.

Depuis quelques années, notre regard sur cette partie du monde peut parfois être moqueur ou incrédule devant les renoncements répétés d'amis qui nous sont chers, mais il est souvent bienveillant et toujours passionné. Et en dépit des différences bien réelles entre les systèmes politiques anglo-saxons et notre Ve République, nous voyons bien que les motivations à s'engager en politique, les choix qu'il faut assumer, les hésitations ou les tentations auxquelles on y est soumis, l'exigence qu'il convient de s'imposer pour conquérir et exercer le pouvoir, tout cela est rien de moins qu'universel.

Nous avons ainsi découvert Willie Stark, surnommé « le Boss » par ses collaborateurs, gouverneur charismatique et ambigu d'un État du sud des États-Unis après la crise de 1929, et celle de Jack Burden, son homme de main qui oscille entre fascination et dégoût. Le roman de Robert Penn Warren (*All The King's Men – Tous les hommes du roi*) est bien sûr une œuvre littéraire avant d'être un livre politique, mais la description de l'univers brutal et corrompu, la capacité d'un homme à s'attirer des fidélités par le pouvoir de son verbe, son sens du contact, ou, à défaut, par le rapport de force et le chantage, la noirceur, moite, presque poisseuse de personnages sombres et complexes disent tant de choses de ce que peut être la politique, la conquête ou la conservation du pouvoir.

Nous avons, aussi, vibré aux aventures de ces quatre députés britanniques essayant chacun de devenir Premier ministre, c'est-à-dire *primus inter pares*, ou, selon le titre anglais, *First among equals*. Jeffrey Archer, qui fut lui aussi député et ministre, et qui n'a pas écrit que des bons livres, propose dans ce roman le meilleur cours que l'on puisse donner sur la démocratie parlementaire anglaise : ses usages, ses codes, ses règles constitutionnelles. Il existe, sur ces sujets, beaucoup de bons manuels, mais aucun n'est aussi plaisant ni aussi efficace que ce roman dans lequel se croisent allégrement des personnages de fiction et des personnages réels.

Nous avons fait la connaissance de Jack Stanton, candidat à l'élection présidentielle dans *Primary Colors*[1] de Joe Klein. Grand reporter et éditorialiste, Klein publia anonymement le livre en 1996, alors que Bill Clinton, qu'il connaissait parfaitement pour avoir suivi ses campagnes, était encore Président. Il nia longtemps en être l'auteur, et affirma ensuite que tout était fictif dans le livre (dans ce cas, pourquoi écrire sous X ?). Chacun jugera si le gouverneur qu'il décrit, incroyablement doué, brillant orateur, démocrate capable de briller dans un État du Sud, séducteur invétéré, percuté par des accusations et des scandales sexuels, marié à une femme intelligente et déterminée, est ou n'est pas à l'image de Bill Clinton. Mais la description des ressorts complexes d'un

1. *All the King's Men* et *Primary Colors* ont été tous les deux adaptés à l'écran. Les films sont bons, mais, comme souvent, et malgré d'excellents acteurs, ils ne rendent pas complètement grâce à la puissance littéraire des deux livres.

homme aimanté par le pouvoir et obnubilé par sa conquête décrit la nature particulière des caractères qui se frottent à l'exercice de la vie politique dans ce qu'elle a de plus exigeant.

Toutes les œuvres qui traitent de la conquête ou, mieux encore, de l'exercice du pouvoir sont ainsi bonnes à prendre. *Star Wars* ou *Game of Thrones* nous montrent des ressorts qui, derrière les décors futuristes ou fantastiques, animent nos machines politiques. Le rapport de force, la négociation, le bluff, l'influence, la manipulation, le complot, les trahisons, la violence, les alliances qui se font et se défont, les fidélités, la capacité à tenir ou à ruser, tout cela est au cœur du rapport entre l'homme et le fait de gouverner. De ces œuvres, on peut assurément tirer quelques leçons, même s'il est parfois difficile de transposer l'intrigue dans nos vies quotidiennes[1].

À l'inverse, beaucoup d'œuvres où la politique est un cadre revendiqué ne disent rien sur l'art de gouverner. Il faut un sacré sens de l'humour ou une bonne dose de détachement pour regarder *Independence Day*, *La Chute de la Maison Blanche*, *Air Force One*, *Dans la ligne de mire*, *Danger immédiat* et tous les avatars d'une longue série de nanars, souvent minables mais parfois savoureux, dans lesquels des présidents ectoplasmiques ou dépassés, courageux ou faibles, centraux ou accessoires s'évertuent

1. Même si, de toute évidence, l'hiver approche.

à ne rien dire (et souvent à ne rien comprendre) de ce qu'est le fait de gouverner, et passent leurs journées à entonner le *Star-Spangled Banner* la main sur le cœur.

Mais même la fiction audiovisuelle américaine peut montrer des choses très justes sur l'art de gouverner. Le portrait acide mais convaincant de Dick Cheney que propose *Vice*, avec un Christian Bale méconnaissable, révèle sans doute beaucoup plus sur l'absence de scrupules d'un idéologue habité par ses convictions que bien des études universitaires sur le sujet.

Dans notre panthéon, nous plaçons, sans hésiter, les sept saisons de *The West Wing*. Le pari incroyable des auteurs, c'est de montrer, à travers une œuvre de fiction, les rouages de la Maison Blanche et, partant, de la machine gouvernementale et politique américaine. Le Président Josiah Bartlet (incroyable Martin Sheen qui, trente ans après *Apocalypse Now*, devient un Président tellement crédible que, plusieurs fois, on lui proposera de se présenter à des élections), son entourage, sa famille, ses vice-présidents successifs, ses interlocuteurs y sont décrits avec un parti pris systématique de grande bienveillance. Là où *House of Cards*[1] présente un Président sans aucun scrupule, ni pour

1. La version américaine est connue mais l'adaptation anglaise, dans les années 1990, des livres de Michael Dobbs, est une petite merveille.

arriver au pouvoir ni pour s'y maintenir, *The West Wing* donne vie à un Président qui assume de les avoir tous. Un Président américain prix Nobel d'économie, cultivé et résolu, bienveillant mais jamais naïf, droit et humain, entouré de personnalités attachantes, se trompant parfois mais voulant toujours bien faire, et finissant par préserver l'essentiel. La politique telle qu'on aimerait qu'elle soit : ne niant jamais les difficultés inhérentes au fait de gouverner, la difficulté des compromis, la viscosité du réel, la rudesse des échecs, le poids des décisions qui peuvent tuer, la pression des médias, l'injustice des commentaires, mais s'attachant à montrer l'incroyable fierté, l'engagement total et, *in fine*, l'intelligence conjuguée de ceux qui choisissent de servir leur pays en gouvernant.

La première fois que nous avons vu l'intégrale des sept saisons, il y a vingt ans, nous étions collaborateurs d'élus : le directeur général de l'UMP et le directeur de cabinet du maire de Bordeaux trouvaient, toutes proportions gardées, que les affres traversées par les collaborateurs attachants de la série étaient proches des leurs. Vingt ans après, l'ancien Premier ministre et le député européen retrouvent dans bien des épisodes le sens parfois déconcertant des priorités de ceux qui gouvernent, les angoisses familiales qu'ils affrontent, les dilemmes nombreux qu'il leur revient de trancher et l'effet corrosif que la complexité des situations et l'imperfection des décisions à prendre peuvent provoquer sur des âmes pourtant durcies par la conquête du pouvoir.

Comme *First Among Equals* pour le Royaume-Uni, *The West Wing* devrait être conseillé à tout étudiant soucieux de comprendre le système politique américain, à tout candidat à une élection ou à un métier de collaborateur.

Ces références anglo-saxonnes ne doivent pas laisser penser que le sujet de l'exercice du pouvoir serait ignoré par la production française. Trintignant campait dans *Le Bon Plaisir* un Président plus mitterrandien que Mitterrand lui-même ; *Quai d'Orsay*, œuvre littéraire et graphique avant d'être un film, offre une galerie de portraits et de situations aussi savoureuse que convaincante pour qui a fréquenté le ministère des Affaires étrangères ; *L'Exercice de l'État* ne caricature pas les entourages des ministres, et montre intelligemment les vertiges et les amarres de ceux qui gouvernent.

Et puis il y a le Président Beaufort… Dans *Le Président* (1961), Henri Verneuil nous propose un Jean Gabin plus vrai que nature, heureux mélange de Clemenceau, de Mendès et de De Gaulle, homme politique idéal et idéaliste chassé du pouvoir par une batterie d'intrigants menés par son ancien poulain Chalamont (Bernard Blier). Mûrit-il sa revanche du fond d'une thébaïde campagnarde qui pourrait être Colombey ? Ou cherche-t-il simplement à nous montrer qu'après la vie politique, il reste toujours la politique ? Ce qui est certain, c'est qu'il y a dans la vraie vie politique bien peu de Beaufort et bien trop de Chalamont…

*

Des exemples (et des contre-exemples), des références, des expériences : la somme de tout cela est sans doute ce qu'on peut appeler un apprentissage.

Au stade où nous en sommes, nous tenons pour acquis que l'effet de sédimentation de l'expérience est précieux, même s'il ne garantit en rien la capacité à faire face à des situations parfaitement inédites. Nous savons que gouverner doit faire peur, car la légèreté et la désinvolture condamneraient aussi bien les dirigeants les plus doués que ceux qui leur feraient confiance. Nous pressentons que derrière l'évolution des contextes, des techniques, des instruments, des règles et des contraintes, gouverner est un exercice dont les constantes sont puissantes.

Et enfin nous savons totalement, complètement, sûrement que quoi que nous fassions, nous n'aurons jamais fini d'apprendre.

Cet aveu, qui nous paraît relever autant de la sagesse que du bon sens, n'est pas sans inconvénient. Reconnaître que l'on doit encore apprendre, que l'on apprend toujours, que chaque nouveau poste et chaque nouveau problème exigent une période d'apprentissage, vient percuter les mythes auxquels le monde politique (et bien souvent le monde tout court) aime s'accrocher : celui de l'expertise complète et immédiate du grand responsable politique ou celui de l'expérience qui, une fois accumulée, vous permettrait de faire face à tout. Voilà bien quelque chose que toutes ces années et toutes ces expériences nous ont appris : gouverner ne s'apprend que lorsqu'on comprend que gouverner est un apprentissage permanent.

Une journée particulière

> « À Saint-Matthias, casse la glace. »
> « À Sainte-Denise, finie la bise. »

Le jour de la Sainte-Denise ou celui du fusain. Selon qu'on se réfère à notre éphéméride ou au calendrier révolutionnaire, le 135e jour de l'année ou le 26e jour de Floréal.

C'est un 15 mai (1768) que Louis XV a acheté la Corse aux Génois, un an avant la naissance de Napoléon Bonaparte. Bonaparte génois, voilà qui aurait changé la face du monde…

C'est un 15 mai que sont nés, à trente ans d'écart, Mikhaïl Boulgakov et Michel Audiard, ce qui place cette journée sous les auspices de l'intrication du réel et du surnaturel, du scénario improbable et du sens de la formule : le cru 2017 y sera pleinement fidèle.

Pour nous, le 15 mai 2017 restera une journée particulière. La première au gouvernement. Une journée qui compte davantage que d'autres, et dont on sait, au réveil, qu'elle sera importante, qu'elle marquera une vie ou plusieurs. À la fois la fin d'un parcours initiatique plein de rebondissements, mais aussi le début d'une autre phase, plus périlleuse encore.

Ce jour-là, à Paris, il faisait beau. Un lundi de printemps. Un lundi où les plus attentifs à la vie publique attendaient la nomination d'un Premier ministre. Un lundi de rumeurs, puis de réactions, de messages et d'émotions.

Le président de la République avait officiellement pris ses fonctions la veille. Le premier jour d'un Président laisse peu de place à l'originalité. Le propre d'une prise de fonctions, c'est souvent d'imposer à celui qui arrive de faire les choses exactement comme il convient qu'elles soient faites. L'innovation, la rupture, la marque de l'homme seront pour plus tard, si elles viennent... Il est certes possible, dans ces circonstances très formelles, d'appuyer sur tel ou tel point dans les deux premiers discours à prononcer et, par un geste ou une attitude, d'essayer de donner une tonalité à cette journée protocolaire. Mais lorsqu'il s'agit de monter sur scène, et de revêtir les habits d'une fonction qui vous dépasse, le véritable objectif est de montrer qu'on est capable de faire comme ceux qui vous ont précédé plutôt que de s'en démarquer. En la matière, le Président Giscard d'Estaing avait innové en arrivant à pied et en abandonnant la jaquette, mais depuis, le protocole est immuable.

D'abord, il faut que les pouvoirs soient transmis. C'est la cérémonie de passation de pouvoirs. Sous la Ve République, il y en a eu sept, dont deux qui concernent Alain Poher, deux fois président intérimaire à la suite de la démission du Général et du décès de Georges Pompidou, et génialement surnommé « Man-Poher » par *Le Canard enchaîné*.

En 1981 et 2012, elles impliquaient deux fortes personnalités qui venaient de s'affronter durement lors de la campagne. Autant dire que la tension était palpable. Sur les images, les regards tendus, les gestes maladroits : on voit bien que pour celui qui est congédié, la situation est anormale. On peut imaginer l'amertume de celui qui doit, quelques jours après avoir encaissé une rude défaite, accueillir son bourreau avec le sourire, comme un ultime supplice chinois.

En 1995 et 2007, il s'agit davantage de dire adieu à un géant qui s'en va, avec le respect dû aux anciens, par-delà les combats passés. Jacques Chirac, qui a décidément tout vécu, aura joué les deux rôles.

Quoi qu'il en soit, tandis que les Français regardent toujours ces moments avec intérêt, sont-ils conscients de vivre le miracle de la démocratie en action ? Par quel prodige un chef d'État, investi de pouvoirs très importants, les cède-t-il volontairement ? Nous nous y sommes habitués, mais à l'échelle de l'histoire, c'est une rareté et une singularité. Une exception dont nous souhaitons qu'elle dure, mais qui n'est jamais acquise. Nous serions tous, probablement, bien inspirés de ne pas l'oublier, et le récent exemple des États-Unis, navrant, a au moins le mérite de nous le rappeler.

Que se disent-ils ? On imagine, mais on ne sait pas. Il se dit, mais nous ne sommes pas sûrs d'y croire, qu'ils s'échangent les codes nucléaires comme on s'échangerait un numéro de portable (« et n'oubliez pas de taper # à la fin, sinon, on aura un problème »).

Le 14 mai 2017, la situation est encore différente : aucun des deux n'a battu l'autre, mais le Président élu a, d'une certaine manière, conduit le sortant, dont il avait été le conseiller puis le ministre, à penser qu'il n'était pas en mesure de se représenter. On imagine bien le sortant lui en faire le reproche, alors que la décision n'appartenait qu'à lui. Peut-être même regrette-t-il de l'avoir prise, et de l'avoir prise si tôt.

On peut imaginer que derrière les sourires de façade et la dignité républicaine, se faisaient face deux tempêtes sous deux crânes, mais rien de tout cela ne fut, ce jour-là, visible. À l'issue de leur entretien, le Président avait raccompagné son prédécesseur sur le perron en tentant, ce qui n'est pas simple, de conjuguer élégance, humanité et solennité.

Puis, une fois le sortant sorti, vient la pompe. On ne couronne pas les présidents, mais il convient que les symboles de la permanence et de la puissance soient affichés d'emblée, afin que, dans l'imaginaire de tous, le nouvel élu devienne dès le premier jour le Président des Français.

De retour à l'intérieur du Palais, enfin chez lui en quelque sorte, le Président entre dans sa fonction. Il entend le président du Conseil constitutionnel proclamer les résultats de l'élection présidentielle, puis reçoit les insignes de grand-croix des mains du grand chancelier de l'ordre national de la Légion d'honneur qui le reconnaît comme grand maître de l'ordre. Il prend ensuite la parole, dans les grands salons de l'Élysée, devant une foule d'invités mêlant la famille, les artisans de la victoire, les représentants des institutions, les fonctionnaires d'autorité, les corps constitués.

C'est le moment où les caméras cherchent l'émotion, l'image du Président avec les autorités, avec ses proches, sa famille, forcément tourneboulée et qui n'a pas fini de l'être, ses compagnons de route, qui achèvent, épuisés, une campagne harassante, alors que tout ne fait que commencer. Eux aussi se demandent si c'est la fin ou le début. Ils ont de beaux souvenirs et de jolies espérances, et ils ne savent pas encore qu'il s'agit là du meilleur moment.

Sur les images diffusées ce jour-là, on voit Gérard Collomb pleurer.

Ensuite, les honneurs militaires sont présentés au Président dans les jardins de l'Élysée, puis viennent les 21 coups de canon tirés depuis les Invalides. Sous la monarchie, on tirait 101 fois pour signifier la mort du roi et l'avènement de son successeur. La Ve République, économe, a jugé bon de ramener ce nombre à 21. Les coups de canon célèbrent le nouvel élu, et non le nouveau mandat : lorsqu'un Président est réélu (en 1988 et 2002), on remise les boulets pour la fois suivante.

Puis viennent les Champs-Élysées, qu'il faut d'abord monter avant de pouvoir, le jour venu, qui sait, les descendre en triomphe. Le véhicule militaire dans lequel le Président s'installe, la garde républicaine qui l'entoure, le dépôt de gerbe sous l'Arc et le ravivement de la flamme au soldat inconnu : tout est fait pour que, dès son premier jour, le Président soit naturellement regardé comme le chef de l'État.

Après une visite à l'hôpital Percy, à Clamart, pour rendre hommage aux militaires français blessés, le Président se rend, comme le veut la tradition, à l'Hôtel de Ville de Paris, pour se présenter aux Parisiens par l'intermédiaire de leur maire. Échange privé rapide, discours courtois et républicains comme il convient dans ces circonstances.

Puis ce dimanche 14 mai 2017 s'achève, avec un retard considérable sur l'horaire annoncé. Le Président a déroulé, sans fausse note, une partition réglée au millimètre, tandis que nous attendons, encore incertains sur notre sort. À Paris, le temps alternait entre le soleil du printemps et les averses, et notre humeur entre l'excitation d'une nomination désormais probable et l'appréhension de devoir y faire face.

Après une journée curieuse, passée loin des télévisions, constamment interrompue par les messages de journalistes demandant de commenter des rumeurs, d'amis demandant ce qu'il fallait répondre aux journalistes qui évoquaient des rumeurs, d'amis heureux d'entendre des rumeurs et d'autres inquiets de ne pas en entendre, ou bien d'entendre les mêmes, nous avions décidé de dîner, en petit groupe, chez des amis, des vrais, comme un dernier moment de liberté avant d'entrer dans la lessiveuse. Ou, dans l'hypothèse inverse, pour marquer une pause avant d'être soufflés par le plus grand malentendu de l'année.

Pour les quelques proches invités à ce dîner, l'affaire était certaine. Le Président allait nommer le maire du Havre, leur pote, qui leur paraissait évidemment tout indiqué pour remplir la fonction. Pour nous, c'était beaucoup moins clair : la nomination n'était pas certaine, et l'aptitude encore moins évidente…

*

Si rien n'était certain, c'est notamment parce que se posait la question du quatuor.

Le quatuor. Ce carré (parfois magique) que forment le président de la République, le Premier ministre, le secrétaire général de l'Élysée et le directeur du cabinet du Premier ministre. À juste titre, la Constitution ne mentionne que les deux premiers, mais ne pas parler des deux autres, et ne pas comprendre combien la composition et le fonctionnement du quatuor sont essentiels, c'est ne pas comprendre ce qu'est gouverner.

Car si gouverner est affaire de droit, de compétences, de légalité, de rapport de force et d'usages, c'est surtout, surtout, une affaire d'hommes et de femmes.

S'agissant des relations entre le président de la République et le Premier ministre, la Constitution fixe les règles essentielles, en quelques mots assez précis pour souffrir peu de discussions mais suffisamment souples pour permettre à la vie réelle de prendre son élan sans être exagérément contrainte par le droit.

Le Président *nomme* le Premier ministre. On peut en déduire qu'il le *choisit*. C'est vrai dans l'immense majorité des cas, même s'il peut arriver que les rapports de force politiques contraignent le choix du Président, soit à l'intérieur de son camp (lorsque Giscard nomme Chirac, à qui il devait sans doute sa victoire, en 1974, ou lorsque Mitterrand nomme Rocard en 1988 en grommelant : « puisqu'ils le veulent, ils l'auront »), soit parce que la majorité parlementaire a changé (ce sont les cohabitations : en 1997, Jacques Chirac n'a pas d'autre choix que de nommer à Matignon le chef de cette majorité nouvelle, à savoir Lionel Jospin).

Donc, le Président nomme le Premier ministre. Et il peut le faire partir. Mais déjà les choses deviennent moins claires, car ce n'est écrit nulle part dans la Constitution. L'article 8 dit bien que le Président met fin aux fonctions du Premier ministre sur la présentation par celui-ci de la démission du gouvernement. Certes. Mais *quid* si le Premier ministre ne veut pas démissionner ?

La question n'est évidemment pas théorique. Le Président peut avoir envie ou besoin de changer de Premier ministre, c'est son droit et c'est son choix. Celui qui *nomme* est aussi, logiquement, celui qui *dénomme*, puisqu'il peut à tout moment *nommer* un autre Premier ministre, et donc remplacer celui qui est là. Mais aux termes explicites de la Constitution, la seule institution habilitée à imposer au Premier ministre de partir, c'est l'Assemblée nationale qui voterait une motion de censure.

Dans la pratique, la question s'est toujours réglée sans heurts. Il se dit, mais nous ne l'avons jamais vérifié, qu'au début de la Ve République, les présidents demandaient à leur Premier ministre une lettre de démission en blanc. Si elle a existé, cette pratique a disparu, temporairement ou définitivement. C'est donc le rapport de force ou le sens des institutions qui permettent au couple exécutif de régler, le moment venu, la question de la séparation. C'est ainsi que François Mitterrand a su imposer à Michel Rocard de démissionner, en le menaçant d'une mise en minorité à l'Assemblée, laquelle serait intervenue de façon certaine et eût été bien plus infamante (ou bien plus salvatrice ?) qu'une démission.

Autant dire que pour saisir la façon dont le Président et le Premier ministre travaillent ensemble, le droit est un atout précieux mais incomplet. La meilleure façon de décrire cette relation est probablement de dire que la Ve République est un régime parlementaire, dans lequel le président de la République, clé de voûte des institutions, dispose de pouvoirs considérables qu'il ne peut exercer qu'en bonne intelligence avec le Premier ministre. Seul, sans l'accord et le concours du Premier ministre, il peut parler, il peut prendre des décisions politiques décisives, mais il ne peut pas, juridiquement parlant, gouverner.

Depuis l'instauration du quinquennat, les présidents de la République successifs ont tendance à penser que l'esprit des institutions et les nécessités de l'époque ont rendu ce principe caduc. L'inversion du calendrier, qui conduit les Français à voter d'abord pour le Président puis, six semaines après, pour les élections législatives, le rythme qu'imposent les chaînes d'info continue et les réseaux sociaux, l'interpénétration croissante des affaires internationales et de la politique nationale, tout cela imposerait au président de la République, qui est à la fin le seul dont la responsabilité politique est en jeu devant les Français, de ne plus seulement présider mais bien de gouverner. Et donc de réduire le Premier ministre à la portion congrue, voire de supprimer le poste.

Tout cela nous paraît procéder d'une vision assez largement erronée, et nous y reviendrons.

Si le principe est peut-être caduc politiquement, il est juridiquement bien vivace. Même s'il le déplore, même s'il pense que c'est inefficace, le Président ne peut pas faire grand-chose sans son Premier ministre. Le Président décide, mais c'est tout de même très souvent le Premier ministre qui signe en bas de la feuille. Il leur faut donc s'entendre. S'entendre politiquement. Car la nature des relations personnelles entre les deux têtes de l'exécutif n'est qu'une donnée de l'équation. Ils peuvent se détester et s'entendre, et il peut arriver qu'ils s'apprécient vivement mais ne parviennent plus à s'entendre. Un couple, en somme.

Depuis le début de la Ve République, le duo exécutif fait l'objet d'un examen permanent par les observateurs qui en scrutent le fonctionnement, en dissèquent les tensions réelles ou supposées et spéculent à l'envi sur son futur. Les angles et les révélations sont souvent convenus et lire les commentaires sur les relations entre de Gaulle et Pompidou ou entre Pompidou et Chaban, c'est bien souvent découvrir, émerveillé ou consterné, que tout ce qui est décrit aujourd'hui a existé hier et qu'il est bien difficile d'être vraiment original lorsqu'on commente le fonctionnement des institutions.

Ce qui est moins connu, car plus difficilement lisible, c'est le fonctionnement du quatuor. Car c'est bien d'un quatuor qu'il s'agit, qui prend la forme d'un double duo.

Le Président s'appuie, pour exercer ses fonctions, sur un secrétaire général de l'Élysée. Le Premier ministre, lui, peut compter sur un directeur de cabinet. Les noms diffèrent, les fonctions ne sont pas strictement identiques, mais fondamentalement, chacun est le bras droit de son patron, son *alter ego*, une partie de son cerveau, une forme de radar, de tour de contrôle, de porte-parole souvent, de chef d'état-major, qui ne peut jamais se prendre pour son chef mais qui prend, parfois, des décisions en son nom.

L'usage veut que le secrétaire général et le directeur de cabinet soient des hauts fonctionnaires. Sous la Ve République, qui a compté 21 secrétaires généraux de l'Élysée et 36 directeurs de cabinet à Matignon, il n'y a à notre connaissance qu'une seule exception : Pierre Bérégovoy. Rien évidemment ne l'impose dans les textes, mais cela s'explique par la très grande technicité de la fonction et l'impérieuse nécessité de connaître sur le bout des doigts le fonctionnement de l'État et du système politique.

Pour garantir un fonctionnement efficace de la tête de l'État, il est hautement préférable que les relations entre les membres du quatuor soient d'un haut niveau de confiance et de fluidité. Cela n'a pas toujours été le cas. Les inimitiés ont pu prospérer entre des personnes[1] qui auraient dû s'entendre. Les détestations et les coups tordus, les divergences sur les fins ou les moyens ont pu ralentir la mise en œuvre de décisions qui, parce qu'elles émanent du plus haut niveau de l'État, devraient échapper à toute querelle de clocher entre les deux rives de la Seine.

Bien décidé à ne pas reproduire les erreurs du passé, le Président voulait que l'harmonie prévale.

Il lui fallait donc être sûr des trois autres.

1. Depuis 1958, aucune femme sur 21 secrétaires généraux de l'Élysée, et une seule femme, Véronique Bédague-Hamilius, aux côtés de Manuel Valls, sur 36 directeurs de cabinet à Matignon.

En apparence, le choix le plus facile est celui du secrétaire général.

Facile, parce que le Président peut choisir quelqu'un qu'il connaît parfaitement, et dont il sait qu'il lui sera toujours fidèle, sauf à désespérer de l'humanité et de la haute fonction publique.

Choix facile mais choix sensible cependant, parce que le poste est redoutablement important. Le secrétaire général doit faire tourner la maison Élysée : il coordonne, au sommet de la pyramide administrative du Palais, tout le travail accompli pour aider le Président à prendre des décisions et pour veiller à leur mise en œuvre. Mais les prérogatives du secrétaire général vont plus loin encore : c'est vers lui que les puissants ou les influents convergent, c'est à lui que beaucoup essaient d'expliquer leurs positions afin qu'elles soient traduites et expliquées au Président, dont le temps est précieux et le contact rare. C'est vers lui, aussi, que se tournent tous ceux qui tentent de contourner un arbitrage rendu par le Premier ministre en expliquant pourquoi cet arbitrage est idiot, ou technocratique, ou irréaliste, ou dangereux, ou tout cela à la fois.

Lorsque le Président se désintéresse de la technique, ou des contingences, le secrétaire général doit les maîtriser pour que le réel n'échappe pas complètement au chef de l'État ; lorsque le Président s'y intéresse, il doit les maîtriser encore mieux. Ajoutons-y la dose nécessaire de prudence et de paranoïa pour éviter les pièges dans lesquels un Président impatient ou imprudent pourrait s'enferrer.

De même qu'il y a autant de styles présidentiels qu'il y a de présidents, les différents secrétaires généraux de l'Élysée ne se ressemblent pas. Mais tous ont été tenus de s'adapter aux contraintes de la fonction : le travail incessant, la pression de tous les instants, la difficulté de gérer une position d'influence, la discrétion nécessaire, la fatigue qui s'accumule.

Par un arrêté signé par le Président dès le 14 mai, son choix s'est porté sur Alexis Kohler. Avant la nomination du Premier ministre. Dès la prise de fonctions. Pour que tout commence, et parce que sans secrétaire général, rien ne se passe. Alsacien intelligent et valeureux, droit, précis, discret, fidèle, capable de comprendre ce que dit son chef, capable de distinguer, dans ce que dit son chef, ce qui est important et ce qui ne l'est pas, capable, aussi, de comprendre ce que son chef ne dit pas, éclairant les notes et les réunions de son écriture petite, nette, serrée et sans ratures, Alexis Kohler avait dirigé le cabinet du ministre qu'était le Président avant d'être élu. Sans doute les deux pouvaient-ils, eux aussi, dire « nous ». Il savait tout. Il était central dans le dispositif. Sa nomination n'a surpris personne.

Juste après, il faut choisir un Premier ministre. C'est le premier grand choix politique du Président nouvellement élu, un choix important, délicat. Il peut confirmer, rassurer ou surprendre ; il peut désigner un Premier ministre qui le complète ou qui lui ressemble ; il peut jouer la sécurité en choisissant un vieux routier ou prendre le pari d'un profil peu connu, voire carrément inconnu. En 2017, le Président élu, qui ne doit guère son élection qu'à lui-même, a tous les choix.

Il en va différemment pour le dernier membre du quatuor : le directeur de cabinet du Premier ministre, nommé par un décret simple, signé du seul chef du gouvernement. Ce n'est pas le poste le plus médiatique du quatuor, mais ce n'est pas le plus aisé. Il s'occupe de tout, doit tout savoir, dans les grands principes et dans le détail. Ceux qui les ont exercées, et ceux qui les ont observées, disent souvent que ce sont les fonctions les plus délicates et les plus sensibles de la République. La masse de travail est vertigineuse, un tonneau des Danaïdes, la technique redoutable, le stress permanent, les surprises rarement bonnes et la variété des dimensions à intégrer infinie : la technique bien sûr, juridique, fiscale, financière, mais aussi la gestion de la majorité parlementaire, l'animation du *top management* de la fonction publique d'État, la gestion des nombreuses crises, une bonne part du contrôle sur l'action des services secrets…

Le directeur de cabinet est la cheville ouvrière du dispositif, la tour de contrôle. À l'intérieur du quatuor, il est celui qui a le plus de poids sur l'exécution des décisions. Mais compte tenu du nombre excessif de décisions qui relèvent juridiquement du Premier ministre, il lui arrive également d'en prendre, au nom de son patron. Des petits arbitrages, dont il préviendra ensuite son chef, parce qu'il faut que les décisions soient prises, et rapidement, parce qu'il sait que le Premier ministre les aurait prises ainsi, parce que sa proximité avec le « PM » lui permet de savoir ce dont il doit lui parler, ce sur quoi il peut ne pas attendre, ce dont il doit rendre compte ou qu'il doit différer parce que seul le PM sera en mesure de décider. C'est lui qui tient Matignon lorsque le Premier ministre est en déplacement, au Parlement, en province ou à l'étranger, car lui ne se déplace pas, plante sa tente dans son bureau pour n'en jamais sortir. On parle parfois à son propos de vice-Premier ministre, ce qui est à la fois excessif et pas totalement infondé.

Nous n'aurons de cesse de rendre hommage à ces grands serviteurs de l'État, qui ne sont pas parfaits parce que la perfection n'est pas de ce monde, mais qui concentrent un savoir-faire, une intelligence, une abnégation, un sens de l'intérêt général que n'égaleront jamais la grande majorité de ceux qui les critiquent.

Comment choisir son directeur de cabinet lorsqu'on est sur le point de devenir Premier ministre ? Où trouver celui qui va tellement compter, celui en qui la confiance doit être totale, celui qui doit conseiller, mettre en œuvre, rassurer, relancer, et le cas échéant protéger ou recadrer le Premier ministre ?

Recruter est délicat, et recruter à ce niveau l'est bien plus encore. Aaron Sorkin, le génial scénariste de la série *The West Wing*, fait un jour déclarer au Président Bartlet, à qui un jeune ministre demande par quoi commencer lorsqu'on devient président : « Vous avez un meilleur ami ? Est-il plus intelligent que vous ? Si oui, vous avez votre directeur de cabinet. » Difficile d'imaginer que cette règle puisse être applicable en toutes circonstances, et il y a fort à parier que le général de Gaulle choisissant, en 1958, Georges Pompidou comme directeur de cabinet aurait peiné à acquiescer. Mais tout de même, le conseil n'est pas mauvais. Et décrit parfaitement, en l'occurrence, les raisons pour lesquelles le quatrième membre du quatuor fut nommé.

Restait à convaincre le Président, et dans une moindre mesure le secrétaire général de l'Élysée, que Benoît Ribadeau-Dumas, qu'ils ne connaissaient pas, était l'homme de la situation et qu'il compléterait parfaitement le quatuor. Le Président avait d'autres idées, d'autres profils dont il connaissait les qualités et savait la fidélité. Il fallut expliquer que ces profils étaient brillants, que ces idées étaient bonnes, mais qu'aucune d'entre elles n'était aussi bonne que celle qui était sur la table.

Derrière la composition du quatuor se jouait également le degré d'autonomie du futur Premier ministre. Le style avec lequel il organiserait le travail gouvernemental et son action. La loyauté au Président serait totale, la mobilisation pour mettre en œuvre ses engagements serait complète, mais l'idée de renoncer à son style ou de ne pas choisir ses collaborateurs ne pouvait prospérer. C'était donc au moins autant la certitude que « BRD » s'intégrerait à merveille dans le quatuor que l'absolue conviction qu'un Premier ministre ne pouvait assumer ses décisions qu'en totale confiance avec son bras droit qui justifièrent que les échanges durent, un peu.

Ce fut sans doute, et avant même le premier jour, la meilleure décision prise par le nouveau Premier ministre.

Au matin du 15 mai, tout était donc très probable mais rien n'était complètement certain.

*

Au matin du 15 mai, le maire du Havre avait perdu six kilos. En dix jours. Heureusement, il n'était pas seul et son ami, désormais candidat aux législatives dans les Hauts-de-Seine, sous l'étiquette Les Républicains, avait fraternellement récupéré les kilos que son pote avait perdus, mais n'en menait pas large non plus.

Pendant ces dix jours, nous avons refusé le contact avec des journalistes, pour ne pas avoir une parole malheureuse. Nous avons été appelés par un très grand nombre de responsables de la droite parlementaire, par ceux qui, après la déroute présidentielle, étaient en charge du parti, ce qui n'avait rien d'une tâche aisée. Nous n'avons rien dit. Jamais menti, mais jamais rien dit non plus. Le Président n'aurait pas choisi quelqu'un qui ne savait pas tenir sa langue.

Comme personne ne sait rien, les chaînes d'info parlent. Les journalistes politiques commentent les spéculations, les alimentent et les nourrissent afin de pouvoir les commenter plus longtemps. Des caméras s'installent en bas du domicile parisien du maire du Havre. Au cas où. C'est vrai qu'on imagine assez bien quelqu'un descendre et annoncer quelque chose. C'est crédible.

En attendant, le Président propose au maire du Havre de venir discrètement déjeuner à l'Élysée. Discrètement donc…

À midi, un taxi arrive. Le chauffeur est un peu surpris par la foule des journalistes, mais un taxi, à Paris, n'est plus surpris par grand-chose. Et le maire du Havre s'y engouffre, sans un mot sinon un bonjour. Chasse immédiate par les caméras à moto. Le chauffeur du taxi commence à regarder attentivement son passager dans le rétro. Pas une tête de star de cinéma, celui-là. Pas un joueur de football non plus : trop vieux, trop maigre et puis il n'a pas l'air en forme… Sans doute attentif à la vie politique, ou branché sur les chaînes d'info en continu dans les jours qui précédaient, son visage s'illumine soudain.

— Ah mais c'est vous !

— Ah oui ça je vous le confirme, c'est moi !

— On va où, alors ?

Bonne question. Inenvisageable d'arriver à l'Élysée en taxi suivi par les caméras moto de BFM.

— À l'Assemblée nationale !

Après tout, le maire du Havre est toujours député, donc rien d'extravagant d'y passer, et le Palais-Bourbon est suffisamment vaste, compte suffisamment d'entrées et de sorties, de souterrains et de couloirs pour pouvoir y perdre n'importe quel journaliste.

Les motos collent au taxi. Le chauffeur se retourne, hilare.

— Quand je vais raconter ça à mes enfants ! Vous allez être Premier ministre ?

— Ben je vais vous dire, je ne sais pas encore… mais en revanche faites gaffe aux motos et faites attention à la route !

Le chauffeur fait un grand sourire en regardant un peu devant lui, un peu à côté, et il lance, en rigolant :

— C'est vrai que ce serait dommage que ça finisse comme avec Lady Di.

C'est vrai, ce serait dommage. BFM diffuse les images du taxi à la Madeleine, puis à la Concorde, en priant pour qu'il bifurque vers l'Élysée, car telle est l'histoire que tout le monde a envie de raconter. Finalement, la voiture traverse le pont et se dirige vers l'Assemblée nationale… et personne n'en sait plus et les commentateurs commentent.

Au Palais-Bourbon, le maire du Havre prend un passage souterrain, une porte dérobée et une voiture de l'Élysée pour arriver discrètement à la présidence en passant par le jardin afin de déjouer la curiosité des caméras à l'entrée.

Déjeuner à l'Élysée avec le président de la République le jour qui suit sa prise de fonctions, ça fait quelque chose. Déjeuner avec quelqu'un qui s'apprête à vous nommer Premier ministre, aussi. Mais déjeuner dans ces conditions alors qu'on ne peut plus rien manger depuis dix jours rajoute une touche d'extravagance à ces circonstances solennelles.

De l'autre côté de la Seine, les amis déjeunent ensemble. Ils attendent. Ils espèrent. Ils rient. Ils mangent, eux.

À l'Élysée, on rit moins. On se tient. On ne peut pas y faire ni y dire n'importe quoi. Les lieux ont une mémoire, et ils font partie de la fonction. Mais l'ambiance, ce jour comme tous ceux qui suivront, est détendue et, au fond, bienveillante. Le Président raconte la journée qui a précédé. Il évoque la situation politique, celle de la droite, écrasée, celle de la gauche, soufflée. Il indique qu'après réflexion, il trouve que l'idée de nommer Benoît Ribadeau-Dumas au poste de directeur de cabinet est une excellente idée, et il indique que, dans les minutes qui suivront, Alexis Kohler ira sur le perron de l'Élysée pour annoncer la nomination du Premier ministre.

L'effet sur l'appétit n'est pas immédiat.

Le déjeuner se termine. Quelques coups de fil pour prévenir les plus proches. Et dix minutes après, sur le perron de l'Élysée, la France découvre le nouveau secrétaire général de l'Élysée. Alexis Kohler, un peu intimidé, on le serait à moins, face aux caméras, prononce cette phrase, qu'il a visiblement pris soin de répéter plusieurs fois pour ne pas buter sur les mots :

« Le président de la République a nommé M. Édouard Philippe Premier ministre, et l'a chargé de former le nouveau gouvernement. Je vous remercie. »

Dix secondes. Pas plus. Pas de fioritures. Un autre, plus expérimenté, plus à l'aise, plus cabot aussi, en aurait fait des tonnes : s'installer tranquillement au micro, boutonner sa veste, marquer un silence, sourire, saluer, déplier lentement une feuille de papier, en rajouter un peu pour faire savant et citer les dispositions de l'article 8 de la Constitution. Mais non. Avec Kohler, les choses sont faites. Vite. Et bien.

Pendant que la France se demande de qui il peut bien s'agir, de l'autre côté de la Seine, on jubile. On s'y attendait, mais tout de même, ça fait quelque chose. Comme souvent, il y a une sacrée différence entre espérer quelque chose, entre s'attendre à quelque chose et le vivre. Nous nous demandons brièvement comment le Premier ministre, qui doit gagner les élections législatives avec le parti du Président pour espérer gouverner, et le candidat LR aux élections législatives qui doit battre le parti du Président pour espérer gouverner, vont pouvoir concilier ces intérêts divergents et leur amitié. Il ne fait aucun doute, pour l'un et l'autre, que la question sera rapidement résolue, sans que l'amitié en souffre.

Mais avant cela, il faut prendre ses fonctions.

À 16 heures, franchir la porte de Matignon, avec, dans la cour, le personnel de Matignon réuni, des caméras partout et au bout du tapis rouge, déroulé pour l'occasion, Bernard Cazeneuve qui attend, digne, sobre et bienveillant.

À 16 h 05, monter dans son bureau après avoir rapidement salué le secrétaire général du gouvernement, le chef du cabinet militaire et le secrétaire général de la Défense et de la Sécurité nationale, qui tous vont rester en fonctions car eux résistent aux alternances politiques et assurent la permanence de l'État.

À 16 h 10, s'entretenir avec le Premier ministre sortant. Dans son bureau, vide de tout document, qui n'est désormais plus le sien. Conversation amicale. Bernard Cazeneuve était maire de Cherbourg lorsque le nouveau Premier ministre est devenu maire du Havre : entre les Normands, il y a du respect et de l'affection, une certaine sobriété, un humour hérité des voisins britanniques, une inclination forte pour la litote et l'ellipse, une dévotion au sens de l'État et quelques détestations communes. Il n'y a aucune raison que cela se passe mal. Cazeneuve paraît soulagé, après les années éprouvantes qu'il a vécues à l'Intérieur. Il prend son temps pour donner quelques conseils précieux.

À 16 h 40, descendre, après avoir vérifié que l'ancien directeur de cabinet a bien transmis au nouveau tout ce qui devait être transmis. Et parler. Cela peut paraître absurde, parce que tout le monde sait que lors d'une passation de pouvoirs, il faut dire quelques mots, mais en arrivant sur le tapis rouge et en voyant les deux micros qui attendent, le nouveau Premier ministre est saisi. Il n'a pas réfléchi à ce qu'il devait dire, à ce qu'il voulait dire. Il y a là toutes les caméras de France qui découvrent ce grand inconnu, c'est la première fois qu'il va s'exprimer en tant que Premier ministre, le moment où il est préférable d'avoir le ton juste et la voix assurée parce qu'on n'a jamais deux fois l'occasion de faire une bonne première impression. Et il va devoir improviser. Le bonheur.

À 16 h 45, Bernard Cazeneuve commence à parler, de sa voix basse et dans un français châtié et précis. Le propos est chaleureux. L'homme est à l'aise : il part, et personne ne lui en veut. La déroute de François Hollande n'est pas la sienne. Lui a tenu. Droit et ferme face au terrorisme. Calme et résolu, il peut, à juste titre, se dire qu'il a servi la France. Et sans aucune animosité, avec même une forme de gentillesse, il indique, par une incise sincère mais politique, qu'il est, lui, un « homme de gauche », signifiant ainsi aux partisans du « nouveau monde » que son référentiel politique n'a pas changé et que la passation de pouvoirs s'inscrit dans une alternance politique et non dans une continuité. Est-ce une pique pour le nouvel arrivant, ou au contraire une perche tendue ? En quelques millisecondes, il faut en décider.

À 16 h 55, le nouveau Premier ministre s'exprime. Le matin, rien n'était certain. L'après-midi, on y est. Il faut remercier et complimenter Bernard Cazeneuve. En l'occurrence, c'est simple. Il faut ensuite donner quelques clés sur ce qui va suivre, sur le style, sur la façon de faire. L'inspiration, l'intuition poussent à se saisir de l'angle proposé par Cazeneuve. Si lui est un homme de gauche, et l'assume, alors autant reconnaître être un homme de droite. Et redire que, notamment pour cette raison, il est tout à fait hors normes que le président de la République ait eu l'idée de lui proposer de devenir Premier ministre. On se rendra compte, plus tard, que cette improvisation d'un instant a produit son effet sur l'électorat de la droite et du centre, ce qui se traduira dans les urnes aux élections législatives du mois suivant.

À 17 h 10, longuement applaudi, Bernard Cazeneuve quitte Matignon et le Premier ministre monte dans son bureau. 643 SMS s'affichent sur son téléphone. Il mettra un mois à tous les lire, sans même parler d'y répondre. Excitation et vertige se mêlent dans un maelstrom puissant. À 20 heures, il devra être sur le plateau de TF1 pour la grand-messe du JT, à laquelle il n'a jamais participé. Des télévisions bien sûr, mais pas les 6 ou 7 millions de téléspectateurs en direct.

Le Premier ministre demande à son directeur de cabinet s'il y a des notes à lire, des choses à savoir ou à faire immédiatement. La réponse tombe : rien. Aucun dossier préparé à l'attention du nouvel arrivant. Pas une note. Pas un élément attirant l'attention sur les urgences dans tel ou tel domaine. Le pouvoir est passé, pacifiquement, dignement, démocratiquement, d'une équipe à une autre, mais les dossiers sont ailleurs.

Le fond donc serait pour plus tard.

Peut-être à cet instant, alors que les amis arrivent par le jardin, eux aussi devant tromper la surveillance des caméras, pense-t-il à ce film de 1972, *The Candi-*

date (*Votez McKay* en français), dans lequel Robert Redford, jeune et beau, incarne un candidat démocrate venu de nulle part qui gagne une élection à la surprise générale.

À la fin du film, son père le félicite. Et Redford-McKay se retourne vers son directeur de campagne et lui demande :

— Et maintenant, qu'est-ce qu'on fait ?

Primus inter pares

« Pour gouverner, il faut un gouvernement. »
Raymond Barre, 1988

Le bureau est vide.

Grand, lumineux, prestigieux bien sûr, intimidant peut-être, mais vide. On ne s'en rend pas forcément compte au début. La dorure éblouit. Éclairée par le soleil de mai, la perspective parfaite du vaste jardin qui s'offre derrière le petit balcon et les immenses fenêtres capte le regard. À l'intérieur, une cheminée imposante mais inutile en cette saison, une belle table de travail que vous ne voyez plus de la même façon lorsque vous apprenez qu'elle a été celle de Léon Blum, et les peintures. Deux Boucher, tout ronds, énormes, et trois petits cartouches de Fragonard, qui représentent, paraît-il, les quatre saisons. Un premier signal d'alerte, en forme de note mentale : trois tableaux, quatre saisons[1].

1. De façon inexplicable, « L'Hiver » est dans un musée à Los Angeles. Les trois autres saisons, elles, souhaitent bon courage

Sur le bureau, trois téléphones.

Le premier est identique à celui qu'on pourrait trouver dans bien des bureaux. Une vingtaine de numéros préenregistrés pour joindre, sans passer par le standard, les collaborateurs les plus proches et les contacts les plus fréquents. À côté, un téléphone plus rare, crypté, qui permet d'appeler directement le bureau du Président, celui du secrétaire général de l'Élysée, et quelques numéros qu'on trouve rarement dans les annuaires et qui donnent lieu à des conversations qu'il est préférable de sécuriser. Puis, sur une autre table, tout près du bureau principal, un dernier téléphone, plus moderne dans son design que les deux premiers, qui permet, en mode « surcrypté », de joindre rapidement tous les membres du gouvernement, et quelques patrons de l'administration qu'il faut pouvoir joindre vite, bien et discrètement. Lorsqu'il sonne, il est important de décrocher rapidement, les nouvelles étant rarement bonnes et les sujets jamais légers.

D'emblée, on se sent connecté au monde entier, mais le bureau est vide, et le Premier ministre, au premier jour, est bien seul. Pas physiquement, bien sûr. La solitude physique, comme l'ennui, est assez rare au sommet de l'État.

Au premier jour, les messages sont nombreux. L'émotion des proches, les encouragements des amis

---

au locataire du bureau en affichant des sourires mêlés d'ironie tranquille et de bienveillance discrète.

anciens, les sollicitations des amis récents, les offres de service, tout cela se bouscule. Bien des SMS resteront sans réponse : il est aussi indispensable de répondre à chacun qu'impossible de répondre à tous. Les quelques proches pressentis pour rejoindre le cabinet ou qui, tout au long de l'aventure, seront là quand il faut, ont déjà mille questions à poser, et autant de conseils précieux à donner. Autour du Premier ministre, les secrétariats, les services permanents de Matignon, l'intendance qui souhaite installer au plus vite le nouveau locataire dans les meilleures conditions, la sécurité enfin, assurée par les gendarmes dans l'enceinte de Matignon et par les policiers du GSPM[1] à l'extérieur, provoquent un bourdonnement encore tranquille mais déjà imposant, qui cantonne immédiatement la notion de solitude à la vie intérieure de l'intéressé.

Mais le bureau est vide.

D'abord parce que même après l'annonce de sa nomination, il n'est pas encore Premier ministre. Pas vraiment. Bien sûr, le droit est sans équivoque. Mais le droit n'est pas tout lorsqu'il s'agit de l'État, du pouvoir et de la France. Une fonction, comme un uniforme exigeant, s'habite progressivement ; il en va de ces responsabilités comme de bien d'autres. Il n'est pas impossible que certains, préparés par d'éminentes responsabilités nationales, ayant déjà éprouvé les vertiges et les chocs des responsabilités

1. Groupe de sécurité du Premier ministre.

de l'État, soient plus rapidement opérationnels. Il est certain que d'autres, pénétrés de l'idée qu'ils se font d'eux-mêmes, sont convaincus, avant même d'arriver sur le perron de Matignon, qu'ils sont prêts. À nous, il semble qu'il faut un temps, un certain temps, pour prendre la mesure du poste, pour trier l'indispensable et l'accessoire avec fiabilité, pour tester les femmes et les hommes qui concourent à l'action publique au moment où vous la dirigez, pour faire face.

Avec le recul, il est même permis de penser que lorsqu'un Premier ministre quitte Matignon, que ce soit avec un pincement au cœur ou une part de soulagement, il cherche à déceler chez son successeur, sans méchanceté et presque avec bienveillance, cette forme de légèreté, qui n'est ni de l'insouciance ni de la désinvolture, mais une joie, une excitation, une fierté qui se conjuguent, qui évoquent l'enthousiasme des marins passionnés qui n'ont pas encore affronté la succession de tempêtes qui seule forme les loups de mer.

Le bureau est vide ensuite parce qu'il y manque encore ce qui fait un Premier ministre : un gouvernement, une majorité parlementaire et des arbitrages à rendre.

À Matignon, la première chose à faire[1], c'est de composer un gouvernement. L'exercice est rare : pas-

1. Après avoir nommé, on l'a vu, son directeur de cabinet.

sionnant, difficile, contraint, décisif. Tous les chefs d'entreprise vous diront que les choix de personnes sont d'une grande complexité et emportent, surtout si on se trompe, de lourdes conséquences. C'est la raison pour laquelle ils font ces choix avec moult précautions, et après y avoir mûrement réfléchi. Bref, ils prennent leur temps. Ils ont de la chance : du temps, les Premiers ministres n'en ont guère.

Car aussitôt les médias affamés se demandent pourquoi ce n'est pas déjà fait.

Ce n'est pas déjà fait parce que c'est compliqué. Parce que si on peut avoir quelques idées avant la victoire présidentielle et avant la nomination à Matignon, elles sont souvent balayées par les événements. Parce qu'il faut concilier des éléments de nature très différente : le droit, le rapport de forces, les relations personnelles, la nécessité d'incarner et d'équilibrer, la stratégie, les messages politiques qu'il s'agit d'envoyer. Et les circonstances.

Le droit d'abord. Il est assez simple. L'article 8 de la Constitution prévoit que « sur la proposition du Premier ministre, le président de la République nomme les membres du gouvernement et met fin à leurs fonctions ». Autrement dit, le Premier ministre propose et le Président décide.

En pratique, les choses ne se passent pas exactement ainsi. Le Président peut évidemment avoir des idées précises et, dans bien des cas, c'est lui qui « suggère » au Premier ministre de lui proposer telle ou telle nomination. Ainsi, en 2017, il n'a jamais été question de nommer quelqu'un d'autre que Gérard Collomb à l'Intérieur, et aucun Premier ministre choisi par le président de la République n'aurait songé, deux jours après sa nomination, à contester le choix de celui qui avait été le premier baron à le rejoindre dans son aventure présidentielle. Sénateur depuis belle lurette, patron alors incontesté de la métropole lyonnaise, cultivé, déterminé, attaché au Président par un lien humain puissant, Collomb avait le profil d'un Defferre ou d'un Mauroy, ces maires de très grandes villes qui avaient tant compté dans la légitimation et la pratique du pouvoir de François Mitterrand.

Le Premier ministre propose, donc, mais il sait que certains noms s'imposent, en raison de leur fidélité au Président, de ce qu'ils représentent à ses yeux, du rôle qu'ils ont joué dans la campagne et dans l'aventure humaine qui précèdent une élection aussi intense. C'est le cas de Richard Ferrand et de Christophe Castaner, ouvriers de la première heure.

Le second élément à prendre en compte est le rapport de force. Pour se faire élire, un candidat compose. Il doit trouver des alliés, ce qui n'est pas toujours simple, et il doit les garder, ce qui est encore plus compliqué. Il doit rassembler des composantes politiques, des partis, des composantes de son propre parti parfois, qui ne sont pas exactement sur sa ligne mais qui le soutiennent, le renforcent et le complètent. Et une fois la victoire acquise, il doit intégrer ces composantes politiques dans son gouvernement, afin de solidifier sa majorité à venir, voire de l'élargir.

Cette prise en compte des rapports de force oblige à construire et à préserver des équilibres. Équilibre politique d'abord, pour qu'aucune composante ayant contribué à la victoire n'ait le sentiment d'être négligée. On se souvient de la remarque acide et drôle du très regretté Patrick Devedjian : « Je suis pour aller très loin dans l'ouverture, y compris jusqu'aux sarkozystes », lorsque, tout à son ouverture à des femmes, des hommes et des idées nouvelles, le Président Sarkozy avait semblé oublier les grognards qui l'accompagnaient depuis si longtemps.

Pour autant, il n'est pas conseillé de ne nommer que des fidèles. Il faut aussi songer à élargir le gouvernement à des personnalités qui n'ont pas forcément soutenu le Président depuis la première heure, surtout à l'approche d'élections législatives décisives. C'est déjà le cas du Premier ministre, c'est important, mais il faut, toujours, aller plus loin. Montrer à ceux qui n'étaient pas là au début qu'ils ont une chance de venir contribuer à la réussite du quinquennat.

Dans le même temps, deux autres équilibres sont à prendre en compte, pas toujours compatibles avec les autres : l'équilibre entre femmes et hommes d'abord, car la parité, même si elle ne constitue pas une obligation juridique dans la composition du gouvernement, est devenue, à bon droit, une obligation politique. Équilibre géographique, ensuite. Là encore, aucune disposition ne l'impose mais chacun comprend aisément qu'un gouvernement ne puisse être composé que de Normands. S'assurer si possible de la représentation de chaque grande région et des Outre-mer est indispensable pour disposer ensuite de relais politiques sur le territoire national. Si on ajoute la nécessité d'un certain équilibre socio-professionnel, un équilibre entre ceux qui font de la politique depuis longtemps et ceux qui vont la découvrir, un équilibre entre les personnalités connues et l'effet de nouveauté, entre les nominations attendues et les surprises, la nécessité d'avoir une moyenne d'âge pas trop élevée, on voit bien que lorsqu'on additionne tous ces critères, l'exercice n'est pas simple.

Tous ces équilibrages sont recherchés. Ils sont devenus, à bien des égards, des obligations de fait. Mais ils superposent des contraintes dans un exercice déjà redoutable, et obligent parfois à renoncer, au nom de critères qui ne devraient pas avoir leur place, à la nomination de personnalités parfaitement idoines : c'est un crève-cœur, et une absurdité du point de vue de l'efficacité. La multiplication de ces autolimitations peut laisser songeur. Elles constituent sans doute des garanties, et des signes importants à destination de publics soucieux de voir représentées les priorités ou les identités auxquelles ils sont attachés. Mais il est probable que les pesanteurs et les impossibilités qu'elles entraînent se payent ensuite dans l'action publique.

Une fois que tout cela est réuni, reste l'indéfinissable. Le plus impalpable, le plus subjectif. L'incarnation. Un bon ministre, c'est celui qui comprend le domaine dont il a la charge, qui dirige l'administration dont il a la responsabilité, qui sait traiter, comme on dit aujourd'hui, l'écosystème qui lui revient. Mais c'est aussi, et peut-être surtout, celui qui incarne : son ministère, les politiques publiques ou les priorités qu'on y met en œuvre.

Pierre Bérégovoy, probablement le meilleur ministre des Finances des 40 dernières années, incarnait une ligne politique, le franc fort, qu'il avait imposée à son administration et à sa majorité. Solide, humble, cohérent et méticuleux, formé sur le tas et sur le tard, il incarnait un choix politique et une rigueur remarquables.

Dans le même ordre d'idées, pourquoi André Malraux et Jack Lang resteront-ils longtemps les deux ministres de la Culture les plus marquants ? Parce qu'à l'évidence ils ont tous les deux, et dans des genres totalement différents, réussi à incarner ce qu'était une politique culturelle, à rapprocher, jusqu'à les rendre indissociables, leur personne et leur politique.

Cette capacité d'incarnation n'est pas seulement une capacité de communication. Des bons communicants, on en trouve. Des personnalités inventives, habiles, audacieuses et suffisamment fortes pour tenir dans des milieux rarement bienveillants, c'est plus compliqué. Et pourtant, composer un gouvernement, c'est d'abord essayer, au-delà de toutes les contraintes, de trouver celui ou celle capable d'incarner une politique.

Cela impose de prendre des risques, et de ne pas chercher les membres de son gouvernement dans le seul vivier de la scène politique nationale ou locale. Cela exige de solliciter des femmes et des hommes qui représentent, par leur personnalité, par leur action, par leur expertise, une chance supplémentaire d'incarner une priorité politique. C'est Robert Badinter qui commence sa carrière politique au ministère de la Justice[1] et qui incarnera, à jamais, la lutte contre la peine de mort et les droits de la défense. C'est Simone Veil qui, après avoir exercé des fonctions au sein du ministère de la Justice, devient ministre de la Santé et incarnera, à jamais elle aussi, la dépénalisation de l'interruption volontaire de grossesse. C'est aussi la puissance de Christiane Taubira qui incarnera avec brio une politique avec laquelle nous avions bien des désaccords. C'est ce que fut Nicolas Sarkozy à l'Intérieur, au point d'affirmer avoir « tué le job » : aux dernières nouvelles, le job remue encore, mais il est vrai que Nicolas Sarkozy l'a incarné comme peu d'autres. C'est ce qu'aurait pu être Nicolas Hulot s'il avait réussi à maîtriser son ministère.

C'est la somme de toutes ces logiques et de toutes ces contraintes qui préside à la constitution d'un gou-

1. On oublie souvent qu'immédiatement après son élection, Mitterrand choisira d'abord un autre garde des Sceaux, son vieux compagnon Maurice Faure, qui renoncera après un mois.

vernement, qui est au fond un exercice d'assemblage, de conviction et de négociation.

Un exercice d'orfèvre qui se fait sous pression.

La période qui précède l'annonce du gouvernement est intense : des appels dans tous les sens pour consulter, des interventions incessantes de la part de ceux qui aimeraient être nommés ou qui militent pour la nomination d'un autre, des discussions sur les périmètres précis des ministères proposés, le nombre et l'identité des secrétaires d'État, les rumeurs qu'il faut à la fois ignorer et surveiller afin qu'elles ne ruinent pas l'édifice que vous êtes en train de construire.

Cette période est marquée par deux caractéristiques.

D'abord, elle est une période d'intenses échanges entre le Président et le Premier ministre. C'est d'ailleurs, au fond, comme cela qu'il faut interpréter les dispositions de la Constitution : elles imposent aux deux têtes de l'exécutif de se mettre d'accord. Même en période de cohabitation, là où on pourrait imaginer que le Président soit tenu de nommer ceux que le Premier ministre propose, la discussion intervient afin de limiter les frictions dans les domaines relevant du « domaine réservé ».

Ensuite, et surtout, elle est incroyablement mal organisée eu égard à l'importance de l'enjeu.

Il est désespérant d'avoir aussi peu de temps pour composer le gouvernement et pour le préparer à l'action collective. N'importe quel conseil d'administration d'entreprise, même de taille intermédiaire, consacre bien plus de temps, de méthode, de consultations et de vérifications au choix de ses administrateurs.

Le principe de permanence de l'État, le droit applicable, la pression médiatique, auxquels vient s'ajouter une certaine forme d'arrogance du personnel politique (tous partis confondus, toutes époques réunies), conduisent à une situation où les choix sont faits trop rapidement, sur le fondement d'informations insuffisantes et incertaines, sans consultations minimales.

Là où il faudrait prendre le temps de vérifier dans le détail la situation fiscale, patrimoniale, professionnelle de chaque membre de la future équipe gouvernementale, afin d'éviter les situations où des erreurs ou des omissions (souvent de bonne foi) fragilisent, quelques mois après, l'action de l'ensemble du gouvernement, le Président et le Premier ministre disposent, en tout et pour tout, de deux éléments. Ils peuvent faire vérifier par la direction générale des Finances publiques que la situation fiscale du ministre pressenti ne présente aucun problème sur le fondement (et sur le seul fondement) des déclarations passées de l'intéressé. Autrement dit, il ne s'agit en rien d'un contrôle fiscal, mais seulement d'une vérification formelle, qui n'est hélas pas toujours inutile.

Ils peuvent par ailleurs entrer en contact avec la Haute Autorité pour la transparence de la vie publique (HATVP), autorité indépendante, qui peut leur confirmer que les personnalités qui en relèvent ont correctement rempli leurs obligations déclaratives. Et c'est tout.

Soucieux d'aller un peu plus loin, le président de la République a mis en place en 2017 une procédure au terme de laquelle un haut fonctionnaire, Christian Vigouroux, connu pour sa rigueur intellectuelle et son intégrité morale, soumet tous les pressentis à la question sur les éléments qui seraient susceptibles de les fragiliser s'ils devenaient publics. Utile, cette procédure n'est toutefois pas à la mesure des enjeux. Elle a évité des cas douloureux, mais elle n'a pas empêché des révélations qui ont conduit des ministres à devoir partir. Elle ne permet pas davantage d'exonérer un pressenti mis en cause par une rumeur véhiculée par un ami bienveillant qui, à défaut de devenir ministre lui-même, prend grand soin d'empêcher un rival de le devancer. Car ça existe.

Dans une vie parfaite, la campagne présidentielle devrait permettre de tester chacun, de déterminer les zones de compétence, de solidité ou de fragilité de tous ceux qui entourent le futur Président. Une équipe soudée se dessinerait, qu'il suffirait de structurer au moment de la constitution du gouvernement. Ça ne correspond en rien à la réalité. Bien sûr, certains peuvent être pressentis[1] très tôt pour

1. Ou se pressentir eux-mêmes. On entend parfois une personnalité démentir son entrée au gouvernement alors que personne n'en a jamais parlé. C'est bien souvent pour se rappeler au bon souvenir de ceux qui s'apprêtent à le constituer.

des postes. Mais les aléas sont nombreux, jusqu'à la dernière minute.

Dans une vie parfaite, le Premier ministre fraîchement nommé aurait un squelette gouvernemental prêt à l'usage, qu'il suffirait d'adapter et de proposer au Président. Là encore, ça ne se passe jamais comme ça, *a fortiori* lorsque le Premier ministre fraîchement nommé se contentait jusque-là de se demander *in petto* s'il figurait quelque part sur les listes imaginaires écrites par d'autres.

Tout cela militerait pour une période de composition du gouvernement un peu plus longue. Lorsqu'on arrive au pouvoir dans une démocratie, que cela corresponde au terme d'un long chemin électoral ou, plus soudainement, à raison d'une nomination, la question du rythme et des conditions de la transition se pose avec une acuité particulière.

Le modèle américain, d'une transition longue d'un peu plus de deux mois, présente sans doute des limites, comme on l'a vu très récemment. Mais l'idée d'une soupape entre l'adrénaline de l'élection et la prise de fonctions ne semble pas superflue, afin de laisser un peu plus de temps au Président élu pour annoncer la nomination de son Premier ministre, pour préparer avec lui la composition du gouvernement, pour réfléchir sans urgence, et en tout cas avant que la charge des affaires de l'État ne tombe sur l'exécutif, aux quelques choix qui se posent de façon forcément différente une fois la victoire acquise.

En attendant, de soupape il n'y a point, le bureau est vide, mais le ballet commence.

Les journalistes cherchent à savoir, les interventions se multiplient, le Président attend des propositions, consulte de son côté mais n'impose rien. À Matignon, on consulte aussi. Ceux qui sont incontournables et dont il importe qu'ils soient vus, passent par la grande porte. Les autres se succèdent, sans se croiser, sauf par accident, et accèdent à Matignon par les nombreuses entrées discrètes qui permettent de déjouer la surveillance des caméras qui cherchent à meubler l'antenne en prédisant des destins et en conjecturant sur des choix qui leur échappent.

Au fond du jardin, le pavillon de musique permet de recevoir les pressentis qui ne doivent pas être vus, soit parce qu'il faut préserver l'effet de surprise, soit parce qu'ils ne souhaitent pas qu'on sache qu'ils ont été consultés ou pressentis, surtout si cela devait, *in fine*, ne pas se concrétiser : leur réputation et leur orgueil ne s'en remettraient pas.

Nicolas Hulot est alors de ceux qu'il est préférable de recevoir discrètement. Il fait partie des rares sollicités. Il le sait. Le Président est assez confiant sur son acceptation, mais il sait aussi que l'homme est complexe et qu'il est donc prudent de ne pas vendre trop tôt la peau de l'ours. Voilà donc à Matignon, sous les dorures, la star de la télé, celui qui nous avait fait rêver dans ses émissions lointaines et belles. Il connaît mal celui qui vient d'être nommé Premier ministre, lequel le lui rend bien. Quelques mois avant, en janvier 2017, nous nous étions certes croisés, au Havre, dans les grands salons de l'hôtel de ville, alors qu'il remettait les insignes de chevalier de la Légion d'honneur à l'évêque du Havre. Il faut imaginer la scène : le maire du Havre, homme de droite mais peu croyant, accueillant l'écologiste médiatique venu remettre la distinction la plus éminente de la République à un homme d'Église discret et profond. Une forme de merveille française... À cette occasion, Nicolas Hulot était apparu tel qu'il est le plus souvent : sensible, humain, nerveux, déjà partagé entre le monde parfait des idées et des convictions et celui plus visqueux de la réalité et des moyens à mettre en œuvre pour faire avancer les choses. Mais au-delà de ce contact superficiel, nous ne nous connaissions pas. Au crédit du Premier ministre, la filiation juppéiste. À son débit, son passage chez Areva. Bref, on se renifle.

Hulot hésite mais on voit qu'il a envie. Il veut des assurances sur son autonomie, sur ses marges de manœuvre. Il ne demande pas à être toujours suivi, mais il demande à pouvoir toujours tenter de convaincre. Le contact est bon.

François Bayrou, qui se sait incontournable, est à la fois plus simple et plus complexe. Plusieurs fois ministre, il connaît la mécanique gouvernementale. Il sait la place qu'il occupe au sein de la majorité, rare élu local au sein d'une équipe de campagne qui en compte peu, et président d'un parti politique structuré dans une majorité enthousiaste mais peu organisée. Il se dit que son ralliement a été décisif dans la victoire, et les chiffres semblent lui donner raison. Il connaît mal le Président élu mais peut se prévaloir d'un contact direct et riche ; il sait qu'il compte mais il sait aussi que les discussions sur les investitures pour les législatives seront délicates. Est-il déçu de ne pas avoir été nommé Premier ministre ? Il s'en défend, et pour l'avoir un peu croisé au moment des primaires avec Alain Juppé, nous savons que le seul poste qui lui paraît être à la mesure de ses talents n'est pas celui de Premier ministre. Et pour cela, nous ne pouvons pas faire grand-chose à ce stade. Peut-être caresse-t-il alors l'idée d'être le second Premier ministre du quinquennat, celui qui après l'ébullition de réformes parfois difficiles, après les mesures rudes et les arbitrages compliqués, viendrait réconcilier la majorité avec elle-même et les progressistes avec la France profonde et éternelle. En tout état de cause, il ne demande rien mais n'accepterait pas d'être mal traité. Il veut que son parti soit représenté dignement au gouvernement. Et il considère, sans le dire mais en le faisant comprendre, que tout cela se traitera à l'Élysée. Il a raison. Il sera garde des Sceaux.

De son côté, Gérard Collomb est tranquille comme Baptiste. Il ira à l'Intérieur et il le sait, alors que tant d'autres resteront à l'extérieur. Jean-Yves Le Drian, qui aimerait rester à la Défense, est plus incertain : le Président ne souhaite *a priori* reconduire aucun membre des gouvernements précédents. Mais c'est une personnalité qui compte, en particulier à gauche. Ce seront les Affaires étrangères.

Dans les équilibres politiques à constituer, il faut aussi adresser un message à l'électorat de droite et du centre. Certes, le Premier ministre est issu des Républicains (qui sont furieux et crient à la trahison). Mais si la recomposition politique se réduit à un seul homme, juppéiste, elle est incomplète, quand bien même celui-là serait Premier ministre. C'est la raison pour laquelle notre choix se porte sur Bruno Le Maire, pour le ministère de l'Économie, et sur Gérald Darmanin pour les Comptes publics, portefeuille particulièrement sensible pour le Premier ministre. Lorsque l'essentiel de la mission est de rendre des arbitrages entre ministres, il est illusoire d'espérer réussir si les cordons de la bourse ne sont pas fermement tenus par quelqu'un avec qui la confiance est totale. Darmanin, jeune, vif, doué, travailleur, ambitieux, proche de Nicolas Sarkozy, qui a réussi l'exploit d'être élu maire de Tourcoing en 2014, avec lequel nous entretenons des liens anciens d'excellente camaraderie, nous paraît le profil le mieux adapté. Le Président validera cette proposition appuyée de son Premier ministre.

À l'époque, beaucoup d'autres élus venant de la droite républicaine sont prêts à franchir le pas. Le charisme du Président, l'élan de la victoire, la transgression incroyable qui le conduit à dynamiter les lignes politiques traditionnelles intriguent et fascinent, et bon nombre de députés ou de maires, qui ensuite, pour certains, le critiqueront vertement (d'autant plus vertement qu'ils ont espéré et qu'ils ont été déçus) envoient des messages aussi discrets qu'ouverts. Il ne serait pas charitable de dévoiler leur identité, et nous avons évidemment effacé quelques SMS *a posteriori* savoureux.

Reste la volonté d'aller chercher des personnalités que personne n'attend, qui ne sont pas ou plus dans le monde politique, et qui peuvent apporter des compétences dans leur champ d'expertise. C'est ainsi que nous sollicitons, sur l'idée d'une amie médecin, Agnès Buzyn. C'est ainsi que nous proposons à Frédérique Vidal, qui préside l'université de Nice Sophia Antipolis, de devenir ministre. C'est ainsi que, décalage horaire oblige, Élisabeth Borne, présidente de la RATP, est réveillée en pleine nuit au Canada, pour se voir proposer le ministère des Transports. Muriel Pénicaud, ancienne DRH de Danone, devient ministre du Travail, et Jean-Michel Blanquer, qui s'y prépare depuis longtemps, ministre de l'Éducation nationale.

Pour beaucoup de ces ministres issus de la société civile, dont la légitimité est liée à un parcours professionnel bien plus qu'à un engagement politique, la surprise est complète, et ils n'ont que quelques heures, parfois quelques minutes, pour décider de modifier le cours de leur vie professionnelle et parfois personnelle. Ceux-là acceptent, d'autres refusent.

Entre ceux qui n'envisageaient pas d'y être et ceux qui n'envisageaient pas de ne pas y être, il y a tous les autres. Ceux qui espèrent, ceux qui se sont préparés, ceux qui pensent qu'ils le méritent. C'est parfois vrai : il y a toujours, dans ces quelques journées, une part de hasard et de chance. Ceux-là ont attendu un coup de fil qui n'est pas venu, et ils sont déçus. Des députés malicieux ou cruels s'amusent à appeler leurs collègues en numéro masqué en se faisant passer pour le secrétariat du Président ou du Premier ministre. Ils trouvent ça très amusant jusqu'au moment où un autre leur joue le même tour. Le monde politique oscille parfois entre la méchanceté la plus crue et l'humour le plus potache.

Pour d'autres, c'est encore pire : ils ont été pressentis, mais un aléa de dernière minute, un jeu de chaises musicales, une vieille rancœur, une rivalité de personnes, les a privés de leur place.

Et ainsi, progressivement, à force de discussions entre le Président et son Premier ministre, l'architecture et la composition du gouvernement se précisent. Le mercredi suivant, un peu plus de 48 heures après la nomination du Premier ministre, le secrétaire général de l'Élysée annonce la composition du gouvernement.

Et subitement le bureau paraît moins vide et la pression, pour la première fois, semble se faire moins forte. Peut-être un peu candides, nous espérons que l'exercice est derrière nous, et qu'on va pouvoir passer à des choses aussi sérieuses mais plus substantielles.

Nous savons, parce que nous ne sommes pas nés de la dernière marée, qu'il faudra sans doute revenir à la composition du gouvernement après les législatives, ajouter quelques secrétaires d'État pour appuyer l'action des ministres ayant la charge de grosses administrations, ou pour signifier des priorités politiques, ou pour préparer la suite en formant des jeunes prometteurs qui remplaceront les anciens le moment venu, sans que ni les jeunes ni les anciens ne puissent s'accorder sur ce moment. Nous savons tout cela, mais *a priori* ceux qui sont là le sont pour longtemps, et ceux qui n'y sont pas le sont pour longtemps aussi.

C'est alors que se rappelle à nous le dernier élément à prendre en compte lorsqu'on compose un gouvernement. Car après avoir concilié l'inconciliable, il reste l'imprévu, souvent imprévisible : les circonstances.

Celles qui vous imposent de changer de ministre, en règle générale au mauvais moment : les procédures judiciaires qui s'engagent, et parfois seulement les menaces ou les perspectives de procédures judiciaires ; les élections perdues (ou gagnées) qui imposent ou conduisent un ministre à démissionner, venant ruiner un équilibre patiemment construit ; les scandales liés à un propos ou à un geste malheureux ou déplacé, qui sans être illégal compromet la capacité d'un ministre à agir ; les démissions qui peuvent être motivées par des désaccords politiques mais qui peuvent également être l'expression d'un épuisement ou d'une frustration…

Tout cela arrive, en l'occurrence bien plus tôt que prévu.

Quelques jours après les législatives de 2017, quatre piliers importants du gouvernement, Richard Ferrand, François Bayrou, Sylvie Goulard et la regrettée Marielle de Sarnez doivent quitter le gouvernement. Ce fut, pour eux, un moment pénible. Il est difficile de ne pas être choisi, il est probablement plus difficile encore de devoir renoncer quelques semaines à peine après avoir été nommé. Tous l'ont, sans doute, vécu comme une injustice.

Et à peine un mois après avoir structuré le gouvernement, nous nous trouvons dans cette situation pénible d'avoir à recommencer. À repenser les équilibres, à redéfinir les périmètres, à ménager les susceptibilités pour éviter de durables inimitiés, ou à trancher dans le vif, ce qui en suscite d'autres. Pour ne pas modifier toute la structure gouvernementale quelques semaines seulement après le premier gouvernement, nous choisissons de remplacer les partants poste pour poste. Florence Parly, qui retrouve, quinze ans après, le gouvernement, Nicole Belloubet et Nathalie Loiseau font leur entrée, ainsi que Stéphane Travert à l'Agriculture. Plusieurs secrétaires d'État entrent avec eux dans un gouvernement qui compte désormais 30 membres. Le dernier arrivé, dernier dans l'ordre du décret de nomination, est le benjamin des présidents de conseil départemental : Sébastien Lecornu a 31 ans, il est secrétaire d'État auprès de Nicolas Hulot. Dix minutes avant l'annonce du gouvernement, le Premier ministre a réussi à convaincre le Président, qui ne le connaît pas personnellement, de nommer cette bête politique auprès du ministre d'État, qui ne le connaît pas non plus. Lecornu est dans la place. Son talent, son envie, sa capacité d'analyse et d'imagination vont très vite le rendre indispensable.

Le gouvernement Philippe II peut s'élancer.

Il sera maintes fois modifié.

Parfois avec audace, comme en novembre 2017, lorsqu'en plein accord avec le Président, et après quelques joutes oratoires tendues mais respectueuses dans l'hémicycle, il nous vient l'idée de proposer à Olivier Dussopt de rejoindre l'équipe gouvernementale. Alors député socialiste de l'Ardèche depuis dix ans, ancien maire d'Annonay et président de l'Association des petites villes de France, Dussopt est reconnu pour son sérieux et sa maîtrise parfaite des dossiers les plus techniques. La discrétion qu'il cultive, la douceur qu'il affiche, le courage, car il en fallait pour brûler ainsi ses vaisseaux, son sens exceptionnel de la négociation, sa capacité à encaisser et sa fidélité aux personnes ou aux idées qu'il a choisies en feront une recrue de choix.

Parfois sous la contrainte, avec, à l'automne 2018, le départ de deux ministres d'État.

Le 4 septembre, Nicolas Hulot annonce, sur France Inter, son départ du gouvernement. Moment étonnant, comme s'il découvrait sa décision sur le moment, comme effrayé par sa propre audace, sans avoir pris la peine de prévenir celui qui lui avait fait confiance, ni ceux qui l'avaient soutenu dans les moments difficiles. Hulot craignait sans doute que le Président ou le Premier ministre parviennent à le convaincre de rester, comme cela s'était produit plusieurs fois.

Nicolas Hulot était malheureux, ce qui est respectable, et habité par son combat, ce qui l'est tout autant. Cet idéalisme s'accommodait mal des compromis nécessaires à l'exercice du pouvoir. À ses yeux, rien de ce qui était fait n'était suffisant, et ses anciens amis, qui lui reprochaient à bas bruit de cautionner ce qu'ils considéraient relever de la compromission plutôt que du compromis, lui imposaient une pression considérable. Hulot luttait contre la fin du monde : lorsqu'il lui était demandé de choisir les priorités au sein de son ministère, afin d'affecter les budgets sur ce qui lui paraissait le plus important ou le plus urgent, il refusait l'obstacle, avec une sincérité que nous n'avons jamais mise en doute. Il lui était impossible de hiérarchiser puisque tout lui semblait existentiel. N'aimant ni les contraintes attachées à la fonction de ministre, ni le monde administratif et parlementaire dans lequel elle s'exerce, Hulot vivait son quotidien comme un calvaire, ce qui, sur la durée, n'est pas tenable. Peut-être la bête médiatique, habituée à la popularité record de ceux qui luttent pour une cause essentielle sans avoir à en assumer la mise en œuvre, était-elle usée par les critiques incessantes ou par le sentiment d'incomplétude qui submerge forcément ceux qui s'engagent dans l'action publique. Comment lui en vouloir ?

Le mois suivant, c'est l'autre ministre d'État, Gérard Collomb, à bon droit inquiet des sondages lyonnais avant les municipales, qui fit savoir qu'il voulait quitter le gouvernement. Au-delà de sa bonne ville de Lyon, où il s'était habitué à décider seul, le ministre de l'Intérieur semblait vivre de plus en plus mal la discipline collective qu'implique l'action gouvernementale, et de devoir assumer les décisions prises. Sa démission, qui serait un mauvais coup pour le Président et pour le gouvernement, est d'abord refusée. Mais l'intéressé ne s'en satisfait pas. Le 3 octobre, sans avoir averti son Premier ministre qui siège au moment même à l'Assemblée et, plus grave, sans l'accord du Président, il force la décision.

C'est l'occasion, certes subie, d'un remaniement de plus grande ampleur qui était envisagé pour un peu plus tard. Mais il faut quelques jours pour l'organiser, et Beauvau ne souffre pas de vacance. Aussi le Premier ministre fait-il l'intérim, ce qui permet au Président, et à lui-même, d'étudier toutes les options avant de nommer le suivant.

L'idée de prendre (un peu) son temps peut sembler banale, mais elle ne l'est pas. Au moins aux yeux des commentateurs ou des oppositions. Les médias relaient cette incompréhension, la partagent, la nourrissent. Ils s'interrogent. Ils exigent que ça aille vite. Non pas parce que les Français attendraient, mais parce qu'eux attendent, et parce qu'eux ont annoncé que ce serait rapide, pour mieux en déduire que ça traîne lorsque le délai qu'ils ont eux-mêmes fixé n'est pas respecté.

Mais cette fois, nous sommes décidés à ne pas nous laisser dicter le rythme. Raymond Barre, en son temps, avait cumulé, pendant deux ans, le poste de Premier ministre et le portefeuille de l'Économie et des Finances. En 2018, le cumul durera 13 jours. 13 jours d'une intensité saisissante, conséquence de la nature très particulière de ce qui se joue à Beauvau, du stress constant, de la pression permanente, de la réactivité immédiate attendue des équipes, et, bien sûr, de la sensibilité des sujets qui y sont traités.

Et ainsi, au gré de ces fameuses circonstances, d'autres rejoindront-ils l'équipe, ou changeront de poste. Les équilibres initiaux seront modifiés ou maintenus, l'ambiance entre collègues oscillera entre la franche camaraderie et la rivalité sourde (et pas toujours muette). Mais tous, il ne faut pas en douter, auront le souci de bien faire. Tous seront portés par une ambition personnelle, celle de réussir, mais aussi par un projet commun. Tous mesurent la chance qui leur est offerte et l'honneur qui leur est fait. Certains s'oublient, d'autres se noient, mais nous pouvons témoigner, aussi, de la volonté de servir et de la noblesse d'âme qui animent ceux qui s'y collent.

Et si les circonstances conduisent parfois à prendre acte du départ de ministres qui souhaitent s'en aller, elles peuvent aussi conduire à convenir du départ de ministres qui aimeraient bien rester.

En juillet 2019, François de Rugy doit quitter le

gouvernement. C'est, sans doute, la première fois qu'un ministre doit quitter le gouvernement à cause d'un symbole. Des photos, prises et publiées par des convives visiblement reconnaissants, le montrent au cours d'un dîner organisé à l'hôtel de Lassay, lorsqu'il était président de l'Assemblée nationale, dégustant des homards. Des homards.

On connaissait la jurisprudence Balladur : un ministre mis en examen, bien que présumé innocent, doit partir. Certes, s'il est mis en examen, c'est parce qu'existent aux yeux d'un juge d'instruction des « indices graves et concordants » à son encontre. Juridiquement, il est innocent ; politiquement, on considère qu'il ne peut plus faire partie d'un gouvernement, porter une politique publique. Il n'y a là rien d'évident, mais on peut comprendre la logique à l'œuvre : l'exemplarité d'un ministre ne se juge pas à la même aune que celle d'un citoyen. Pourquoi pas.

Mais, insensiblement, nous avons franchi, forts d'une bonne conscience mâtinée d'envie, voire de jalousie, un stade supplémentaire : une simple mise en cause, une simple plainte, la simple ouverture d'une enquête, avant même que les faits ne soient examinés, suffit à remettre en question la présence d'un ministre au gouvernement. Et même, à présent, de simples photos, un ministre en train de manger. Des homards. Il est assez certain que ces homards coûtaient moins cher que bon nombre des bouteilles servies et bues dans bon nombre des ministères, des conseils régionaux, des conseils départementaux et de certaines mairies de notre pays. Mais peine perdue. Il faut s'indigner que la table du président de l'Assemblée ne soit pas aussi simple que la table en formica de nos grands-mères ! La sobriété vertueuse des pays protestants et scandinaves est convoquée et proposée en exemple. Personne ne s'indigne, au pays de Cyrano, qu'un jaloux ruine la réputation et la situation d'un homme pour se venger de n'être plus invité à sa table.

Certains pensent que c'est un progrès. Nous sommes sceptiques. Prudents mais sceptiques.

Aussi nous paraît-il nécessaire de rappeler, aux autres comme à nous-mêmes, que derrière toutes ces polémiques, derrière tous ces départs, ces mises en cause et ces échecs, derrière les anathèmes et les matraquages médiatiques, il y a des femmes et des hommes, des familles, des collaborateurs, qui vivent tout cela dans leur chair, parfois durement. La souffrance existe, et il ne serait pas superflu de la respecter, un peu, *a fortiori* lorsqu'elle s'accompagne d'un sentiment d'injustice.

On dit souvent qu'en politique il faut composer, et ça ne s'applique pas qu'à la constitution des gouvernements, des équipes municipales ou des cabinets. Il faut composer, aussi, avec les circonstances, le contexte, les contraintes, les situations, les interlocuteurs.

N'oublions pas que, parfois, on en sort décomposé.

Vol de nuit

« Une fois que ma décision est prise,
j'hésite longuement. »
Jules Renard

« Il pleut sur Nantes
Donne-moi la main
Le ciel de Nantes
Rend mon cœur chagrin. »
Barbara

Nous savions bien qu'à Matignon, il y aurait des décisions difficiles à prendre, puisque tout n'y est qu'arbitrage, et qui dit arbitrage dit dilemme, qui dit dilemme dit conflit.

Nous ne nous attendions pas pour autant à devoir proposer au président de la République de prendre enfin une décision sur le destin d'un projet conçu *avant notre naissance* : construire, ou non, un nouvel aéroport pour la métropole nantaise, en l'occurrence à Notre-Dame-des-Landes. Un cas d'école qui en dit long sur le fonctionnement de l'État, la manière dont il décide, ou dont il ne décide pas, les contraintes qu'il doit gérer, les contradictions qu'il doit résoudre, les dilemmes auxquels il est soumis, les décisions impossibles qu'il s'oblige lui-même à prendre.

Nous sommes nés après la conception du projet, ce qui peut signifier deux choses : soit que nous sommes jeunes, soit que le projet est vieux. 1970 et 1971, ça n'est pas si loin. Surtout pour ceux qui sont nés avant. Mais enfin, c'est tout de même un demi-siècle. À l'époque, Pompidou présidait et Chaban gouvernait. Le Premier ministre promettait une « nouvelle société » fondée sur le dialogue social, la modernité technologique, la liberté retrouvée, une décentralisation accrue pour casser une « société de castes », ce qui paraissait, à juste titre, très moderne. Déjà.

De son côté, le président de la République, qui devait, exercice particulier, succéder à de Gaulle, voyait d'un œil sombre ce Premier ministre qui semblait vouloir fixer le cap, prérogative qui revient, tous les connaisseurs de la Ve République vous le diront, au seul Président. Les commentateurs, les éditorialistes, les journalistes se demandaient si la tension entre les deux branches de l'exécutif n'allait pas aboutir à une crise politique. Déjà. Et en dépit de tout cela, ou peut-être grâce à tout cela, la France allait bien. Comme les autres enfants nés durant chacune de ces deux années, nous arrivions dans une France plus prospère qu'elle ne l'avait jamais été et résolument tournée vers la modernité.

Et quoi de plus moderne que l'avion ?

Dès les années 1960, le développement de l'aviation commerciale était perçu comme une transformation majeure, et comme un enjeu essentiel pour favoriser les échanges et le transport des biens et des personnes, que l'on n'appelait pas encore mondialisation. La France, légitimement fière d'une histoire aéronautique glorieuse, ne devait pas laisser passer sa chance. Il fallait construire des avions, et moderniser les infrastructures. L'accord international franco-britannique qui permit de lancer le Concorde fut ainsi signé en 1962. Le premier vol eut lieu en 1969, et l'année suivante Boeing mettait son 747 en service commercial.

Des avions toujours plus gros, toujours plus nombreux, qui demandaient des aéroports pour se poser, et pour accueillir les passagers que chacun pressentait sinon plus gros, en tout cas plus nombreux.

Il convenait donc d'équiper le territoire français des infrastructures nécessaires : Orly, Roissy, le Bourget bourgeonnent en l'espace de quelques années. Et parce que l'époque est visionnaire et ambitieuse, l'État lance en 1968 l'idée de la construction d'un nouvel aéroport dans la banlieue nantaise. Celui qui existe à l'époque (et qui existe encore aujourd'hui), aux portes de la ville, est trop exigu, trop urbain, et ne permet pas de faire face à l'accroissement prévisible du trafic. Déjà.

La même année, le site de Notre-Dame-des-Landes, au nord-ouest de Nantes, est identifié. En 1970, le Comité interministériel d'aménagement du territoire (CIAT) prend formellement la décision d'y construire un aéroport qui remplacera l'actuel. En 1974, la zone d'aménagement différé (autrement dit ZAD, un acronyme voué depuis à une notoriété nationale, avec une autre signification) est créée, ce qui emporte l'acquisition par l'État des terrains concernés, 1600 hectares tout de même, essentiellement des terres agricoles, des bois, des landes et des bocages.

Comme à Roissy, certains élus des communes directement concernées et de nombreux agriculteurs s'opposent à un projet qui entraîne nécessairement la disparition d'espaces et d'espèces naturels plus ou moins sensibles et plus ou moins rares. Mais enfin, cette opposition locale ne suffit pas à ralentir la marche triomphante du pays vers la modernité.

Et pourtant rien, ou presque, ne se passe.

La crise économique, les chocs pétroliers semblent avoir raison du projet, non pas sous la forme d'un renoncement officiel mais par le jeu de renvois réguliers à des décisions futures, lorsque les circonstances seraient enfin à nouveau favorables. De renvoi en renvoi, de gouvernement en gouvernement, l'an 2000 finit par arriver. Lionel Jospin est à Matignon. La croissance est forte, moins forte que dans les années 1970, mais elle est là. La pression locale est forte, elle aussi, pour deux raisons au moins : d'abord parce que, entre-temps, le trafic a en effet crû de manière sensible, donnant raison sur ce point aux promoteurs initiaux du projet. Ensuite, et peut-être surtout, parce que le consensus s'est fait parmi les élus locaux, qui peinent pourtant à s'entendre sur quoi que ce soit d'autre, transformant le projet d'infrastructure en projet commun, symbolique d'une ambition collective.

En 2000, donc, trente ans après le premier, Lionel Jospin réunit un nouveau comité interministériel sur le sujet, c'est-à-dire une réunion, présidée par le Premier ministre (et donc pas par le Président), où siègent les ministres concernés et, le cas échéant, des fonctionnaires, qui permet parfois, dans un domaine donné, que des décisions soient prises collectivement. Cette fois, la réunion est fructueuse : le projet renaît de ses cendres.

En 2008, malgré le gel de toute nouvelle infrastructure aéroportuaire décidé l'année précédente par le Grenelle de l'environnement, la déclaration d'utilité publique de l'aéroport est prononcée pour une durée de dix ans. Le Premier ministre de l'époque, François Fillon, sincèrement passionné par la modernité technologique, ancien président de la région Pays de la Loire, est un fervent partisan du projet.

Sur place, l'opposition de ceux qui le contestent devient plus vive : à l'instar du plateau du Larzac autrefois, la zone est occupée par des activistes qui s'installent, construisent, développent des modèles alternatifs d'agriculture et de vie sociale. La route départementale qui traverse le site est peu à peu coupée à la circulation, et devient la « route des chicanes », obligeant les riverains à faire, dans certains cas, un important détour. La ZAD, zone d'aménagement différé, est devenue, dans l'imaginaire collectif, une « zone à défendre », et ses occupants des « zadistes ».

Chacun s'enracine dans sa conviction, et les procédures se poursuivent. Elles sont longues. Et contestées. En 2010, l'entreprise Vinci est choisie pour la conception, le financement, la construction et l'exploitation pour une durée de 55 ans d'un aéroport devant répondre aux exigences de la norme Haute Qualité environnementale (HQE), avec un début des travaux prévu en 2013 pour une ouverture en 2017.

Dès lors, plus rien ne s'oppose à la construction de l'aéroport, et à supposer que ce n'ait pas été le cas depuis longtemps, il faut évacuer le site.

À l'automne 2012, le gouvernement que conduit Jean-Marc Ayrault, ancien maire de Nantes et lui aussi fervent partisan du projet, ordonne la libération des lieux. Les forces de l'ordre font deux tentatives pour déloger les occupants et détruire les constructions illégales. Globalement, c'est un échec, et les blessés de part et d'autre sont nombreux. Le seul résultat est que de nouveaux squatters arrivent et que le mouvement de sympathie à leur égard se développe. Pour les uns, ce sont des avant-gardistes, qui vivent en autogestion dans le respect de la nature. Pour les autres, de dangereux activistes qui se moquent de la loi comme d'une guigne.

L'épreuve de force sur place se double par ailleurs d'une épreuve de force politique. Les verts, qui gouvernent avec les socialistes, sont opposés au projet et ne se privent pas de le dire. Coincé sur le terrain, le Premier ministre l'est donc également à Paris. Il décide alors prudemment de ne pas décider, ce qui, lorsqu'on gouverne, peut constituer un expédient commode pour traverser les difficultés. Henri Queuille, qui en plus d'être radical-socialiste avait été trois fois président du Conseil sous la IVe République, ce qui, en matière de maîtrise des expédients, relève presque du prix Nobel, en avait fait un principe de gouvernement.

Il y aurait beaucoup à dire sur l'utilité de l'inaction en politique. Ne rien faire, ne pas intervenir, ne pas réagir peut s'avérer prodigieusement utile et opportun. Et en dépit des idées reçues, c'est souvent difficile. Il est bien difficile de ne pas répondre aux sollicitations d'un système politico-médiatique toujours plus vorace, focalisé sur l'immédiat, qui exige une prise de position sur tous les sujets à tous les instants. Il est tout aussi difficile de ne pas céder à la tentation d'exister dans un débat public où se taire, soit parce que vous n'avez rien à dire, soit parce que vous ne voulez rien dire, vous ferait passer pour un ermite sans ambition ou pour un suicidaire sans complexe. Prendre le risque d'être silencieux, prendre le risque de réfléchir un peu, prendre le risque d'expliquer la complexité des choses. Car c'est devenu un risque ! Et pourtant, dans certaines situations, il est urgent de ne rien dire et il est urgent de ne rien faire. D'attendre, de faire refroidir, d'observer, d'écouter, d'ignorer.

Mais pas toujours. Et pas sur tous les sujets.

Car sur Notre-Dame-des-Landes, l'inaction relevait de l'indécision, voire de l'indécision coupable. Insensiblement, le débat se déplaçait. De l'opportunité ou non du projet, on en venait à discuter de la légitimité des processus de décisions publiques : si toutes les procédures avaient été respectées, tous les recours juridiques rejetés, comment accepter qu'une décision ne soit pas mise en œuvre ? Si un projet décidé par les élus du peuple, conduit conformément à la loi, béni dans sa régularité par la justice, ne peut pas être réalisé du fait de l'opposition physique de quelques-uns, que reste-t-il de la démocratie ? Que veut dire gouverner si, à la fin, c'est la minorité agissante qui prévaut sur la forme démocratique et les choix des représentants du peuple ?

On en était là lorsqu'une étape supplémentaire, et innovante, fut franchie par François Hollande. Personne ne sait très bien, à part peut-être lui-même, ce qu'il pensait de l'opportunité de cet aéroport. Peut-être rien. Sans doute approuvait-il consciencieusement tous ceux qui défilaient dans son bureau sur le sujet. Sans doute savait-il, en fin politique, qu'il était finalement improbable que l'aéroport soit construit compte tenu du blocage constaté. Mais pour le garant des institutions, il était bien hasardeux de laisser prospérer un doute aussi sérieux sur la légitimité des décisions publiques. Il fallait en sortir. Enfin.

Eh bien non. Le Président Hollande, en digne héritier corrézien du bon docteur Queuille, inventa, au début de l'année 2016, un référendum local sur le projet, imaginant sans doute pouvoir renvoyer à quelqu'un d'autre le soin de prendre la décision difficile. Une procédure particulière fut créée, le corps électoral du référendum fut limité aux seuls citoyens inscrits sur les listes municipales des communes du département de Loire-Atlantique (ce qui pour un projet d'ampleur régionale était contestable, mais au fond, tout, depuis le début, l'étant dans ce dossier, on n'en était plus là).

Une majorité des électeurs concernés approuva la construction du nouvel aéroport en juin 2016. À 55 %, et avec une participation de 51 %. Sur une question simple et sur un sujet polémique, la moitié des électeurs inscrits n'avait pas voté, un gros quart était pour, un petit quart contre. Près de Notre-Dame-des-Landes, on est très contre. À Saint-Aignan de Grand Lieu, juste à côté de la piste de l'aéroport existant, on est très pour. Presque cinquante ans après la conception du projet, on constatait que personne ne voulait d'aéroport dans son jardin (ce qu'on aurait pu deviner sans référendum) et que, loin de calmer le jeu, la consultation avait exacerbé les passions.

Que faire de ce résultat ? Il est probable qu'une bonne partie du gouvernement Valls, puis du gouvernement Cazeneuve, espérait secrètement une victoire du « non », y compris parmi ceux qui avaient décidé de la tenue du référendum. Mais le référendum avait dit « oui ». Comment ne pas vouloir faire respecter la loi lorsque, par surcroît, elle correspond au dernier état de l'expression du peuple ?

À présent que le référendum avait eu lieu, il semblait important d'en appliquer le résultat. La bonne logique aurait voulu que le site soit évacué et que les travaux commencent, ce à quoi l'exécutif s'était d'ailleurs engagé. Personne ne dit que c'était facile, mais dans ce cas, pourquoi provoquer une consultation populaire ?

Il fallait donc y aller… mais pourquoi se priver d'un petit renoncement et d'un dernier expédient quand on est encore en mesure de se les offrir ? Parce que l'élection présidentielle était imminente, parce que la déréliction de la majorité parlementaire était évidente, parce que les violences publiques à l'occasion du débat et du vote de la loi El Khomri étaient encore dans toutes les mémoires, François Hollande fit le choix qu'il présenterait sans doute comme celui de la sagesse : attendre et renvoyer la décision difficile à son successeur, quel qu'il soit.

Churchill avait déclaré, à propos de l'expédition de Suez : « Je n'aurais jamais osé y aller, mais si j'avais osé, je n'aurais jamais osé arrêter. » Heureusement, il ne viendrait jamais à personne l'idée de comparer l'expédition de Suez à l'aéroport de Notre-Dame-des-Landes, non plus d'ailleurs que Winston Churchill à François Hollande.

*

Telle est la situation en mai 2017, au moment où nous nous plongeons dans le dossier.

Il n'est pas rare qu'un projet d'infrastructure soit investi d'une dimension symbolique. À Notre-Dame-des-Landes, cette dimension va bientôt devenir presque plus importante que l'infrastructure elle-même… Car ces 1600 hectares ont pris, avec le temps, et par la faute des atermoiements de l'État, une force symbolique qui dépasse largement le simple cadre régional et le simple enjeu aéroportuaire. 1600 hectares, qui symbolisent l'arbitrage parfois nécessaire entre économie et écologie. 1600 hectares, paradoxaux, illégalement occupés, mais qui ont fait l'objet d'un nombre étonnant de décisions administratives et judiciaires : une zone où le droit est à la fois totalement absent et omniprésent.

Un savant mélange de hasard, d'événements extérieurs, de procédures administratives interminables et de renoncements successifs nous conduisait donc à devoir proposer au président de la République de faire naître enfin ce projet ou de l'enterrer définitivement.

Pendant la campagne présidentielle, il s'était prononcé en faveur du nouvel aéroport, ou en tout cas en faveur de sa réalisation. Nous aussi. Rien n'avait changé dans l'équation, sinon trois choses : la question hier théorique devenait, pour nous, furieusement concrète ; le ministre d'État, en charge de l'écologie, numéro 2 du gouvernement, était Nicolas Hulot, et personne n'imaginait qu'il puisse être un grand partisan du projet ; la déclaration d'utilité publique des travaux, prononcée en 2008, venant à expiration en février 2018, nous devions trancher avant le printemps pour la renouveler ou non. La tentation de procrastiner nous était donc interdite.

Pour en sortir, quatre principes simples furent posés.

D'abord, regarder le projet avec des yeux nouveaux. La décision de construire cet aéroport, prise en plein cœur des Trente Glorieuses et d'un développement économique qui semblait sans limites, réitérée en 2000 à une époque où la protection de l'environnement n'était pas encore devenue la préoccupation majeure qu'elle est aujourd'hui, est-elle encore opportune ? Autrement dit, si l'idée était neuve, prendrions-nous, en 2017, la décision de faire un aéroport à cet endroit ? Dès le début du mois de juin, une mission est confiée à trois médiateurs qui doivent rendre, dans les six mois, un rapport comparant les deux options sur la table (modernisation de l'aéroport actuel ou construction de Notre-Dame-des-Landes) pour éclairer la décision finale annoncée pour janvier 2018.

Deuxième principe : consulter et écouter tout le monde. Non pas pour faire bouger les lignes : à ce niveau de crispation des positions, les lignes ressemblaient aux tranchées de la Somme, moins meurtrières peut-être mais tout aussi figées. Mais parce qu'une décision difficile est souvent moins mauvaise lorsqu'elle est expliquée et lorsque les contraintes qui s'imposent à celui qui la prend sont comprises. Si elles sont partagées, c'est encore mieux. Mais enfin, déjà, si elles sont comprises… Et puis surtout, écouter ce que des acteurs politiques ou économiques ont à dire sur une décision qui les concerne ne peut pas faire de mal.

Si une décision est souvent meilleure quand elle est acceptée, il faut également qu'elle soit susceptible d'être mise en œuvre. Décider quelque chose qui n'est pas faisable, c'est se condamner soi-même à la posture et à l'inefficacité. C'était tout le paradoxe du référendum local de l'année précédente. Il était donc nécessaire de faire examiner dans le détail par le ministère de l'Intérieur la faisabilité d'une évacuation complète du site. Les premières tentatives s'étaient soldées par des difficultés opérationnelles et par une défaite politique : si nous décidions d'aller au bout, il fallait être sûrs de pouvoir y procéder dans des conditions garantissant le succès.

Enfin, quatrième principe, là encore pour garantir le bon déroulement des opérations et la solidité de la décision finale, nous décidons de garantir un alignement complet de l'Élysée et de Matignon sur tous les aspects du sujet. Cela peut paraître évident. Cela devrait l'être. L'expérience montre que ce n'est ni simple ni habituel.

Cette période révéla quelques évidences et autant de surprises. Au chapitre des non-événements, l'incapacité collective à s'entendre sur des procédures : la légitimité de l'équipe de médiation, sa composition et le contenu de son rapport furent successivement critiqués. Mais dès lors que les opposants au projet n'acceptaient aucune procédure qui ne leur donne raison, comment en vouloir aux partisans du projet qui s'indignaient qu'une commission supplémentaire soit saisie ? Plus surprenantes : les très grandes réticences du ministère de l'Intérieur à envisager une évacuation forcée. Gérard Collomb, dont rien ne permet de penser qu'il ait pu nourrir à l'égard des zadistes une quelconque sympathie spontanée, constatait, clinique, que pour procéder à l'évacuation forcée d'un aussi grand nombre de militants déterminés, organisés, installés, ayant mis en place des pièges et des fortifications, il convenait de mobiliser pendant plusieurs mois (car il faudrait ensuite surveiller le site et éviter les réinstallations) une quantité de forces de l'ordre extravagante. L'ordre public est bien souvent un rapport de forces : mobiliser durablement des forces à un endroit, c'est s'interdire de les mobiliser ailleurs et à un autre moment. En cette matière comme dans toutes les autres, gouverner c'est choisir, et choisir c'est renoncer. Le risque terroriste étant ce qu'il était, et ce qu'il est encore, pouvions-nous mobiliser autant de forces à un endroit du territoire et courir le risque de fragiliser notre dispositif ailleurs ? Et surtout, à partir de quand l'intervention, forcément violente, deviendrait-elle politiquement intenable dans l'opinion : à la première blessure, à la première main arrachée par une grenade, au premier mort, au troisième ?

Les partisans de la manière forte, du respect de l'autorité de l'État, de l'évacuation assumée pouvaient d'autant plus faire assaut de fermeté qu'ils n'avaient pas, eux, et qu'ils n'auraient jamais eu, à répondre à ces questions. C'est d'ailleurs la très grande différence entre le fait de gouverner et celui de dire ce qu'on ferait si on gouvernait : les conséquences.

Le ministre de l'Intérieur réticent, les médiateurs prudents, l'opinion divisée, les opposants mobilisés, il restait à écouter les élus locaux et les parlementaires directement intéressés. À les écouter tous, et à les écouter longtemps. Et ils avaient, bien entendu, beaucoup à dire : depuis des années, ils s'étaient engagés en faveur ou contre le projet. Ils avaient des convictions, ou des intérêts électoraux, et souvent les deux. Ici, pas de clivage droite-gauche, juste des élus qui défendent légitimement l'intérêt de leur commune, selon qu'elle est au nord ou au sud, près ou loin d'une bretelle d'accès, près ou loin des trajectoires des avions. Et à les entendre, on se disait souvent qu'ils avaient en grande partie raison. Tous. Même si, à la fin, ils n'étaient pas d'accord.

Plus nous les écoutions, plus nous nous demandions comment diable l'État s'était mis lui-même en demeure, au fil des décennies, de choisir entre tout cela.

Renoncer au projet, c'était évidemment prendre le risque que la décision fasse tache d'huile sur d'autres projets partout en France. Fallait-il pour autant, et pour cette seule raison, décider de faire l'aéroport, décision qui engage la région pour des décennies ? Nous savions aussi que si nous décidions de faire l'aéroport, la loi serait respectée mais le sang coulerait. Difficile d'aborder ce choix le cœur léger.

Milan Kundera raconte que ses plus belles inspirations lui venaient dans les impasses. On regrette parfois de ne pas être Kundera quand on gouverne…

Et puis, parfois, il y avait quelques surprises. Comme ces deux longues conversations téléphoniques avec Daniel Cohn-Bendit et Philippe de Villiers. Deux conversations passionnantes, agréables et instructives. Deux conversations successives, précisons-le, même si on aurait aimé entendre ces deux-là débattre du projet, et s'entendre pour recommander son abandon pur et simple. Peu étonnant de la part d'une figure tutélaire des écologistes, mais beaucoup plus surprenant chez un thuriféraire de l'ordre et du respect de l'État, pourfendeur de l'esprit d'abandon des élites parisiennes. Il est vrai que Notre-Dame-des-Landes présentait deux inconvénients majeurs aux yeux du vicomte : d'une part le soutien inconditionnel que lui apportait Bruno Retailleau, pour qui il n'avait pas de mots assez durs, et d'autre part, et surtout, la circonstance que le nouvel aéroport, au nord de Nantes, rendrait plus difficile l'accès au Puy-du-Fou, situé au sud. Et, comme nous aurons plus tard l'occasion de nous en rendre compte, aucun principe, aucun attachement au sens de l'État ou de l'intérêt général ne peut justifier, aux yeux du vicomte, une quelconque atteinte aux intérêts du Puy-du-Fou…

Il fallait donc consulter, écouter, et il fallait évidemment aller sur place, plusieurs fois, pour mettre des visages et des lieux sur des noms, pour entendre les arguments dans le contexte, toujours plus forts à l'oral qu'à l'écrit. Et parce que derrière les beaux principes, il y avait (et il y a encore) des femmes, des hommes, des familles, pour lesquels ce choix aurait une importance considérable. Cela permet aussi de constater, ce qui est profondément déconcertant, qu'il existe des espaces du territoire où le Premier ministre de la France ne peut pas mettre les pieds : la préfète Nicole Klein nous expliquera ainsi que certaines zones de la ZAD étaient, à son avis, inaccessibles.

Nous allons sur place. Dès l'aube, à l'heure où blanchit la campagne et où le zadiste, bien que rural, dort encore. Le maire, Jean-Paul Naud, nous accueille dans la cuisine de sa mairie. Les quelques habitants présents sont surpris, et plutôt reconnaissants, de voir le Premier ministre à cet endroit. Nous allons à Saint-Aignan de Grand Lieu aussi. Dans le bureau de Jean-Claude Lemasson, qui en est le maire, nous devons parfois hausser la voix pour nous entendre lorsqu'un avion survole la mairie et l'école qui la jouxte, directement dans l'alignement de la piste. En sortant de la mairie, nous rencontrons quelques parents d'élèves. Nous entendons les avions qui passent bas, très bas…

Partout, ceux que nous rencontrons plaident pour leur solution. Le seul point d'accord entre les partisans et les détracteurs du projet, c'est la nécessité de trancher, et dans leur sens.

Après avoir entendu tous les arguments, après avoir présenté au président de la République toutes les options, tous les inconvénients de toutes les décisions susceptibles d'être prises, après avoir fait la cartographie précise des opinions, il fallait choisir. Comme souvent, pour décider, le Président organisa un dîner, avec les principaux responsables de la majorité. Rien de tel qu'une expression directe, où chacun donne son avis devant tout le monde. Cela permet de jauger les rapports de force et d'obliger chacun à sortir du bois. Théoriquement.

Ce soir-là, après que chacun avait donné son opinion, personne n'était en mesure de dire quelle était la position du Premier ministre ou celle du Président. Une bonne décision doit parfois ne faire l'objet d'aucune fuite, et, conformément au pacte tacite passé entre les deux têtes de l'exécutif, il convenait que personne ne puisse douter de l'alignement complet des deux maisons. La décision finale d'abandonner un projet devenu, à force d'indécision et de reports, l'aéroport de la division, fut prise par le Président, et présentée par le Premier ministre.

Quelques minutes avant l'annonce officielle, il convenait de prévenir les principaux élus concernés : aux anges ou furieux. Certains coups de fil sont plus simples que d'autres, et nous n'oublierons pas les quelques secondes de silence de Jean-Claude Lemasson lorsque nous lui avons annoncé que les avions continueraient, et pour longtemps, de survoler les lotissements de sa commune.

Comme prévu, les partisans furent déçus, les opposants enchantés. L'immense majorité des Français, que la desserte aérienne de Nantes concernait peu, et qui ne voyait la polémique qu'à travers le prisme de l'artificialisation des terres agricoles et des espaces naturels ou de la remise en cause violente des décisions publiques, sembla considérer que cette décision relevait du bon sens et que des décennies de désaccords ne pouvaient guère se résoudre autrement.

Des discussions s'engagèrent, avec les collectivités pour compenser les préjudices et adapter les équipements existants au nouveau contexte, avec Vinci pour établir quelles conséquences financières devraient être tirées de cet abandon. Il fut procédé, et ce ne fut pas simple, à l'évacuation forcée des opposants toujours réticents, à la fin de l'hiver, à libérer les lieux. Et ce qui nous était apparu, au début du quinquennat, comme l'une des décisions les plus délicates et les plus difficiles, suscita progressivement de moins en moins d'intérêt, jusqu'à sembler accessoire, puis dérisoire d'autant que lui succédèrent rapidement d'autres décisions, plus difficiles encore.

Sauf pour les habitants de Saint-Aignan de Grand Lieu et leurs voisins, qui, chaque fois qu'un avion décolle ou se pose dans l'axe de l'école où leurs enfants sont scolarisés, frémissent un peu, attendent que le bruit se soit atténué, se désespèrent de procédures trop longues, de polémiques trop vives, de décisions trop retardées et maudissent sans doute, dans le même mouvement, ceux qui n'ont eu de cesse de tergiverser et ceux qui ont mis un terme au projet.

Vingt ans après

« C'était le temps des géants.
Nous sommes des nains, nous autres,
à côté de ces gens-là. »
Alexandre Dumas,
Vingt ans après

« So you're scared and you're thinking
that maybe we ain't that young anymore. »
Bruce Springsteen, *Thunder Road*

Nous pouvons tous les deux dater le moment précis où nous avons commencé notre vie politique. Février 1997 et septembre 2000.

À l'époque, presque trentenaires, nous regardions ceux qui faisaient de la politique depuis vingt ans avec un mélange de curiosité, de circonspection et d'envie. La génération apparue en politique au début des années 1980, c'est celle des Fabius, Juppé, Sarkozy. Nous ne les connaissions que par presse interposée. À nos yeux, ils n'étaient pas des dinosaures, contrairement aux Giscard, Chirac,

Mitterrand, auxquels ils semblaient destinés à succéder. Ils étaient bien plus âgés que nous, mais ils incarnaient l'avenir. Ils nous semblaient inaccessibles.

Vingt ans après, nous les connaissons. Et nous avons changé. Et avec eux, et nous, et les autres, le monde politique a changé. Sans doute avait-il changé entre 1980 et 2000. À l'évidence, il avait beaucoup changé au cours des deux décennies précédentes, avec la mise en place de la Ve République et la disparition d'une bonne partie du personnel politique de la IVe. Et ainsi de suite. Mais tout de même, quelle transformation…

En osant un tel truisme, nous courons le risque de quitter le clan des pousses encore jeunes[1] et peut-être prometteuses pour rejoindre, d'un seul coup, celui des rétrogrades acariâtres et nostalgiques. Nous nous sommes pourtant juré de ne jamais affirmer que « c'était mieux avant », parce que tous ceux qui le disent, à tel ou tel propos, nous plongent dans le plus profond désarroi. Michel Serres a écrit un essai aussi bref que convaincant pour écarter cette idée farfelue[2]. Nous nous inscrivons volontiers dans cette logique. Ce n'était ni mieux ni pire, c'était simplement différent.

---

1. Il y a vingt ans, un quinquagénaire était vieux dans la vie et jeune en politique. Désormais, c'est l'inverse.

2. *C'était mieux avant !*, opportunément publié aux éditions Le Pommier (2017), un arbre fruitier qui nous est cher.

Le monde politique n'est pas un ensemble autonome, qui vivrait sa vie flottant dans un éther. Il est le reflet du monde tout court, son produit autant que la main qui tente de le façonner. Il peut être un reflet fidèle ou une image caricaturée. Mais, et c'est heureux, il en dépend et évolue avec lui.

Et le monde était différent il y a vingt ans.

Les tours jumelles se dressaient vers le ciel de New York, fières et belles, symbole vertical de la victoire définitive de la démocratie dans un monde où l'ennemi communiste et son incarnation soviétique avaient été terrassés. L'Allemagne avait, depuis dix ans, retrouvé son histoire et sa géographie. L'Union européenne s'élargissait tranquillement et se préparait à la révolution de l'euro, sans qu'aucun contretemps significatif ne soit apparu. La Chine, après avoir récupéré Hong Kong, s'était éveillée, mais restait loin derrière les États-Unis en termes de fascination exercée sur le monde ou de puissance économique et militaire. Clinton achevait ses huit ans à la Maison Blanche dans une atmosphère de prospérité et de scandale.

L'alerte écologique n'avait pas encore complètement sonné et nous n'avions entendu parler ni du SRAS ni de ses succédanés. Bien sûr, certains alertaient déjà sur les conséquences du bouleversement climatique, d'une disparition inédite de la biodiversité ou de virus nouveaux. Mais si ces voix se faisaient entendre, si la COP 3 avait donné lieu à la signature du protocole de Kyoto en 1997, ces questions étaient bien loin d'avoir pris dans la conscience commune la place qu'elles occupent aujourd'hui. Elles ne structuraient pas le débat public, le danger semblait lointain dans l'espace et dans le temps, et les solutions proposées disproportionnées et irréalistes.

L'angoisse principale du début du millénaire, le bug de l'an 2000, avait été écartée de main de maître par les informaticiens triomphants, et les visionnaires les plus optimistes décrivaient une heureuse société technologique que l'immense majorité de la population peinait encore à concevoir. Depuis 1998, nous avions bien, chacun de notre côté, notre premier téléphone portable. Une révolution. Quel progrès par rapport à la pièce de un franc et la cabine téléphonique. À ce stade, nos précieux téléphones n'étaient pas encore smart mais déformaient très efficacement les poches de nos premiers costumes, déjà bien trop larges. Internet ramait comme un avironneur d'Oxford, le modem était un appareil sonore et clignotant et pas encore un parti politique, et les réseaux sociaux n'existaient pas.

Et pourtant, aussi étonnant que cela puisse paraître : nous vivions !

La télévision régnait et la presse écrite paraissait encore faire l'opinion. Avec cinq chaînes nationales et une seule chaîne d'info en continu, cantonnée au câble, le journal de 20 heures restait une messe, *Le Monde* un missel[1] et Alain Duhamel un de ses

1. Les choses ont bien changé.

grands prêtres[1]. Sur ces chaînes peu nombreuses, les moments ouverts à l'expression politique étaient limités, et on n'y voyait que les cadors. Vingt ans après, le moindre député frondeur peut s'offrir des heures de plateau, ce qui rallonge sensiblement le quart d'heure de gloire que Warhol accordait autrefois à chacun.

Il y a vingt ans, le président de la République, qui achevait son *septennat*, et son Premier ministre de cohabitation étaient nés tous les deux entre les deux guerres mondiales. La guerre d'Algérie avait constitué, pour eux, le moment de cristallisation de leur engagement politique. Chirac avait combattu sur place, et Jospin, qui terminait ses études, avait milité à l'UNEF contre la poursuite du conflit. Aucun des deux n'avait eu d'autre activité que la fonction publique, très brièvement d'ailleurs, puis l'engagement politique.

Cette cohabitation, qui, pour la troisième fois, testait la solidité des institutions et qui, pour la première fois, durait une législation entière, semblait ne satisfaire ni la droite, mortifiée d'avoir perdu les législatives en 1997, ni la gauche, qui espérait gagner les présidentielles de 2002 et se désolait des pièges habilement tendus par le Président Chirac et par le Sénat. Pour les Français, en revanche, cette obligation faite à la droite et à la gauche de s'entendre ne paraissait pas si désolante.

1. Vingt ans après, Alain Duhamel n'a toujours pas de téléphone portable, ce qui ne l'empêche pas de continuer à donner le ton.

En tout cas, le match gauche/droite semblait installé pour longtemps. Au fond, si l'un ne gagnait pas, c'était l'autre. Chirac avait perdu en 1988 et gagné en 1995. Jospin avait perdu en 1995 et gagné en 1997. La France semblait penser que Giscard d'Estaing avait été une parenthèse et que pour être élu Président, il fallait être vieux et chauve[1], tenir un parti politique d'une main de fer et avoir échoué deux ou trois fois auparavant.

L'insuffisante place des femmes dans la vie politique était débattue, et souvent officiellement regrettée. Un regard rapide sur les bancs de l'Assemblée suffisait à démontrer que la parité était, au mieux, un objectif lointain. En 1997, l'Assemblée élue comptait 63 femmes pour 514 hommes. À peine plus de 10 %. En 2002, elles ne seront que 71, ce qui a dû être célébré à l'époque, mais ne traduisait qu'un progrès très relatif.

Le Palais-Bourbon était le cœur battant de la vie politique. Il était parfaitement inconcevable, pour une personnalité politique qui aspirait aux premiers rôles, de ne pas y siéger.

Le cumul des mandats, particularité française, était inscrit dans le droit, dans les usages et dans les mœurs. En 1992, on avait bien, par une excellente loi, limité le montant des indemnités perceptibles par les élus au titre de leurs différents mandats. Le cumul des

1. Une demi-parenthèse donc…

rémunérations a ainsi été limité avant le cumul des mandats, ce qui était sans doute la bonne manière d'aborder le sujet. Les figures du député-maire ou du sénateur-président de conseil général demeuraient les incarnations du pouvoir politique, et il aurait été délicat à l'époque de distinguer la représentation nationale du personnel politique local.

L'évolution des règles relatives aux liens entre l'argent et la politique était, elle, engagée. Personne ne savait où elle s'arrêterait ; personne ne mesurait qu'elle viendrait sanctionner des pratiques qui, quelques années auparavant, relevaient de la normalité. Mais elle était engagée, et elle n'a pas cessé depuis, encadrant toujours plus les règles de financement des campagnes et des partis jusqu'alors régies par le flou et la débrouille. Au tout début des années 2000, on pouvait encore, sans que cela soit considéré comme répréhensible, financer l'acquisition personnelle de sa permanence électorale grâce à des indemnités parlementaires ou à des prêts à taux zéro des assemblées, employer son conjoint ou ses enfants comme collaborateurs parlementaires. Une partie des sommes versées par l'État aux partis politiques sur la base du nombre de leurs parlementaires leur était parfois reversée directement. Toutes ces pratiques, et bien d'autres, exploitaient un vide juridique désolant et passaient allégrement sous les radars médiatiques.

Il y a vingt ans, Jean-Luc Mélenchon, après quatorze ans passés au Sénat, devenait ministre socialiste de Lionel Jospin ; Marine Le Pen avait déjà cessé d'être avocate et, conseillère régionale, elle entrait au bureau politique du Front national de son père ; François Baroin était député depuis 1993 et maire de Troyes depuis cinq ans, après avoir été le plus jeune membre d'un gouvernement sous la Ve République[1]. Xavier Bertrand (alors adjoint au maire de Saint-Quentin et conseiller général), Laurent Wauquiez (élève de l'ENA), Valérie Pécresse (conseillère technique du Président Chirac à l'Élysée), Yannick Jadot (qui venait d'adhérer aux Verts et travaillait encore pour une ONG), Anne Hidalgo (conseillère technique auprès de la secrétaire d'État aux Droits des femmes et à la Formation professionnelle) étaient totalement inconnus. Emmanuel Macron, lui, étudiait à Sciences Po.

Tel était le monde, et telle était la scène politique française.

*

Vingt ans après, tout cela a changé : le monde, la politique et nous avec.

Trois fois de suite, les Français ont élu un Président encore jeune, à chaque fois candidat à la présidentielle pour la première fois. Le dernier est même encore plus jeune[2] et ne s'était jamais présenté à aucune élection. Aucun n'a été réélu[3].

1. Record battu depuis par Gabriel Attal.
2. Plus jeune que nous !
3. Jusqu'à présent.

Nous avons mené à bien des réformes institutionnelles apparemment anecdotiques, mais, à la réflexion, révolutionnaires. La modernité nous a commandé de raccourcir le mandat présidentiel de sept à cinq ans : puisque, paraît-il, le temps s'accélère, puisque sept ans n'est plus un temps démocratique adapté au rythme du monde, puisque sept ans, c'était sans doute trop long, puisque la classe politique unanime trouvait qu'il pouvait être intéressant de multiplier les occasions, les Français ont voté oui au quinquennat.

Le peuple souverain a modifié une durée qui avait été fixée plus de cent trente ans auparavant, sans véritablement débattre sur le poids de cette durée dans le savant équilibre des pouvoirs de la Ve République ni mesurer l'impact que ce changement emporterait sur le fonctionnement des institutions.

La fameuse « inversion du calendrier » fut une décision plus importante encore, et peut-être encore plus conjoncturelle. Contrairement à ce qui est parfois imaginé, elle n'est pas liée à l'adoption du quinquennat, mais à la dissolution de 1997. En effet, si le calendrier initial avait prévalu, les élections législatives auraient dû se tenir en mars 2002, et les présidentielles le mois suivant, ce qui était pour le moins singulier. Tenir les élections législatives avant les présidentielles, c'était modifier profondément la nature du régime, au profit du Parlement, au détriment du Président, qui risquait de se voir réduit à l'inauguration des chrysanthèmes comme sous les Républiques précédentes.

Là où le Président planait au-dessus du temps politique, son sort étant déconnecté de celui de sa majorité, le quinquennat lie leur destin. Imaginait-on les conséquences en cascade sur le fonctionnement de nos institutions ? Sûrement pas. Non pas qu'elles soient toutes négatives. Mais elles étaient imprévues, ce qui en matière institutionnelle n'est pas rassurant. Et elles ont été accentuées par le contraste entre la personnalité du Président élu en 2007 et celle de son prédécesseur, plus en retrait du champ de jeu national.

Depuis, on attend du Président qu'il soit à la fois au-dessus de la mêlée et les pieds dans la glaise. Tous les rugbymen vous diront que c'est compliqué.

Les élections législatives, qui suivent d'un mois l'élection présidentielle, ont désormais une vocation confirmatoire : il faut donner au Président tout juste élu, qui n'a pas eu le temps de décevoir, une majorité pour gouverner, et donc, jusqu'à présent, elle lui est accordée, et largement. Tout se passe comme si les cohabitations, présentées à tort ou à raison comme des anomalies, étaient dorénavant impossibles. Il est sans doute prudent de ne pas trop miser sur cette hypothèse, ne serait-ce que parce que beaucoup de choses impossibles se sont produites. Comment exclure qu'un jour un Président élu, ou plus probablement réélu avec un enthousiasme modéré, se trouve dans la situation d'avoir à composer avec d'autres formations politiques que la sienne pour former sa majorité ? De la coalition à la cohabitation, il n'y a que peu de lettres.

En vingt ans, la politique a changé. Elle est plus féminine. Elle est plus transparente. Elle est plus horizontale. Le cumul excessif des mandats, la phallocratie, l'opacité, la verticalité absolue : tout cela choquait, et à tout cela il fallait répondre.

Premier changement majeur : le cumul des mandats a été progressivement réduit, et est aujourd'hui strictement encadré, au point de mettre fin à notre bon vieux député-maire à la française. Les Français n'aimaient pas le cumul, sauf pour leur député-maire, qu'au fond ils aimaient bien. La solution actuelle a sans doute de nombreuses vertus, et au moins autant de limites, parmi lesquelles la rapidité déconcertante avec laquelle s'est creusé le fossé entre les parlementaires et les élus locaux. En quelques mois, les seconds ont contesté aux premiers le droit de légiférer sur les collectivités territoriales. Brouille conjoncturelle liée à la majorité du moment et à son faible enracinement local ? À voir. Mais en tout cas ce premier fossé en a creusé un second, dont le pays avait encore moins besoin : le fossé entre « Paris » et les « territoires ».

Deuxième changement majeur : la parité. La loi est venue imposer à la classe politique ce qu'elle était incapable d'organiser spontanément : la juste représentation des femmes, c'est-à-dire la moitié, dans les mandats et fonctions. Là encore, cette évolution a fait l'objet de critiques et de résistances avant d'entrer en vigueur, mais personne ne songe plus à en contester la pertinence. La parité s'est imposée dans les conseils municipaux, dans leurs exécutifs, dans les assemblées régionales et départementales. Elle a considérablement progressé dans les assemblées parlementaires. Et disons-le, elle est désormais bien mieux garantie dans la vie politique que dans bien des grands groupes privés. Mais elle n'est jamais acquise.

Troisième évolution : la transparence. Jusqu'aux années 2000, la priorité du législateur, sous la pression de l'opinion, était l'encadrement et la moralisation des relations financières entre le privé et le monde politique : supprimer le financement des partis et des campagnes par les entreprises, plafonner les dons des particuliers et les dépenses de campagne, publier les comptes des partis et des candidats. Il le fallait. Mais parce que le balancier, longtemps bloqué du côté d'un très grand laxisme, a été lancé avec la force de l'opprobre, il ne s'est pas arrêté en si bon chemin. Après les finances des partis, la lumière a été projetée sur les finances des élus qui doivent désormais justifier de leur patrimoine, de son évolution, des activités qu'ils exercent ou ont exercées, mais aussi de celles de leur conjoint et de leurs enfants, et des éventuels conflits d'intérêts, réels ou présumés, qui pourraient en découler. Rien n'est caché, rien n'est secret, tout est publié ou consultable. Progrès ? Peut-être. Voyeurisme ? Sans doute aussi. Instrument efficace de lutte contre la corruption ? Espérons-le. En tout état de cause, la transparence progresse à un rythme presque constant, personne ne sachant très bien où elle s'arrêtera.

Petit à petit, il est exigé des élus qu'ils se consacrent totalement à leur mandat (est-ce un progrès de ne vivre que de ses mandats ?), de préférence bénévolement (car plus, ce serait trop), qu'ils sachent passer la main (et vite). En outre, il est largement préférable, pour limiter les conflits d'intérêts, qu'ils n'aient rien fait avant, qu'ils ne fassent rien pendant et qu'ils ne fassent rien après, sans jamais cesser de déplorer toutefois leur déconnexion croissante avec la vraie vie... Tout cela forme un cadre parfois déconcertant pour qui veut s'engager.

Notre génération paie les turpitudes des générations précédentes. La transparence est attendue par les Français, elle est désormais exigée par la loi, et il est donc bien naturel de s'y conformer. Mais personne ne nous empêchera d'exprimer des doutes sur cette mise à nu sans limites.

Quatrième révolution : le besoin d'horizontalité. En vingt ans, cette exigence de dialogue, de concertation, de démocratie dite directe, jusqu'alors diffuse, est, elle aussi, devenue impérieuse. Elle a une face noble : la définition collective de projets qui rassemblent, suscitent l'adhésion et se trouvent à la fois améliorés sur le fond et renforcés par la participation de ceux qui n'en sont pas seulement les spectateurs mais en deviennent les concepteurs, les acteurs et les promoteurs. L'idée que le rôle du citoyen dans le processus démocratique ne se limite pas à la participation électorale le jour du scrutin mais peut aller au-delà, et jusque dans la conception des politiques publiques, n'est ni vaine ni accessoire. Elle renvoie à une forme de civisme de chaque instant qui nous paraît féconde.

Et du reste, tous les maires la pratiquent. Les méthodes peuvent différer, l'intensité avec laquelle elle est mise en œuvre peut varier, mais tous, absolument tous, qu'ils soient de droite, de gauche, du centre, de nulle part ou d'ailleurs, pratiquent cette concertation lorsqu'il s'agit de définir l'aménagement d'une nouvelle place, la rénovation de tel ou tel quartier, le tracé de telle ligne de bus, plus généralement une nouvelle politique publique.

Horizontalité ne veut pas dire unanimité. Le consensus, c'est agréable, c'est rassurant, mais ce n'est pas toujours possible. Et il faut même admettre que cela puisse être parfois le signe d'un attentisme dangereux. L'idée de mettre tout le monde dans une salle avec l'espoir d'en ressortir avec un accord général sur le tracé d'une ligne de tramway ou l'implantation d'une station d'épuration est une vue de l'esprit. Tous les maires le savent, tous les adjoints de quartier le savent. Tous les syndics de copropriété le savent. Tous les pères d'adolescents le savent.

Mais tous ceux-là savent aussi qu'une décision discutée, partagée, améliorée par l'échange, se trouve bien souvent plus solide et mieux légitimée qu'une décision imposée sans discussion.

Ce qui est relativement simple et assez systématiquement pratiqué au niveau local est bien plus délicat s'agissant des politiques nationales. Pour de multiples raisons.

D'abord parce que le principe de la démocratie représentative y demeure prééminent. Et que les deux assemblées y sont, à juste titre, attachées. Dès qu'un autre organisme se mêle de participer à la prise de décision dans le domaine de la loi ou de l'expression de la volonté générale, le Parlement se rebiffe. Il le fait souvent de façon frontale à l'Assemblée et de façon oblique au Sénat[1], mais il veille. Comme Émile Beaufort dans *Le Président*[2], les parlementaires sont souvent prompts à déplorer cette « habitude bien française que de confier un mandat aux gens et de leur contester le droit d'en user ». Il peut cependant arriver, en ces temps de nouveau monde, que des parlementaires, par conviction ou pour être dans le vent, participent eux-mêmes à cette demande de dépassement de la démocratie représentative. Cette circonstance n'a pas, à ce stade, permis de lever complètement la difficulté de principe liée à la place fondamentale du Parlement dans la définition de la règle générale.

C'est plus délicat ensuite parce qu'il est matériellement difficile de faire participer plusieurs millions de Français à une décision. On peut bien sûr en sélec-

1. Parfois c'est l'inverse, ce qui dit beaucoup de la subtilité avec laquelle il faut appréhender le bicamérisme…

2. Le film date de 1961, mais Verneuil et Audiard n'ont pas vieilli.

tionner quelques-uns, par tirage au sort, comme l'a montré la Convention citoyenne sur le climat réunie en 2019, mais cet exemple ne semble pas avoir tranché la question de la légitimité du tirage au sort, de ses biais, de sa capacité à permettre une structuration du débat public acceptée par le reste de nos concitoyens. Du reste, dans la vie en général comme dans la vie de la Cité, il ne nous apparaît jamais très bon signe de s'en remettre au sort[1].

C'est délicat, enfin, parce que les nombreuses procédures qui ont déjà pour objet de permettre la meilleure participation des citoyens aux décisions publiques n'ont pas fait la preuve de leur capacité à les convaincre. Les enquêtes publiques, les commissions du débat public, les référendums d'initiative locale, les procédures *ad hoc* que sont les grandes consultations, les débats nationaux et autres « états généraux » ou « Grenelle », sont certes louables. Mais ils apparaissent souvent formels et ne touchent souvent que les corps intermédiaires (qui ne sont guère plus légitimes aux yeux des Français) ou les associations et les individus les plus motivés par les positions les plus extrêmes.

Au risque de choquer, ou de trahir notre inadaptation aux canons de l'époque, nous voulons rappeler les bienfaits d'une forme de verticalité dans la

---

1. Relisons *L'Homme-dé* de Luke Rhinehart, récemment disparu : son héros, tétanisé par les choix, prend toutes ses grandes décisions de vie en lançant les dés.

façon de conduire les affaires de l'État. En prenant quelques précautions, pour ne pas donner aux belles âmes ou à la modernité conquérante le sentiment d'avoir affaire à des dictateurs en puissance, et en rappelant donc que nous sommes croyants et pratiquants au niveau local, soucieux de faire vivre au maximum une démocratie toujours plus riche et que nous n'imaginons pas revenir sur les mécanismes existants, nous voulons rappeler ce que nous tenons pour des évidences.

Oui, parfois, il faut de la verticalité. À la fin, il faut bien que quelqu'un décide.

C'est vrai dans tout collectif : dans la famille, dans l'entreprise, dans la vie citoyenne.

Une démocratie riche et moderne n'est pas un système dans lequel on débat à l'infini en espérant avoir épuisé tous les participants du débat avant de prendre la décision la moins contestée par ceux qui tiennent encore debout.

Une démocratie, et peut-être encore un peu plus une démocratie comme la République française, qui n'est pas seulement un ensemble procédural mais qui poursuit un projet, doit permettre aux représentants que le peuple a élus de prendre des décisions, organiser les voies politiques pour que les oppositions en proposent d'autres et les voies juridiques pour contester la légalité de celles qui sont prises et ensuite, et surtout, laisser aux électeurs le soin de dire, aux élections suivantes, s'il faut continuer ainsi ou s'il faut changer.

Entre verticalité absolue et horizontalité systématique, la vérité est sans doute dans la nuance, mais l'époque s'y prête assez peu. La seule chose dont nous sommes absolument sûrs en la matière, c'est que notre système politique, s'il ne permettait plus à quiconque de prendre une décision, irait aussi droit à l'échec que si un seul les prenait toutes.

*

On le voit, en vingt ans, la politique a changé. Les législateurs successifs ont mis en œuvre des mesures parfois insuffisantes et parfois imparfaites, mais ils ont essayé d'avancer. Pour autant, le fossé entre les citoyens et la classe politique n'a fait que s'accroître, comme si, quoi qu'elle fasse, le fossé était destiné à devenir ravin.

Si la classe politique n'est pas exempte de critiques, et nous avec, la stigmatisation systématique de l'action politique nous semble excessive. Elle va de pair avec la polarisation du débat public et, il faut le dire, avec son affaissement.

Insensiblement, nous en sommes venus à confondre la critique d'une décision et la mise en cause de la légitimité du décideur. Face à une décision qui déplaît, on remet désormais en cause la légitimité de celui qui l'a prise, autrement dit le fondement de la démocratie représentative. Le phénomène est d'autant plus dangereux qu'il n'est pas seulement le fait des traditionnels critiques du système démocratique, il est devenu presque habituel y compris chez les élus eux-mêmes, qui n'hésitent plus, dans la majorité ou dans l'opposition, à remettre en cause la légitimité même de l'autre. La branche commune est désormais sciée avec enthousiasme et désinvolture par ceux-là mêmes qui font profession de vouloir sauver ou refonder la politique, et qui invoquent à longueur de phrases la République et ses valeurs.

Le complotisme, l'irrationalité, l'invective, la posture et parfois l'imposture ont pris la main sur le débat public. Les chaînes d'information en continu et les réseaux sociaux, qui ont en commun d'avoir donné la parole à ceux qui ne l'avaient pas, ce qui aurait dû constituer un progrès important, ont charrié leur lot d'excès, enrichissant parfois le débat public, l'appauvrissant souvent.

Les chaînes gratuites d'information en continu sont désormais au nombre de quatre. Elles s'intéressent peu à l'international, parce que, dit-on, les Français s'y intéressent peu. Trois d'entre elles vivent de la publicité et sont en quête d'audience, donc de sujets accrocheurs. Si l'audience monte, on en parle encore. Si ça baisse, c'est que c'est sans intérêt. Cette logique est, on ne le dira jamais assez, radicalement l'inverse de l'idée que nous nous faisons du journalisme. Vérifier et hiérarchiser l'information devrait être une boussole, c'est devenu un obstacle. Pour contourner l'obstacle, la solution est de créer des informations qui n'en sont pas, et comme il n'y a plus assez de personnalités ou d'experts pour nous expliquer les choses, on en crée, qui ne sont au fond ni des personnalités ni des experts, et comme il n'y a plus assez de controverses pour occuper la journée, on en crée, en mettant face à face les positions les plus tranchées. Tout fait polémique, tout fait débat, tout appelle réaction, si possible immédiate, si possible outrée. Une image, un bout de phrase, placés sous la loupe de la chaîne d'info, et magnifiés par un plateau d'indignés, et l'affaire est faite ! Remplir l'antenne n'est pas si difficile, il faut produire en masse de l'excès et du vide.

Un jour, pendant la campagne de la primaire de la droite et du centre en 2016, nous signalions à un patron de chaîne info qu'à nos yeux il n'y avait pas assez de partisans d'Alain Juppé invités sur les plateaux. Et nous nous sommes entendu répondre : « Oh, mais les juppéistes, ils parlent doucement, ils sont toujours nuancés, ça ne donne pas de bons débats. » Et de fait, les meilleurs débats, ce sont des oppositions virulentes entre des tenants de positions radicales, c'est la provocation et la posture qui susciteront les reprises et qui permettront de poursuivre le débat, comme un mouvement autoalimenté.

Et ainsi, à longueur de journée, des invités viendront regretter et déplorer qu'on les muselle, qu'ils ne peuvent plus rien dire, que manifestement ils dérangent, qu'on veut les faire taire, alors qu'ils sont précisément là pour le dire. Des éditorialistes dénonceront entre eux l'abominable entre-soi des autres. Des habitués des plateaux viendront, à longueur de journée, expliquer que s'ils ne comprennent pas quelque chose, c'est que c'est incompréhensible. Le commentaire sur la maladresse de langage prendra le pas sur l'analyse du fond du discours. La nuance sera faiblesse, le doute sera mollesse, la complexité sera prétexte.

À qui souhaite gouverner, nous conseillons vivement de regarder ces chaînes d'information en continu autant que nécessaire dans la phase de conquête du pouvoir et aussi peu que possible lorsqu'il s'agira de l'exercer.

Notre jugement globalement critique sur ces chaînes ne nous interdit pas de reconnaître qu'elles sont souvent le lieu de travail de grands professionnels qui proposent des moments d'antenne précieux. Mais c'est justement parce que ces grands professionnels ne parviennent pas à limiter cette dérive que nous sommes inquiets. Nous saurons un jour si CNews aura joué en France le rôle de Fox News aux États-Unis. Nous n'aurons pas vingt ans à attendre…

Mais du point de vue de la déréliction du débat public, les chaînes d'info ont été allégrement dépassées par les réseaux sociaux.

Ces réseaux, dont nous sommes des adeptes, et aux travers desquels nous avons parfois cédé, sont devenus l'instrument le plus efficace de fermeture de l'intellect. L'objet même de leurs algorithmes est d'enserrer les individus dans un identique affinitaire constamment répété. Chacun publie, chacun émet, et recevant mille fois la même chose de gens qui pensent progressivement de plus en plus comme lui, y voit la démonstration qu'il n'est pas seul (ce qui est vrai) mais surtout qu'il dit vrai (ce qui est plus incertain). Plus vous êtes en réseau, plus vous vous enfermez. Les informations, les chiffres, les faits, les rumeurs, les avis, les blagues, les provocations, les erreurs : tout cela est produit à haute dose, mélangé, commenté, déformé, oublié, retrouvé, horizontalisé. D'une certaine façon, ces réseaux tendent à devenir des chaînes individuelles d'info en continu, plus segmentées, plus excessives, et bien moins régulées que leurs cousines hertziennes.

Les réseaux sociaux ont profondément modifié les caractéristiques du débat public, de la controverse, de la réceptivité aux fausses nouvelles, de la bonne foi, de la capacité à se laisser convaincre, et donc les caractéristiques du débat public.

Bien sûr, nous ne les avons pas attendus pour créer le cloisonnement intellectuel. Ni la mauvaise foi, ni la rumeur, ni la fausse information, ni même le harcèlement ne sont nés avec Facebook ou Twitter. Et certains vous diront que quel que soit le champ du savoir, l'époque ou le média, le combat est éternel entre la démagogie et l'intérêt général. Et ils auront raison. Mais il est tout aussi certain que les nouveaux outils les ont décuplés, magnifiés, hystérisés, systématisés, alors que notre mission collective est sans doute de les atténuer.

En mettant l'accent sur les chaînes info et les réseaux sociaux, nous courons le risque de confondre le symptôme et le mal. Car ils ne sont que les vecteurs, les tuyaux, les véhicules d'un mal plus profond : l'excès tend à devenir la norme en toutes choses. En vingt ans, des digues ont sauté, des digues de langage, de comportement, de respect, de courtoisie élémentaire. Cela vaut pour les parents, les instituteurs, le policier, le maire, le président de la République. Tout se passe comme si les règles de la vie commune s'affaissaient. Et c'est le principe même de la Nation qui s'en trouve menacé : plébiscite quotidien, elle n'a de sens que si ses membres s'accordent sur l'attachement à des valeurs, à des formes culturelles, à un débat commun. Rien de pire pour une Nation que des citoyens qui ne s'aimeraient plus et qui ne sauraient plus s'entendre.

Et nous voilà, nous qui réprouvions jadis ceux qui pleuraient une époque révolue, tentés de les rejoindre. Le constat que nous dressons nous placerait presque dans la catégorie des conservateurs, des pessimistes voire, aux yeux de certains, des réactionnaires. Nous pensons n'être rien de tout cela, mais nous sommes inquiets et convaincus que ceux qui contribuent à cet affaissement ou qui s'en désintéressent font prendre de sérieux risques à notre pays.

« Violemment modérés », pour reprendre Tocqueville et Aron, nous que hérisse tout extrême, nous ne nous satisfaisons pas de la pente que suit l'époque et puisons, dans cette inquiétude agacée, la motivation de ne pas changer.

Peut-être l'an 2020 sera-t-il considéré, dans vingt ans, comme le paradis du débat public, le nirvana de la liberté d'expression, l'âge d'or de la Politique avec un grand P.

Si c'est le cas, nous pourrons nous inquiéter.

Moderato cantabile

« Un jour viendra, sans doute, où notre Constitution avec tout ce qu'elle implique sera devenue comme notre seconde nature. »
Charles de Gaulle, 1967

Notre Constitution est une merveille.

La révérence constitutionnelle n'est pas un genre très prisé chez nous alors qu'elle prospère chez nos amis. Les Américains vouent un culte aux pères fondateurs et à un texte présenté comme la pierre angulaire de la Nation ; les Allemands respectent d'autant plus leur Loi fondamentale qu'ils lui doivent d'avoir enraciné la démocratie dans une terre laminée par le national-socialisme ; les Britanniques chérissent tant leurs règles éparses et leurs usages anciens qu'ils n'osent même pas les écrire.

De notre côté, en fait de Constitution, nous avons tout connu, tout testé, tout abandonné aussi. En un peu plus de deux siècles, la France a connu 15 textes différents prétendant chacun poser les bases durables d'un système institutionnel solide et évidemment supérieur à tous les autres. Il faut dire que nous avons l'habitude, que ne partagent pas nos voisins, d'apporter des réponses institutionnelles à des crises militaires, politiques, économiques ou sociales.

Instruits par l'Histoire, nous respectons notre texte suprême, mais nous savons qu'il peut, un jour, être remplacé par un autre, ce qui limite nécessairement notre foi. Le texte est suprême mais pas sacré.

Les gaullistes[1] voient certes dans la Constitution l'un de ces blocs de granit sur lesquels la France doit se construire dans les siècles futurs, au même niveau que le Code civil et la Déclaration des droits de l'homme et du citoyen. Mais en dépit de cette admiration non feinte, leur pratique du pouvoir n'a pas toujours traduit cette révérence affichée.

D'autres, nombreux, ont exprimé ou expriment toujours leurs réticences : l'extrême droite, par détestation fondamentale pour le Général ; l'extrême gauche, par détestation pour le pouvoir personnel et l'ordre bourgeois qu'incarne et préserve, selon elle, ce texte ; les socialistes, parce que Mendès la trouvait verticale et que Mitterrand y voyait l'instrument d'un coup d'État permanent au service de l'adversaire politique qu'il s'était trouvé ; les centristes, et tous les « petits partis » en général, qui voient leur influence passablement limitée par le fait majoritaire.

1. C'est-à-dire plus ou moins tout le monde, selon les sujets, c'est-à-dire, au fond, plus grand monde.

Avec le temps, et se rendant à une forme d'évidence, la plupart des acteurs politiques et les forces qui les animent ont fini par se faire à ces institutions, en les décriant parfois, en proposant de les modifier souvent, mais sans les remettre fondamentalement en question, et en reconnaissant qu'elles étaient, au fond, adaptées à bien des caractéristiques françaises. « Les institutions n'étaient pas faites à mon intention. Mais elles sont bien faites pour moi[1] », déclarera, gourmand, François Mitterrand à peine élu, résumant ainsi de la meilleure des façons le chemin parcouru par les opposants de 1958.

Néanmoins, à chaque grande occasion, dans chaque tragique circonstance et à chaque élection présidentielle, on trouve toujours quelqu'un pour dire que tous nos maux viennent de là, et qu'il est urgent de remplacer la Ve République par une VIe qui résoudra, d'un seul coup d'un seul, toutes nos difficultés.

Notre histoire constitutionnelle a montré que c'était un pronostic hasardeux : aucune Constitution n'est parfaite, mais il est urgent de réfléchir avant d'en changer. Aucune Constitution n'est éternelle, il faut simplement souhaiter que le jour où nous en changerons, ce sera pour de bonnes raisons, après y avoir mûrement réfléchi, et pour la remplacer par une autre qui soit meilleure.

1. *Le Monde*, 2 juillet 1981.

Nés bien après 1958, nous n'avons connu que ce régime constitutionnel. Nous en avons autrefois étudié la genèse et les origines, nous avons disserté sur ses caractéristiques, ses ruptures et ses continuités avec ceux qui l'ont précédé. Il nous semblait en connaître les méandres et les ressources, les limites et les promesses non tenues. En théorie.

D'évidence, la pratique des institutions, d'abord dans l'opposition puis au sein de l'exécutif, nous a fait regarder ce texte d'un œil nouveau. Et nous en sommes aujourd'hui encore plus convaincus : notre Constitution est une merveille.

Une merveille d'équilibre des pouvoirs.

Un monument de clarté ambiguë où la précision des dispositions, indispensable à la stabilité et à l'ordre institutionnels, laisse une place considérable aux souplesses d'interprétation, sans lesquelles un texte politique ne peut survivre aux transformations sociales et à l'évolution des circonstances. Un texte difficile à modifier, ce qui est prudent, et pourtant constamment corrigé, ce qui est indispensable. Un texte qui n'a de sens que si on comprend son esprit.

Commençons par l'essentiel.

La Ve République est un régime parlementaire. C'est un régime parlementaire dans lequel le Président est élu directement par le peuple et dans lequel il dispose d'un pouvoir important, mais c'est un régime parlementaire. Pour gouverner, le soutien d'une majorité de députés est une condition *sine qua non*. Le gouvernement procède du Parlement et est responsable devant lui.

Ceux qui pensent que la Vᵉ République est un régime présidentiel confondent les règles et l'apparence, la théorie et la pratique, bref, le droit et la politique. La Vᵉ République est au régime présidentiel ce que le Canada Dry était, dans notre adolescence, à l'alcool : elle en a l'apparence, le goût et la couleur, mais ce n'en est pas.

Politiquement, le président de la République, investi de la confiance des Français, dispose d'une très grande autorité. Juridiquement, c'est l'Assemblée qui vote ou le Premier ministre qui signe. Sans majorité à l'Assemblée, le Président, aussi puissant soit-il, ne peut pas appliquer son projet.

Bien sûr, il nomme le Premier ministre, mais il ne peut nommer qu'une personnalité qui obtiendra la confiance de l'Assemblée, ce qui limite son choix. Il peut à tout moment en nommer un autre si le premier ne fait pas ou plus l'affaire, et c'est bien normal, mais avec la même contrainte.

Il a fallu attendre la première cohabitation, puis les deux suivantes, pour que ces deux caractéristiques se matérialisent : avant 1986, personne ne se demandait quelle était la répartition des pouvoirs entre le Président et le Premier ministre, puisqu'ils étaient, systématiquement, politiquement alignés, et personne ne se demandait quel projet politique devait s'appliquer.

La première cohabitation nous a fait prendre conscience que les élections législatives étaient, finalement, les élections structurantes de la vie politique française. Lorsque majorité parlementaire et majorité présidentielle divergent, c'est le Premier ministre qui détient les instruments nécessaires pour gouverner, tant qu'il est soutenu par une majorité à l'Assemblée nationale. Il doit composer avec le Président dans certains domaines, mais il gouverne. Dans ces situations, le Président peut gêner, retarder, mais rarement empêcher.

Nos cohabitations ont aussi matérialisé le « domaine réservé » (diplomatie, défense nationale) du Président qui n'est défini nulle part, et la mise en abyme d'une dyarchie inédite : la rivalité de légitimité, durant ces cohabitations, entre le Président et son Premier ministre, pour la représentation de la France à l'étranger.

À tout point de vue, les trois périodes de cohabitation, pourtant vécues comme des anomalies, ont constitué des révélateurs de la nature profonde, et de l'originalité, de notre régime politique.

Cette originalité ne réside pas tant dans la fameuse « dyarchie », avec deux personnalités, à la tête de l'État pour l'un, du gouvernement pour l'autre, qui est très répandue à travers le monde. Dans les démocraties européennes, le chef de l'État n'est pas le chef du gouvernement. C'est parfois une reine ou un roi[1],

1. Royaume-Uni, Espagne, Belgique, Pays-Bas, Danemark, Suède, etc.

parfois une présidente ou un président[1] élu au suffrage indirect et doté de pouvoirs essentiellement protocolaires[2]. C'est, dans un cas comme dans l'autre, un personnage important, dont la parole est écoutée et dont l'influence est grande. Mais la politique est conduite par le gouvernement, lui-même conduit par un Premier ministre ou équivalent (chancelier/ère, président du gouvernement...), qui est par ailleurs, le plus souvent, le chef du parti majoritaire qu'il a conduit à la victoire lors des élections législatives, et dont il dépend chaque jour pour sa survie politique.

La singularité française[3] réside au contraire dans la coexistence de deux légitimités populaires : l'une, sans égale, qui émane du suffrage universel direct, l'autre qui émane de l'Assemblée nationale, elle-même issue du suffrage universel, qui accorde sa confiance.

Les institutions de l'Union européenne, qui ne brillent pas toujours par leur limpidité, peuvent nous aider à mieux la saisir : au Conseil européen, chacun des 27 États membres de l'Union délègue un dirigeant et un seul. Seuls 4 pays (dont la France et la Roumanie) y sont représentés par un Président, tandis que 23 le sont par un Premier ministre : voilà qui donne une excellente idée de qui détient l'autorité politique dans chacun de ces pays. Mais, détail

---

1. Allemagne, Italie, Autriche, etc.
2. Comme le Président français des IIIe et IVe Républiques.
3. Et russe, mais quelque chose nous dit qu'à la Douma, le statut de frondeur est relativement précaire.

fascinant, durant les cohabitations, une chaise était ajoutée pour que le Premier ministre français puisse siéger lui aussi, ce qui prouve bien que le conflit de légitimité n'existe guère que durant ces périodes.

Décidément, pensèrent alors les autres, ces Français ne font jamais rien comme tout le monde.

L'homologue du président de la République française est, formellement, le président de la République fédérale allemande. Mais dans les faits, c'est la chancelière, qui est également, formellement cette fois, mais pas dans les faits, l'homologue du Premier ministre français.

La chancelière, comme les autres Premiers ministres ci-dessus évoqués, dépend de sa majorité pour survivre, et c'est déjà suffisamment difficile. Mais tant qu'elle conserve sa confiance, et celle de son parti, elle est indéboulonnable.

La survie du Premier ministre français dépend *à la fois* de la confiance du Président et du soutien de la majorité : il doit sa nomination à l'un et son pouvoir à l'autre. Ce caméléon doit donc regarder dans plusieurs directions à la fois, comme un gardien de but qui devrait arrêter deux ballons au lieu d'un, comme un soldat pris en tenaille entre deux tirs de batterie, comme une antilope poursuivie par deux lions affamés.

Pour Michel Rocard, qui avait comme interlocuteurs un Président hostile et une majorité relative, autrement dit une cohabitation qui ne portait pas son nom, ce n'était pas simple : peut-être même était-ce une forme d'enfer. D'autres avaient une grande relation de confiance avec le Président mais une majorité rebelle : Alain Juppé se classe lui-même dans cette catégorie.

Lorsque, au contraire, la confiance avec l'Élysée est grande et la majorité parlementaire alignée, les leviers d'action sont réels et le travail fluide. Globalement, même si la perfection n'est pas de ce monde, nous avons eu cette chance.

La manière dont, à l'intérieur du pouvoir exécutif, le Président et le Premier ministre se répartissent les rôles fait l'objet de commentaires infinis. C'est une affaire de personnes autant que de textes, et chaque Président place le curseur où il l'entend.

Finalement, notre Constitution permet au Président de présider et au gouvernement de gouverner, ce qui est déjà beaucoup. Certains prétendent que l'avènement du quinquennat, l'inversion du calendrier électoral, la personnalisation outrancière du pouvoir auraient eu pour effet de contraindre le Président à gouverner. Puisque sa légitimité est très forte, puisque lui seul devra rendre des comptes au terme de son mandat, il lui reviendrait d'entrer dans le détail, de s'occuper de tout, d'être l'hyperprésident ou l'omniprésident que l'époque exigerait.

Portée aussi bien par le Président Sarkozy, qui semblait voir dans son Premier ministre un collaborateur d'une nature assez analogue à celle des conseillers de son cabinet, que par le Président Hollande, qui s'interroge désormais publiquement sur l'opportunité de conserver la fonction de Premier ministre, cette idée n'est en vérité pas récente. Devenu président, Georges Pompidou, se fondant sur l'idée que seul le général de Gaulle pouvait se placer au-dessus des contingences, avait souhaité peser sur les affaires gouvernementales bien plus que son prédécesseur, au grand dam de Chaban-Delmas, Premier ministre qui aurait souhaité exprimer librement ses options politiques.

L'idée n'est donc pas récente. Si elle est aujourd'hui très en vogue, elle ne nous convainc pas.

Nous pensons même à peu près l'inverse.

C'est bien parce que le rythme politique s'accélère et que le Président est tenu responsable de tout, qu'il lui faut, pour réussir, s'extraire autant que faire se peut des contingences du gouvernement et se consacrer à ce que personne ne peut faire sinon lui : l'incarnation de l'unité de la Nation dans les moments difficiles, la stratégie politique européenne et internationale, la solidité des institutions.

Il ne s'agit nullement, à nos yeux, de priver le Président de sa prééminence. En dépit de l'admiration ancienne que nous portons à Pierre Mendès France, nous n'avons jamais considéré que la Ve donnait trop de pouvoirs au Président, ou qu'elle faisait courir au pays le risque d'un pouvoir personnel coupé de tout contrôle démocratique.

L'idée que dans une puissance nucléaire, dans un pays aux intérêts mondiaux, dans une République qui pense encore, et à juste titre, que les affaires du monde sont aussi ses affaires, le pouvoir d'incarnation et la capacité de décider des questions essentielles puissent être confiés à la seule personne élue par le peuple dans son entier, au chef de l'État en somme, ne nous paraît pas dépassée. Elle nous semble même peut-être encore plus indispensable dans la période que nous vivons, où des leaders désinhibés affirment toujours plus crânement leur volonté de puissance et leur détermination à défendre y compris par la force les intérêts qu'ils jugent vitaux.

Mais l'accélération du temps politique, la personnalisation absolue du pouvoir, le focus déformant sur le Président, ont fait progressivement perdre de vue à quel point notre texte fondamental organise un équilibre des pouvoirs soigneusement préservé.

L'idée que le Parlement serait dévalorisé à l'excès, faisant de fait basculer notre République dans le camp des régimes présidentiels, voire, pour certains, dans celui d'une « post-démocratie » autoritaire et plébiscitaire, nous semble tout aussi erronée.

Non, le Président n'est pas omnipotent. Non, le Parlement n'est pas réduit au silence ou à l'inutilité.

Comme souvent, le diable est dans l'excès, et la Constitution nous en protège : excès de pouvoir de l'exécutif, excès de parlementarisme qui rendrait le pays encore plus difficilement gouvernable qu'il ne l'est déjà.

Soucieux d'éviter les travers de la IVe République, les concepteurs de la suivante ont en effet encadré, et strictement, les pouvoirs du Parlement. Le régime parlementaire instauré par la Constitution de 1958 est à l'évidence marqué par la volonté des constituants de rompre avec les travers du régime d'Assemblée dont la IVe République était devenue l'incarnation. Des livres entiers ont été écrits sur cette volonté de rupture, sur les équilibres complexes qui en découlent, et aussi, depuis le début, sur les limites des solutions retenues par les rédacteurs de la Ve.

Toutes ces limites au pouvoir du Parlement choquent parfois, surtout les parlementaires. Elles nous semblent pourtant justifiées.

Au cœur de la démocratie, autant que le principe parlementaire de l'élection, de la représentation et de la souveraineté du peuple, il y a le principe essentiel de la séparation des pouvoirs. « Toute société dans laquelle la garantie des droits n'est pas assurée ni la séparation des pouvoirs déterminée n'a point de constitution », nous dit l'article 16 de la Déclaration des droits de l'homme et du citoyen. Or c'est là, dans cette construction juridique qui permet, par la disposition des choses, que le pouvoir arrête le pouvoir, que réside la véritable garantie démocratique. C'est parce que aucune branche du gouvernement, aucun pouvoir, législatif, exécutif ou judiciaire, ne peut s'arroger le contrôle absolu sur les autres mais doit les respecter et bien souvent composer avec eux, que le citoyen peut espérer ne pas être soumis à l'absolutisme d'un homme ou d'un groupe.

Notre Constitution construit ainsi une subtile interdépendance entre le pouvoir exécutif et le pouvoir législatif : chaque fois que l'un espère s'affranchir du contrôle de l'autre, il est rattrapé par la patrouille.

Notre Constitution est conçue pour cela, elle est précieuse pour cela. Elle a donc fourni à l'exécutif quelques clés et quelques verrous qui contraignent le fonctionnement des deux assemblées.

C'est la maîtrise de l'ordre du jour par l'exécutif, qui permet au gouvernement de décider de ses priorités et du moment où chacune d'entre elles vient au-dessus de la pile : l'Assemblée ne décide au fond qu'assez peu des textes sur lesquels elle travaille.

C'est le « parlementarisme rationalisé » et tous ses instruments : le vote bloqué, l'article 40 et l'irrecevabilité financière, l'encadrement du vote de confiance et la possibilité de faire adopter un texte par le jeu de l'article 49-3, la deuxième délibération que peut provoquer le gouvernement lorsqu'un vote lui semble devoir être sollicité à nouveau pour être, si possible, corrigé.

C'est le droit de dissolution de l'Assemblée nationale : chaînon indispensable dans l'édifice de l'équilibre des pouvoirs ; système original puisque celui qui la déclenche ne remet pas lui-même son mandat en jeu. Système encadré, bien sûr, qui ne rend pas son utilisation juridique si simple et dont on peut supposer qu'il sera désormais utilisé avec parcimonie. C'est l'arme nucléaire : on sait qu'elle est là, elle est hautement dissuasive, mais au fond, on se doute, surtout depuis 1997, qu'on ne l'utilisera guère. Dissoudre une Assemblée qui rechignerait à mettre en œuvre son programme ou qui serait fragile, c'est courir le risque d'en récupérer une plus hostile encore. C'est arrivé à des gens très bien.

Les pouvoirs du Parlement se trouvent donc limités, mais pas au point que le gouvernement puisse le contourner : c'est la merveille d'équilibre. Là encore, notre Constitution fournit les outils pour lutter contre la manière dont on pourrait la dévoyer : le droit d'amendement est large et légitime, son abus doit pouvoir être contourné, mais au prix de la responsabilité qu'engage le gouvernement sur sa propre survie[1]. Tout se tient.

Le Parlement ne peut pas empêcher le gouvernement de gouverner, sauf à le censurer. Mais en le censurant, il court le risque d'être dissous, ce qui fait réfléchir. De l'autre côté, essayez de gouverner la France avec une majorité parlementaire hostile : c'est impossible. Dans un régime parlementaire, même rationalisé, lorsque vous êtes au gouvernement, vous ne pouvez pas faire sans le Parlement, et cela que vous soyez Premier ministre ou le dernier secrétaire d'État sur la liste du décret fixant la composition du gouvernement. La discussion avec votre propre majorité, avec vos oppositions, la nécessité dans laquelle vous vous trouvez de devoir répondre

1. C'est le fameux article 44-3 de la Constitution.

aux questions, publiques dans l'hémicycle ou privées dans telle ou telle réunion de la majorité, font que le Parlement ne peut, contrairement à ce que déplorent à intervalles réguliers les oppositions avec des larmes de crocodile, être sous-estimé, et encore moins méprisé.

Chacun a besoin de l'autre. Chaque fois qu'un article, ou un usage, semble favoriser une branche par rapport à l'autre, on trouve un autre article, ou un autre usage, pour rééquilibrer les choses.

Et lorsque, par accident, l'un des deux a des tentations et parvient à contourner l'autre, notre Constitution a prévu de les soumettre au contrôle d'un juge, le Conseil constitutionnel, à qui il revient de dire si le texte est conforme à la Constitution. Contrôle théorique au début de la Ve, mais contrôle bien réel aujourd'hui, autant sur le fond des textes que sur la régularité de la délibération parlementaire. L'action du gouvernement et les projets du Parlement se trouvent ainsi durablement encadrés par un juge constitutionnel à qui il revient de faire un usage éclairé de ce pouvoir immense qu'est le contrôle de l'expression de la volonté générale.

D'autant que la pratique et les adaptations de notre Constitution ont profondément modifié la nature de ce contrôle en permettant la saisine du Conseil par l'opposition[1], dès les années 1970, puis la saisine par un citoyen dans le cadre d'une affaire portée devant

---

1. 60 députés ou 60 sénateurs.

le juge administratif ou judiciaire[1]. Ni les inspirateurs et les rédacteurs de notre Constitution, ni le Conseil lui-même, n'imaginaient la place que prendrait le Conseil constitutionnel dans notre vie politique.

C'est la preuve que la modification de certaines dispositions, même peu visibles, peut susciter des changements politiques majeurs.

Car oui, notre Constitution évolue.

Souple par ses ambiguïtés savantes, elle est aussi souple parce qu'elle se laisse modifier. Difficilement, mais c'est possible. Et s'il est heureux qu'il soit possible de modifier la Constitution, il est heureux que ce soit difficile de le faire.

Horloge à grande complication, ce que Montesquieu disait des lois s'applique à elle : « Il n'y faut toucher que d'une main tremblante. » Modifier un de ses paramètres sans réfléchir à tous les autres conduit rarement à des progrès.

La procédure de révision de la Constitution[2], en trois étapes, semée d'embûches, a un objectif : qu'une majorité d'un jour ne puisse pas, à elle seule et dans son seul intérêt, modifier le texte fondamental. Modifier la Constitution est un acte solennel, qui doit recueillir un consensus le plus large possible, des parlementaires ou des Français, loin des majorités de circonstance ou des émotions populaires.

---

1. Les questions prioritaires de constitutionnalité (QPC).
2. Précisée par son article 89.

Première étape : l'initiative, qui émane de l'exécutif (le président de la République présente un projet de révision, sur la proposition du Premier ministre[1]) ou du législatif (un parlementaire présente, tout simplement, une proposition de révision).

Jusque-là, c'est assez simple. Mais ça se complique rapidement.

Deuxième étape : le texte, projet ou proposition, doit en effet être adopté dans les mêmes termes par les deux assemblées. Ça n'a l'air de rien, mais c'est un exercice redoutable. Un article, une phrase, un mot, une virgule même d'écart et le texte ne peut passer à la phase suivante. À l'Assemblée, le gouvernement dispose d'une majorité, il peut donc espérer obtenir un vote positif. Au Sénat, il peut arriver que la majorité soit différente, ce qui rend le consensus d'autant plus complexe.

Mettre d'accord les deux assemblées n'a rien d'évident. Il n'existe pas, pour la révision constitutionnelle, de mécanisme permettant de faire prévaloir l'une sur l'autre, comme c'est le cas pour l'essentiel des lois ordinaires. Il faut donc discuter avec les deux chambres, négocier avec leurs présidents, avec tous ceux qui comptent dans les majorités et les oppositions pour que personne ne soit suffisamment déterminé à faire dérailler le processus.

1. Une fois de plus, le Président doit s'accorder avec son Premier ministre…

C'est le moment où l'on passe du droit à la fabrique du droit. Et il en va du droit constitutionnel comme du saucisson : pour en apprécier la saveur, il est préférable de ne pas trop se pencher sur les secrets de fabrication.

On voit bien quels marchandages peuvent intervenir à ce stade. L'accord sur telle disposition qui compte aux yeux des députés pouvant être donné au Sénat en contrepartie de telle disposition particulièrement sensible aux yeux des sénateurs. Et on sent bien que si l'exécutif veut accroître ses pouvoirs sur tel sujet, il devra accepter que le législatif dispose de son côté de tel ou tel nouvel outil de contrôle ou d'influence.

La vérité de l'évolution des institutions, c'est que le Parlement grignote, petit à petit, révision constitutionnelle après révision constitutionnelle, un peu d'autonomie et de marge de manœuvre par rapport à l'exécutif. Les niches parlementaires, qui permettent aux groupes parlementaires de déterminer une partie de l'ordre du jour ; la limitation du nombre de recours à l'article 49-3[1] ; les commissions d'enquête, constituées de telle façon que l'opposition dispose

1. Personne en 1958, ni même trente ans plus tard, n'aurait imaginé que le recours à l'article 49-3 pourrait être limité à ce point, avant de devenir une forme d'interdit démocratique alors même qu'il est prévu par la Constitution, et qu'il a été employé à de multiples reprises par la droite républicaine comme par la gauche socialiste. Son usage n'est pourtant pas moins légitime que le dépôt de milliers d'amendements quasi identiques qui

d'un droit de tirage lui permettant, une fois par session, de piloter une de ces commissions, et bien d'autres dispositions ont été obtenues de haute lutte, par un Parlement, et notamment par un Sénat, soucieux d'affermir son pouvoir en contrepartie du soutien aux projets de l'exécutif.

La dynamique, contrairement à ce que soutiennent parfois les oppositions, n'est donc pas à une maîtrise accrue par l'exécutif du législatif. C'est plutôt l'inverse qui se produit, et nous ne nous en plaignons pas.

Imaginons, cela arrive, que les deux chambres se mettent d'accord sur un même texte. Vous pensez avoir fait le plus difficile et pourtant il vous reste le plus risqué : l'adoption définitive.

C'est la troisième étape : à ce stade de la procédure, le Président a un choix. Un choix délicat, mais un choix important. Il peut décider de soumettre l'approbation définitive du texte soit aux Français par référendum, soit au Congrès, c'est-à-dire à la réunion de l'Assemblée nationale et du Sénat en une seule chambre, à Versailles, une majorité des 3/5 étant dans ce dernier cas nécessaire.

On voit la difficulté : opter pour le référendum, c'est s'exposer à ce que les Français répondent à une question qui ne leur a pas été posée, tant il est vrai que nos concitoyens peuvent à bon droit vouloir pro-

---

n'ont pour objectif que de bloquer ou retarder l'adoption d'un texte.

fiter d'un référendum sur un sujet qui leur semble annexe pour dire ce qu'ils pensent du Président, du gouvernement, ou de bien des choses…

Choisir le Congrès, c'est faire le pari de rassembler sur le texte une majorité massive. Il est déjà difficile, on l'a vu, d'accorder les deux chambres sur un texte, il l'est d'autant plus de convaincre 60 % des parlementaires. Car un texte adopté dans les mêmes termes mais tout juste à l'Assemblée puis tout juste au Sénat ne pourra pas recueillir 60 % des voix au Congrès.

Régulièrement, de bons esprits nous expliquent que pour passer outre à cette procédure compliquée, il suffirait d'aller directement au référendum *via* l'article 11, qui autorise le recours au référendum pour « tout projet de loi portant sur l'organisation des pouvoirs publics ». Après tout, le Général l'a fait ! En 1962, il voulait faire adopter l'élection du président de la République au suffrage universel, se doutait que les Français l'approuveraient, mais il savait aussi que le Sénat et une bonne partie de l'Assemblée nationale s'y opposeraient.

Son seul moyen de passer outre était d'aller directement devant les Français, en utilisant l'article 11, qui n'est pas fait pour cela[1], pour modifier la Constitution. La question, qui semble théorique, devient alors

1. Le constituant n'a pas voulu qu'on puisse modifier la Constitution par un référendum sec, sans quoi il l'aurait dit

éminemment politique, au point de susciter une crise de régime, un bras de fer dont on ne mesure plus aujourd'hui combien il a testé les limites de nos institutions : le Président persiste, le Parlement, qui lui est pourtant favorable, s'indigne, l'Assemblée allant jusqu'à renverser le gouvernement[1]. Le Président répliquera en prononçant sa dissolution. Le référendum sera organisé et la révision constitutionnelle adoptée.

Pourtant, le Conseil constitutionnel est saisi. Par Gaston Monnerville, le président du Sénat, qui accusera Georges Pompidou (lequel ne lui pardonnera jamais) de « forfaiture » pour avoir couvert l'utilisation de l'article 11[2]. Le juge constitutionnel de l'époque considérera qu'il ne lui appartient pas de contrôler la loi issue du référendum, non plus que la procédure qui avait conduit à son adoption, au motif qu'il ne pouvait juger les lois adoptées par référendum, celles-ci « constituant l'expression directe de la souveraineté nationale ».

En 1969, le Général tentera une réforme du Sénat par la même voie, l'article 11, puisqu'il semblait clair que cette chambre n'accepterait pas de se réformer elle-même. On sait ce qu'il advint.

---

ainsi : s'il a prévu une procédure en trois temps, ce n'est pas par hasard.

1. Le seul exemple en soixante-trois ans de pratique, c'est dire l'intensité de la crise politique.

2. Car même le général de Gaulle a besoin de son Premier ministre pour faire usage de ses pouvoirs importants.

Il est intéressant de constater que le Général lui-même, dont on avait dit que la Constitution avait été écrite par lui et pour lui, s'est trouvé contraint par son propre texte : c'est une merveille, on vous dit.

Aujourd'hui, procéder de la sorte ne serait plus possible. Le Conseil constitutionnel a indiqué, au début des années 2000, que dans une telle hypothèse, il contrôlerait la conformité à la Constitution du décret de convocation du référendum. Autrement dit, le Conseil pourrait sanctionner la décision d'organiser le référendum avant qu'il n'ait lieu. Changement de jurisprudence qui entraîne un changement complet (ou plus exactement un retour à la normale) sur la façon de procéder à une révision constitutionnelle.

Cette réalité juridique n'empêche nullement certains responsables politiques de prétendre vouloir modifier la Constitution en ayant recours à l'article 11. Nous avons entendu des ténors, élus pourtant publiquement soucieux de rompre avec la verticalité du pouvoir et déplorant toujours la place trop faible du Parlement dans notre démocratie, réclamer (en privé) l'usage de cette procédure, et regretter que l'esprit du Général ait cessé de souffler sur les institutions. Ignorent-ils cette évolution du droit, ce qui est un problème, ou entendent-ils passer outre, ce qui est plus grave encore ? Nous n'en savons rien. Mais à chaque fois qu'un responsable politique évoquera cette possibilité, c'est parce qu'il saura que la procédure normale lui est fermée et qu'il voudra tenter de prendre le peuple à témoin, en souhaitant forcer le verrou du Conseil constitutionnel. Il aura peut-être les meilleures intentions du monde. Peut-être.

Par exemple, le projet de révision constitutionnelle voulue par le président de la République actuel n'a pas abouti, faute d'accord prévisible entre les deux chambres. Il nous est arrivé de le regretter, tant ce projet nous semblait apporter des améliorations au texte et à la pratique. Mais nous n'en déduirons jamais que la procédure de révision doit changer.

Modifier la Constitution est donc un exercice délicat qui demande du doigté, une majorité solide à l'Assemblée et une forme d'accord entre l'Assemblée et le Sénat.

Cet accord, qui peut n'être que tacite, constitue un des nœuds de notre système constitutionnel. Il est une garantie contre l'aventure, car il est toujours difficile d'obtenir un accord entre deux chambres résultant de modes d'élection différents et soumises à des calendriers, des contraintes et des priorités politiques propres.

Aussi délicat soit-il, l'exercice a été mené à son terme 24 fois depuis 1958. 24 fois, cela traduit le fait que le texte est tout sauf intangible. Et de fait, il a beaucoup évolué.

Et c'est cette incroyable capacité à évoluer qui donne à la Constitution une grande partie de sa force. La Constitution a d'abord permis puis consacré la décentralisation, alors qu'elle a été rédigée à une époque où ce n'était qu'un vague concept. Elle a permis l'approfondissement de la construction européenne et autorisé les transferts de souveraineté, alors qu'elle était fondée sur l'idée gaullienne d'indépendance et de souveraineté nationale. Elle a su encadrer à la fois les nationalisations et les privatisations. Elle a permis la construction d'une solution juridique, certes encore transitoire, mais incroyablement audacieuse, pour le processus politique en cours en Nouvelle-Calédonie. Conçue pour permettre l'alignement du Président et du Premier ministre, elle a non seulement résisté à trois périodes de cohabitation, mais les a de fait rendues possibles sans que quiconque ne songe à les présenter comme les pires expériences gouvernementales de l'histoire politique française.

Merveille donc de souplesse, ou en tout cas de capacité d'adaptation, qui permet la constitution de majorités parlementaires stables et qui donne aux gouvernements successifs les moyens de gouverner sans les exempter de contrôle ni de censure.

Merveille de solidité, aussi : les régimes naissent et s'écroulent en France lorsque les circonstances, les guerres notamment, font vaciller les institutions. Née du conflit algérien, la Ve, désormais sexagénaire[1], a su

1. En 2023, elle deviendra, peut-être, la Constitution la plus durable de notre histoire républicaine. Elle n'est aujourd'hui

dépasser la fin de l'Empire colonial, s'ancrer après la mort du général de Gaulle, faire face au premier choc pétrolier, accompagner l'alternance puis la cohabitation, ne pas fléchir face aux multiples agressions terroristes qui auraient pu fragiliser d'autres régimes. Jamais depuis 1958 le pays n'a été ingouvernable et les gouvernements successifs ont toujours eu les moyens de prendre les mesures qu'ils estimaient opportunes ou qu'imposaient les circonstances.

Une merveille donc. Mais parce que le monde évolue, une merveille qu'il faut continuer à parfaire.

L'usage et la réflexion nous conduisent à identifier quatre domaines qui mériteraient un débat, des avancées et, peut-être, des améliorations.

Les deux premiers concernent les collectivités locales.

Lorsque la Constitution a été rédigée, les communes et les départements régnaient en maîtres sur le paysage politique local. Ils avaient peu de pouvoirs propres, chaque décision devant faire l'objet d'une validation par l'État. Les Régions n'existaient pas, pas plus que les intercommunalités aujourd'hui si puissantes. La Constitution disait peu de chose des collectivités : elle posait le principe de leur libre administration, que seule la loi pouvait enca-

---

devancée, dans la durée mais pas forcément dans la qualité, que par la Constitution de la IIIe République.

drer (article 34), elle en dressait la liste et prévoyait qu'elles s'administraient librement par des conseils élus (article 72) et enfin elle indiquait que leur représentation était assurée par le Sénat (article 24).

Au fil du temps, avec la création des Régions, puis les grandes lois de décentralisation en 1982-83, les collectivités locales ont pris un poids politique, économique et administratif croissant. La volonté de décentraliser toujours davantage a conduit à des révisions constitutionnelles majeures, notamment en 2003. L'article 72 a été très largement corrigé et complété : la Constitution prévoit désormais des dispositions bien plus larges et plus complètes sur les collectivités, leurs relations avec l'État, leurs relations entre elles, leurs recettes ou les règles s'appliquant en cas de transfert de compétences. Les collectivités d'outre-mer ont vu, de même, leur régime juridique à la fois assoupli et complexifié.

Seul l'article 24, à peine modifié en 2008, n'a pas fondamentalement évolué dans ce qu'il dit sur le Sénat et la représentation des collectivités territoriales. Or, il nous paraît que ces dispositions sont dépassées.

Entendons-nous bien : il faut un Sénat. Le bicamérisme est indispensable à une démocratie parlementaire. Il est indispensable qu'une chambre composée différemment de l'Assemblée nationale puisse faire contrepoint à la chambre dominante. Oui donc au Sénat.

Mais un Sénat qui représente véritablement les collectivités territoriales. Est-ce toujours le cas aujourd'hui, après la décentralisation et la fin du cumul des mandats nationaux et locaux ? Les collectivités locales s'estiment-elles vraiment représentées par lui ? Le Sénat, indigné par la question, vous répondrait que oui. Les élus locaux, c'est moins sûr.

On pourrait soulever l'idée, iconoclaste peut-être, d'un Sénat composé des présidents de Région (18), de département (101), des maires de villes de plus de 100 000 habitants (41), d'un maire élu, dans chaque département, par les autres maires du département (101), tous siégeant de plein droit au Sénat en raison de leur fonction locale. On pourrait bien entendu raffiner en y ajoutant quelques représentants d'agglomération ou de métropole. Les sénateurs ne le seraient qu'à raison de leur mandat local, et pour la durée de celui-ci. Ils seraient soumis aux mêmes incompatibilités que les parlementaires, ne percevraient qu'une seule rémunération, et pourraient utilement porter la voix légitime des collectivités face à l'Assemblée. Qui, au fond, peut mieux représenter les collectivités territoriales que ceux qui les dirigent ?

L'autre domaine sur lequel le débat institutionnel devrait venir est celui de la « différenciation ». D'apparence plus philosophique, il est en vérité d'une grande sensibilité dans un pays traversé par des aspirations contradictoires : l'unité républicaine et la prise en compte de la diversité des situations locales.

Ce terme de différenciation revêt un grand nombre de significations : il peut suggérer une répartition différente des pouvoirs administratifs et politiques en fonction des territoires, ou la capacité propre de certaines collectivités locales à produire des règles de droit spécifiques ou à déroger à des règles nationales. Il est fondé sur l'idée que les territoires étant différents, ce qui est un fait, on devrait pouvoir moduler, adapter, différencier les règles applicables au niveau local, ce qui est plus incertain.

Là encore, cette possibilité existe déjà : dans les Outre-mer bien sûr, en Corse aussi, en Alsace, pour les métropoles de Paris, de Lyon et de Marseille qui relèvent toutes, et pour certaines depuis longtemps, d'une organisation particulière. Ces différenciations sont en général trop importantes pour les jacobins, et insuffisantes pour les locaux, ce qui prouve que la question est difficile et que l'équilibre qui a été trouvé n'est pas si mauvais. Faut-il aller plus loin ? Jusqu'où les territoires doivent-ils être spécifiques ? Jusqu'où doit-on accepter l'adaptation de la norme nationale ? Faut-il laisser à telle collectivité le soin de produire un droit spécifique ? Si oui, sous le contrôle de qui ? Ce sont de bonnes questions.

La France a toujours oscillé entre le centralisme et la disparité. Le débat est souvent présenté comme la poursuite de l'opposition entre jacobins et girondins, mais aussi vrai que l'Histoire de France ne commence pas à la Révolution, il faut bien constater que ce débat existait déjà, et parfois violemment, dans l'Ancien Régime. L'unité nationale, l'égalité républicaine, l'égalité des droits et l'égalité devant la loi, le rôle particulier joué par l'État dans la construction de la France politique ont bâti un modèle aujourd'hui remis en cause, pesant par ses excès et parfois écrasant par son uniformité. Mais le particularisme local, la remise en cause de solutions communes, la comparaison éternelle avec ce qui prévaut ailleurs, ne font-ils pas courir à une Nation le risque de l'effritement ? Cette tendance que connaissent bon nombre d'États européens devrait nous inciter à la prudence.

Le troisième domaine qui devrait faire l'objet d'une réflexion et d'améliorations est celui de la production de la Loi.

Tout a été écrit sur l'inflation législative, sur ces textes de plus en plus longs et de plus en plus nombreux, sur ce droit bavard qui déclame au lieu de disposer. Trop de lois, une indigestion de textes et de détails, des débats essentiels traités en quelques minutes au bout de la nuit tandis que des amendements insignifiants peuvent prendre des heures, des lois modifiées ou remplacées avant d'avoir été appliquées… Les gouvernements successifs ne sont pas pour rien dans cette dérive, les parlementaires qui regardent toute tentative de rationaliser ou d'encadrer la procédure législative comme une atteinte à leur liberté et à leur rôle, non plus. De façon significative, un grand nombre de textes sensibles prennent désormais la forme d'ordonnances, qui permettent le débat parlementaire sur les seuls principes du texte, et qui autorisent le gouvernement à en rédiger les dispositions précises, sous le contrôle final du Parlement. Les parlementaires détestent le recours aux ordonnances[1]. Mais nous faisons le pari que si la procédure parlementaire n'est pas sérieusement corrigée, les gouvernements futurs, quelle que soit leur couleur politique, utiliseront de plus en plus cet instrument mis à leur disposition par l'article 38 de la Constitution, et dont l'efficacité s'avère, année après année, décisive.

Dernier domaine sur lequel le débat constitutionnel doit intervenir : celui de la démocratie directe.

À l'heure où la demande de démocratie directe se fait plus forte, notre Constitution doit-elle se doter de nouveaux outils ? Les pétitions, les conventions citoyennes, les référendums consultatifs sont-ils suffisamment accessibles ? Devraient-ils pouvoir déboucher sur des référendums portant sur tous les sujets, et pas seulement ceux autorisés par l'article 11 ? Le référendum d'initiative citoyenne, présenté par certains comme le Graal de la démocratie directe, doit-il être envisagé ?

Nous sommes prudents sur ces instruments qui ont souvent la caractéristique d'avantager les plus mobilisés au détriment des plus nombreux. Fermement partisans de la bonne vieille démocratie représen-

1. Parfois présentées à tort, ainsi que l'usage de l'article 49-3, comme un recul de la démocratie : ces deux dispositifs, constitutionnels, ne s'exercent ni sans contrepartie, ni sans contrôle, ni sans responsabilité.

tative, nous savons qu'il est précieux de bien peser les petites évolutions constitutionnelles, présentées comme des concessions à la modernité et à l'esprit de l'époque mais qui déséquilibrent un système sans en avoir l'air.

Surtout, il nous apparaît qu'avant de chercher la solution à nos problèmes dans l'architecture institutionnelle ou dans la révision constitutionnelle, il faut se demander, ce qui est plus difficile mais probablement plus efficace, ce que nous devons et pouvons faire dans le cadre actuel pour avancer. La souplesse de notre texte constitutionnel permet aux choix politiques, aux usages et aux comportements personnels de peser autant que la stricte norme de droit : avant de regarder le texte, regardons-en l'esprit. Avant de le modifier, servons-nous de tout ce qu'il permet.

Orages d'acier

« Il est maintenant tout seul, avec sa petite vie
de dix-neuf ans,
et il pleure parce qu'elle le quitte. »
Erich Maria Remarque,
À l'Ouest rien de nouveau

« Nous devons non pas conserver l'armée
de nos habitudes, mais construire
l'armée de nos besoins. »
Colonel de Gaulle,
Vers l'armée de métier, 1932

« La Défense ! C'est la première
raison d'être de l'État.
Il n'y peut manquer sans se détruire lui-même. »
Charles de Gaulle,
deuxième discours de Bayeux, 1952

Il peut faire froid en avril, à Villers-Bretonneux. Le froid des champs de la Somme, humides, boueux et, dans les mauvais jours, balayés par un vent glacial qu'aucun obstacle naturel ne semble arrêter. Bien sûr, le printemps est dans toutes les têtes. Mais il peut faire froid quand les Australiens reviennent, tous les 25 avril, pour commémorer la bataille de 1918, lorsque le général Monash et ses *diggers* stoppèrent, un jour de combat furieux, l'offensive des armées allemandes.

Le 25 avril, c'est l'ANZAC[1] Day, célébré en Nouvelle-Zélande et en Australie depuis un siècle, qui commémore le terrible désastre de Gallipoli et la magnifique victoire de Villers-Bretonneux. Une cérémonie suivie avec passion, parce qu'elle constitue, pour beaucoup, l'acte de naissance de la nation australienne, son entrée glorieuse dans la cour des États.

Pour le centième anniversaire, en 2018, il s'agissait de marquer le coup. De montrer à nos amis et alliés australiens la reconnaissance éternelle de la France. Le Premier ministre australien, Malcolm Turnbull, était là. Le prince Charles aussi. Tous les deux accueillis avant l'aube et dans le froid par le Premier ministre français.

La cérémonie commence. Sept mille (sept mille !) Australiens sont là, emmitouflés dans des couvertures, sur des gradins sobres disposés de part et d'autre de la tour du souvenir. Discours, chants et hommages se succèdent. Dans la nuit. Nous sommes glacés.

Cent ans auparavant, nous aurions eu, au même endroit, encore plus froid. Nous aurions connu la peur, la faim, les tranchées boueuses, les rats, les

1. Australian and New Zealand Army Corps.

poux, les uniformes transpercés par la pluie, le bruit, le tremblement, le métal qui vole, les hommes qui tombent, l'odeur de la mort. Nous aurions eu la guerre. Ou plutôt, nos enfants auraient eu la guerre. Car nos enfants ne sont pas loin d'avoir l'âge de ceux qui sont tombés là.

Est-ce parce que l'aube tarde, ou bien parce que le son des instruments du bush australien résonne mystérieusement dans ce cimetière de la Somme, toujours est-il qu'une forme de profondeur nous saisit.

La pluie tombe doucement. Le prince Charles a sorti son parapluie et fait mine, avec une simplicité désarmante, de le porter de façon à protéger à la fois l'héritier de la couronne britannique et le Premier ministre français. Quelques générations disparues de Philippe ayant travaillé sur le port du Havre doivent se retourner dans leur tombe. Puis vient le moment de parler. Il faut trouver les mots, en évitant, si possible, d'en faire trop peu eu égard à la symbolique du moment, et d'en faire trop eu égard au standard parfois démesuré des Anglo-Saxons en la matière. Alors nous commençons par la phrase de Remarque qui figure en épigraphe de ce chapitre, que l'auteur avait appliquée à un soldat allemand dont les ressentis, l'éloignement en moins, ne devaient pas être très différents.

Et nous évoquons la guerre.

*

Nous ne l'avons pas connue, la guerre.

Nos familles d'enseignants connaissaient mal le monde militaire : la génération de nos pères a échappé à la Seconde Guerre mondiale, à l'Indochine et à l'Algérie. La guerre, lorsque nous étions enfants, était froide et lointaine. Parfois, les échos du Liban ou de l'Afghanistan arrivaient jusqu'à nous, mais le plus souvent la guerre restait une affaire de livres, de films et de fantasmes, au mieux une plongée dans l'Histoire et jamais une projection du présent.

À la fin des études, toutefois, il y avait le service militaire. Certains l'attendaient comme un moment d'aventure, d'autres le redoutaient, beaucoup essayaient de l'éviter ou d'en limiter les inconvénients en obtenant des affectations confortables dans des bureaux ou des états-majors à proximité du domicile familial. Le mythe d'un service national brassant l'ensemble de la jeunesse (au moins pour sa composante mâle) était, à notre époque, exactement cela : un mythe. Beaucoup de nos amis étudiants choisissaient d'effectuer une « coopération » qui leur permettait d'accéder à un stage (mal payé mais formateur) dans une grande entreprise française à l'étranger et d'éviter l'uniforme, les classes, le service. Combien d'autres ont-ils été réformés pour des motifs laissant plus de place à l'aléatoire qu'à la médecine ? Qui peut sérieusement soutenir que le service militaire du début des années 1990 constituait ce « creuset républicain » que vantent encore les plus nostalgiques, dont on se rend compte, en fouillant, qu'ils n'ont pas toujours été les plus enthousiastes ni les plus assidus à l'appel du drapeau ?

Notre expérience illustre, de fait, la variété du champ des possibles : l'un d'entre nous commence son service en janvier 1994, deux semaines après avoir été admis à l'ENA, et boucle cinq mois de classes avant de servir cinq autres mois dans l'artillerie, une petite année à tirer au canon de 155, à marcher et dormir dans les coins les plus reculés du plateau de Canjuers et des forêts varoises, à apprendre les subtilités des manœuvres d'une compagnie d'infanterie ou d'un escadron de chars, à pratiquer intensivement le sport et à apprendre les rudiments du commandement ; l'autre, déjà en retard, ne commence que fin 1995 et, après dix jours de classes qui paraissent des semaines dans un mois de décembre glacial, à apprendre le lit au carré, la marche au pas, le tir au FAMAS et les charmes particuliers du chant militaire, est affecté, allez savoir pourquoi, à un emploi de bureau, avant-goût du monde administratif bien plus que du monde militaire. Dans un cas, une révélation parfois rugueuse, dans l'autre une frustration souvent confortable. Le service, parfois militaire.

Sauf pour ceux qui choisissaient de s'engager, le lien avec la chose militaire pouvait rapidement se distendre et disparaître une fois les dix mois écoulés.

Pour nous, ce ne sera pas complètement le cas.

En 2006, sur la recommandation de François Sureau, le plus « mili » des deux auteurs intègre un programme discret, dont l'objectif est de « binômer » des officiers supérieurs et des civils regardés, par les promoteurs du programme, comme disposant d'un

« haut potentiel ». Le programme en question permettra au lieutenant-colonel Philippe de s'entraîner avec le 1er régiment étranger de cavalerie, puis d'assurer une mission civilo-militaire à Sarajevo, et enfin de partager quelques moments avec les cadres du 11e régiment d'artillerie de marine, et notamment son chef de corps de l'époque (aujourd'hui général Metz).

En 2010, Alain Juppé est nommé ministre de la Défense. Et celui qui était à Bordeaux son directeur de cabinet le suit à l'hôtel de Brienne, devenant le chef de son cabinet civil et son conseiller spécial.

Le hasard des chaises musicales gouvernementales voudra qu'Alain Juppé n'y passe que cent jours. Cent jours, pas assez pour tout comprendre, mais bien assez pour se pénétrer de l'esprit des lieux et du poids de l'Histoire et pour admirer le sens de l'État de nos soldats.

Armés d'un respect sincère pour la chose militaire, nous arrivons à Matignon et retrouvons, dès le premier jour, le général Lecointre, à l'époque chef du cabinet militaire du Premier ministre. Nous le connaissons pour l'avoir croisé quelques années auparavant, pour l'un pendant ses périodes de réserve opérationnelle, pour l'autre lors de son passage à Brienne. Nous savons que, jeune capitaine, il a conduit l'assaut qui a permis la reprise du pont de Vrbanja et la libération des militaires français retenus en otages par les forces serbes de Bosnie. Nous savons surtout qu'il pense juste et qu'il parle clair. À Matignon, comme partout, c'est utile.

C'est lui qui, le premier, mettra en pièces une des idées les plus fausses que nous nous faisions sur le rôle du Premier ministre en matière de Défense. Nous pensions en effet que la Défense étant l'expression même du fameux « domaine réservé » du Président, le Premier ministre s'en trouvait écarté, en fait sinon en droit, de toute responsabilité opérationnelle, voire de toute responsabilité significative.

Nous savions certes que le secrétariat général de la Défense et de la Sécurité nationale (SGDSN) était placé auprès du Premier ministre, et que cet organisme, méconnu du grand public, jouait un rôle important dans la coordination des informations et des décisions prises en la matière. Nous connaissions aussi l'article 21 de la Constitution, qui dispose que le Premier ministre « est responsable de la Défense nationale ». Jusqu'alors, nous n'y voyions guère que l'expression d'une ironie juridique saisissante : à la fois la seule politique publique mentionnée par la Constitution à propos du Premier ministre, et celle où le dessaisissement gouvernemental au profit de l'Élysée est le plus grand. Et de fait, nous n'avions aucun exemple de Premier ministre qui se serait particulièrement illustré sur les sujets de défense, lesquels paraissent aspirés à l'Élysée dès qu'ils dépassent le niveau où le ministre de la Défense doit rendre compte à quelqu'un d'autre que lui-même.

Et pourtant.

L'histoire de la Ve République montre que la pratique et le droit ont considérablement fluctué sur ces questions entre 1958 et aujourd'hui.

Le premier Premier ministre de la Ve, Michel Debré, était doté non pas seulement d'un secrétariat général de la Défense nationale mais, en vertu du décret du 7 février 1959, d'un État-major général de la Défense nationale placé à ses côtés. Le chef d'État-major général de la Défense nationale était le « conseiller militaire du gouvernement » et la plus « haute autorité militaire ». Il assistait le Premier ministre pour l'exercice des attributions qui lui étaient dévolues par l'ordonnance du 7 janvier 1959, lesquelles incluaient spécifiquement la conduite des opérations militaires. Autrement dit, entre 1958 et 1960, Matignon pilotait. Sur le papier, en tout cas, et dans une période où l'armée française était en opérations, en Algérie, pour une guerre qui ne portait pas ce nom.

Par la suite, la répartition des compétences au sein du gouvernement dépendra bien plus de la personnalité des ministres choisis par le général de Gaulle que d'une logique institutionnelle gravée dans le marbre : lorsque Messmer devient ministre des Armées en 1960, il récupère le pilotage de la Défense au détriment de Matignon. Lorsque Debré est nommé à Brienne, en 1969, le mouvement s'amplifie : le SGDN est à son tour placé auprès du ministre. Puis, en 1972, lorsque Messmer est nommé Premier ministre, il récupère auprès de lui le SGDN, nul ne songeant à contester cette responsabilité à celui qui s'était engagé dans la Légion étrangère en 1943 en affirmant, non sans raison, que « quitte à faire la guerre, autant la faire avec des gens sérieux ».

De fait, même au cœur du domaine réservé, non seulement le Premier ministre ne peut être complètement écarté mais il n'est pas exclu que son rôle soit, en réalité, essentiel.

D'abord parce que si les grands axes de la politique de défense sont déterminés par le Président, sa mise en œuvre est, à l'instar des autres politiques publiques, coordonnée à Matignon au travers des arbitrages interministériels quotidiens. Très loin d'être principalement budgétaires, ceux-ci concernent à peu près tous les aspects de la vie de la Cité et donc la quasi-totalité des ministères.

Au cours des trois années passées à Matignon, il nous aura été donné de travailler, dans le détail, sur l'étendue du rôle des armées dans le domaine de la sécurité intérieure, l'application éventuelle (et en réalité à proscrire absolument) aux militaires des règles européennes du droit du travail, la conciliation entre l'implantation des éoliennes et les contraintes des radars de défense aérienne, l'entretien de compétences croisées dans le domaine nucléaire, civil et militaire, la cyberdéfense, au cœur d'enjeux croissants, et dont la double dimension à la fois interministérielle et civilo-militaire est chaque jour plus sensible, l'étendue du rôle des armées en matière d'aménagement du territoire en métropole ou dans les Outre-mer et bien d'autres sujets encore, délimitant un espace qui, faute de temps, ne peut être saisi par le Président mais qui dépasse celui accordé au ministre.

Chacun de ces arbitrages fait en apparence appel à une forme de bon sens et de pragmatisme. Mais leur ensemble contribue à dessiner une image globale de la place de la Défense et des armées dans notre société. Il s'agit au fond, brique par brique, de répondre à la question de la place que nous accordons aux circonstances extrêmes et à la perspective de crise grave et brutale pour notre pays.

La question est redoutable : rien de plus simple que de supprimer ou, plus facile encore, de retarder un investissement militaire pour dégager des marges de manœuvre budgétaires utilement mobilisables ailleurs. Rien de plus tentant, dans ce domaine comme dans bien d'autres, face aux exigences d'immédiateté, que de sacrifier la préparation d'un long terme terriblement incertain aux besoins parfaitement identifiés du présent. Rien de plus tentant, et rien de plus dangereux.

Mais au-delà même des arbitrages budgétaires, la façon dont la spécificité militaire est prise en compte dans la masse des décisions gouvernementales est décisive. Si l'exceptionnalité du fait militaire était prise comme un absolu, les armées finiraient par revendiquer une forme de spécificité radicale qui les détacherait progressivement de la société qu'elles ont pour vocation de protéger. Elles y perdraient leur raison d'être. Inversement, si dans chaque domaine le droit commun venait à s'appliquer sans discernement, ces mêmes armées deviendraient rapidement inopérantes et échoueraient tout autant à remplir leurs missions et à pérenniser les moyens de les remplir.

Cet équilibre ne relève pas du Président. Parce qu'il est tracé très progressivement, parce qu'il résulte d'arbitrages successifs entre des contraintes matérielles et juridiques assez peu séduisantes, dont la somme fait l'importance, parce que enfin là où le rôle du Président est de présenter les grands principes et, lorsqu'il le faut, de déclencher les opérations, il revient au Premier ministre de définir et de garantir cet équilibre. Et on peine à voir qui d'autre pourrait s'en charger, preuve, s'il en était besoin, que l'article 21 de la Constitution n'a pas été rédigé par hasard…

Que retenir de ce chemin de crête ?

Des moments curieux d'abord. Comme la première réunion du Premier ministre avec le chef d'État-major des armées. Dès le mois de juin 2017, le général de Villiers vient se présenter au chef du gouvernement et évoquer avec lui, comme il est bien normal, les questions relatives à la Défense nationale. Ou plutôt c'est ce qu'imagine le Premier ministre. Car pendant une heure, le général, dont l'expérience des bureaux dans lesquels l'exécutif décide est considérable puisqu'il a été successivement chef du cabinet militaire de François Fillon à Matignon, major général des armées et enfin, depuis 2014, chef d'État-major des armées, ne parle que de budget. Il veut plus de moyens. Il n'acceptera pas qu'on rogne sur le budget de la Défense, ni même qu'on ne l'augmente pas.

Sur ce point, nous pourrions nous retrouver : le Président a annoncé, pendant sa campagne, son intention d'augmenter significativement le budget des armées, et nous préparons le budget qui, à l'automne, traduira cette priorité. 1,7 milliard supplémentaire en 2018, puis autant en plus en 2019, en 2020 et les années suivantes, voilà qui représente l'augmentation la plus significative du budget de la Défense depuis plus de trente ans. Mais le général ne s'en satisfait pas. Il affirme qu'il faut aller encore plus vite, qu'il est le garant du bon fonctionnement des armées et que le gouvernement actuel doit aller plus vite.

Le discours est martial, le ton affirmatif et la posture ferme : le général n'acceptera plus, avec la nouvelle majorité, ce qu'il a accepté si longtemps avec les précédentes. Pas un mot sur les opérations. Pas un mot sur les enjeux, sur les menaces, sur les choix à venir. Des sous, et plus vite que ça. Curieux, face au Premier ministre. Les conditions de son départ montreront d'une certaine façon que l'attitude retenue à l'égard du Président n'était guère plus adaptée.

Pour notre part, nous trouvons encore baroque l'idée qu'un général, même considérablement étoilé, se vexe parce que le président de la République rappelle, en public, et fermement, qu'en vertu de la Constitution et parce qu'il a été élu par les Français, il est le chef des armées.

Après le départ du général de Villiers, le général Lecointre sera nommé par le Président au poste de chef d'État-major des armées, et la densité des échanges entre les chefs militaires et l'exécutif s'en trouvera renforcée.

Des moments redoutables aussi. En 2014, Michel Goya, bon connaisseur des questions militaires, publie un ouvrage sur la spécificité de l'activité militaire au titre parfait : *Sous le feu, la mort comme hypothèse de travail*. Les militaires vivent avec la mort.

Chaque Président sait que, sous son mandat, des soldats mourront. Ils mourront à l'entraînement, ce qui est rageant. Ils mourront au combat, ce qui ne l'est pas moins. Ils mourront en raison de l'action de l'ennemi ou d'accidents techniques, au cours de missions régulières et devenues presque banales ou à l'occasion de coups de main spécifiques. À chaque fois, la nouvelle de leur mort remontera la chaîne hiérarchique à toute vitesse et avec la discrétion nécessaire à l'information préalable des familles. À chaque fois, la nouvelle suscitera un moment de colère froide, de tristesse sombre et de solitude pesante. À chaque fois, les familles, les parents, les enfants, les conjoints, les camarades d'unité nous impressionneront par leur capacité à donner un sens, à reconnaître un choix, à assumer une fierté face à la douleur terrible de la mort brutale. De Jean-Marie Bockel, ancien ministre et sénateur, père impressionnant de dignité à la mort de son fils, lieutenant au 5ᵉ régiment d'hélicoptères de combat, à cette mère ukrainienne d'un légionnaire tombé au Mali, ne parlant pas un mot de français mais entourée par des camarades de son fils dans le salon d'un palais parisien où elle pleure doucement, des cérémonies dans la cour des Invalides où la solennité accompagne la douleur aux gestes et aux silences qui rythment les rencontres avec les familles, nous aurons approché, à intervalles réguliers, la mort des soldats qui servent la France et la force de leurs proches. « Il connaissait les risques », « il avait choisi l'armée et il servait la France », « il était fier de ce qu'il faisait ». À chaque fois, avec des mots simples, sans jamais rien enlever de la tristesse, les familles donneront de l'engagement au service de notre pays des définitions lumineuses et des exemples puissants.

Des moments chaleureux aussi. Car si la mort est une hypothèse, la camaraderie au sein des armées est une certitude. Partout où nous passerons, sur la base de Gao au Mali, dans les coursives du *Charles-de-Gaulle* ou du *Mistral*, au jogging matinal des lieutenants d'artillerie de Canjuers après une nuit passée sous la tente ou dans les régiments qui portent le service militaire adapté dans les Outre-mer, lors de séances d'entraînement au tir au GIGN ou face aux sapeurs-pompiers de Paris, chaque fois qu'en marge des rencontres officielles et des échanges parfois convenus il nous sera possible de parler, de discuter, de partager un verre et de rire avec les soldats des armées françaises, nous verrons des jeunes gens fiers de ce qu'ils font et de ce qu'ils sont, à l'aise dans leur époque et dans leur mission, maîtrisant des systèmes d'armes ou d'informations de plus en plus techniques et convaincus que le salut et le succès dépendent autant de la précision et de la qualité du travail de leurs camarades que du leur.

Des moments de fierté, bien sûr.

Dans la nuit du 13 avril 2018, la France lance l'opération Hamilton sur la Syrie. L'objectif est de répondre à l'utilisation par le régime syrien d'armes chimiques dans le cadre de la guerre civile en cours. En 2012, la question s'était posée. Le président Obama avait, déjà, érigé en « ligne rouge » l'utilisation de l'arme chimique, dont le franchissement appellerait des conséquences terribles. La menace avait été énoncée avec clarté. La France et le Président Hollande s'étaient inscrits dans cette logique. Mais en 2013, alors que l'armée syrienne utilise du sarin dans la région de la Ghouta, les États-Unis et leurs alliés, dont la France, renoncent à une opération militaire d'envergure, préférant négocier avec la Syrie et la Russie un accord diplomatique prévoyant l'élimination des armes chimiques. La ligne rouge, tracée, avait été franchie et aucune sanction n'avait été prise. Vis-à-vis de la Syrie, mais surtout vis-à-vis des régimes pour qui l'utilisation décomplexée de la force militaire est une alternative, ce renoncement constituait un précédent terrible. Beaucoup considèrent que la Russie de Poutine aurait agi de façon beaucoup moins déterminée en Ukraine quelques mois après si la réponse occidentale avait été, en Syrie, aussi ferme dans les faits que dans les mots.

En avril 2018, la Syrie, faisant fi des engagements pris en 2013, utilise à nouveau l'arme chimique au nord de Damas. Le Président Macron avait clairement indiqué, quelques semaines auparavant, que l'emploi d'armes chimiques, s'il était avéré, provoquerait une réaction, s'inscrivant, lui aussi, dans la doctrine de la ligne rouge.

En quelques jours, nous assisterons à une opération diplomatique intense, le Président français parvenant à convaincre le Royaume-Uni et les États-Unis qu'une réaction était indispensable, pour éviter de reproduire le précédent malheureux de 2013, mais qu'il ne pouvait s'agir d'une opération à ce point massive qu'elle impliquerait un engagement complet, sur le terrain, des forces occidentales. En quelques jours, c'est une opération aérienne qui est montée, reposant sur des frappes de missiles lancées depuis la mer et depuis les airs par les armées américaine, française et britannique.

Au moment où les avions français décollent de la base de Saint-Dizier, le Premier ministre prévient, sur des lignes sécurisées, le président de l'Assemblée nationale et le président du Sénat. Ils écoutent. Posent, à juste titre, la question du fondement juridique et de l'ampleur de l'opération. À l'évidence, aucun détail ne peut être donné alors que l'opération est en cours, mais il leur est précisé que nous n'agissons pas seuls mais en bonne intelligence avec nos alliés. Et qu'une réunion avec l'ensemble des présidents de groupe et de commission sera rapidement organisée à Matignon. Et l'attente commence. Elle durera toute la nuit. L'opération est techniquement délicate : l'ensemble des frappes doit avoir lieu dans une fenêtre de quelques minutes, alors qu'elles sont déclenchées par des armées différentes, depuis des lieux différents et avec des systèmes d'armes différents. Surtout les défenses antiaériennes syriennes et russes sont denses : s'y frotter est risqué, et un affrontement avec les forces aériennes russes aurait des conséquences lourdes.

Après quelques heures, nous savons que l'opération a été un succès. La coopération technique avec les Américains et les Britanniques a été parfaite, les Russes ont observé et n'ont pris aucun risque, les objectifs ont été atteints.

Sur le terrain, l'impact militaire est très limité, ce qui n'est pas surprenant car la motivation principale de l'opération n'est pas de marquer le cours de la guerre mais de marquer les esprits. En avril 2018, il est déjà acquis que Bachar Al-Assad va l'emporter. Mais sur le plan politique, l'opération Hamilton constitue un succès réel : elle démontre, aux dirigeants des États du Moyen-Orient et d'ailleurs, et singulièrement aux dirigeants russes et turcs, la capacité du Président français à tenir la ligne qu'il a fixée, à la faire accepter par l'opinion française, et son aptitude à utiliser la force. Et ce message, dans le monde qui est malheureusement le nôtre, est essentiel.

*

Avec le terrorisme islamiste, nous sommes entrés dans une période où la violence armée, et quelle violence, peut intervenir n'importe quand, n'importe où, sur le territoire national. Notre conception de la sécurité du territoire s'en est trouvée modifiée. Mais cette menace terroriste chez nous, qu'elle soit endogène ou manipulée depuis l'étranger, ne doit pas masquer ou faire oublier les autres menaces. Le terrorisme, on ne le dira jamais assez, n'est pas une idéologie, c'est un instrument. Ce n'est pas un ennemi, c'est une façon de combattre. Et il serait à la fois profondément erroné et incroyablement risqué d'y résumer toutes les menaces auxquelles nous serions confrontés.

Au-delà du terrorisme islamiste, notre époque est caractérisée par une absence d'inhibition de certains États à l'égard de l'emploi de la force armée et une volonté assumée de s'affranchir progressivement du droit international. La prise de gage territorial ou de position stratégique est devenue un mode habituel de la confrontation : on l'a vu en Syrie, en Libye, en Ukraine ou en mer de Chine. Là où les pays occidentaux ont eu tendance à rapatrier leurs forces en opérations et à limiter leur présence à la mer, les pays en affirmation de puissance ont au contraire manifesté un activisme croissant : la mer de Chine en est devenue un des théâtres les plus évidents, et la Méditerranée centrale a vu la Turquie et la Russie intervenir de façon de plus en plus assumée. Qui s'est ému en Europe, lorsque la Turquie a utilisé la couverture de sa participation aux opérations de l'OTAN pour pousser ses pions et monter en puissance au large des côtes libyennes ? Les États-Unis semblent abdiquer toute idée de leadership, du moins en Afrique et en Europe, et l'Union européenne, faute d'outils, fait régulièrement la preuve sur ces sujets de son extrême fragilité. Simultanément, les risques de désintégration politique de régions entières dans notre étranger proche représentent peut-être la menace la plus aiguë. Entre les deux menaces, celle de l'agressivité d'un État en quête d'affirmation de soi et celle de la violence atomisée dans une région sans État, la seconde est sans aucun doute la plus redoutable. Mais combinées, elles posent de très sérieuses questions à notre sécurité.

Et ce risque est encore renforcé par la nature des confrontations qui sont devant nous.

Depuis les années 1960, et sans que la fin de la guerre froide apporte de changement fondamental, nous nous préparions à faire face à deux types de situations bien différentes : d'une part, l'hypothèse d'un affrontement avec des forces modernes, longtemps celles de l'URSS, qui était indissociable de notre stratégie de dissuasion nucléaire ; d'autre part, la contribution à une intervention multinationale dans des guerres civiles, souvent en Afrique, face à des insurgés armés de kalachnikovs, qui restait à la portée de nos forces légères d'intervention. Ces deux hypothèses n'ont pas complètement disparu, mais d'autres apparaissent, sous des formes intermédiaires et préoccupantes : puissances régionales ou « proto-États » pouvant engager des forces conventionnelles nombreuses équipées de moyens en général rustiques, sauf dans quelques domaines clés (souvent les drones et l'artillerie sol-air). Entre le seuil à partir duquel la dissuasion nucléaire est crédible et le domaine des conflits dits « de basse intensité », dont la fin de la guerre froide a consacré l'émergence, s'est ainsi développé un espace de conflictualité armée « dure » à laquelle nos forces vont devoir faire face dans la durée.

Sommes-nous prêts à y faire face ?

C'est incertain. Et cette incertitude devrait déranger tout le monde.

C'est incertain, d'abord, pour des raisons liées au nombre. Notre modèle d'armée est fondé sur des effectifs limités. Plusieurs raisons à cela : le coût, évidemment, mais aussi la logique prégnante de la dissuasion nucléaire qui justifie une armée relativement restreinte dont la mission est de donner le temps à l'exécutif, le cas échéant, d'agiter la menace de l'utilisation de l'arme atomique. Déployer en continu un peu plus de 7 000 hommes tout en assurant l'entraînement, la relève et le suivi de l'opération Sentinelle relève du maximum possible dans la durée. Sur mer, nous sommes bien équipés, mais entre la protection des sous-marins nucléaires et celle du porte-avions, nous avons peu de moyens de défense employables dans des zones où les intérêts de la France sont directement menacés : qui peut sérieusement penser que le dispositif mobilisable autour de la Polynésie ou de la Nouvelle-Calédonie soit à la hauteur des tensions actuelles ? L'arbitrage technologique et stratégique qui a déterminé le volume de forces des armées françaises permet, à coup sûr, de faire ce qu'aucune armée européenne (y compris britannique) ne peut faire aujourd'hui. Mais un char, même puissant et rapide, finit toujours par succomber si le rapport de force en face de lui est trois à quatre fois supérieur.

C'est incertain ensuite parce que les raisons qui ont guidé la définition non plus du volume mais de la nature de nos forces ne paraissent plus guère adaptées à la réalité de l'emploi de nos armées. Depuis plusieurs décennies, nos armées sont conçues, équipées et entraînées pour livrer une guerre interétatique sous l'ombrelle de la dissuasion nucléaire. Comme le monde est complexe, et que cette guerre ne vient pas, mais que d'autres défis apparaissent, nous avons considéré qu'elles seraient suffisamment polyvalentes pour réaliser quelques interventions résiduelles ou pour participer à des opérations de maintien de la paix dans lesquelles l'usage des armes était globalement exclu.

Mais ce n'est pas ce qui se passe. Au lieu de l'affrontement bref avec un ennemi face auquel il s'agissait de se faire discret pour échapper à l'artillerie et l'aviation de combat, au lieu d'un maintien de la paix tranquille et statique, il s'agit de plus en plus de déployer, dans des opérations de contre-insurrection, en Afghanistan ou au Mali, de manière durable et sur de vastes zones, des unités encouragées à se montrer à la population, face à des insurgés nombreux et de plus en plus agressifs. Ce n'est pas pour cela qu'est conçu notre modèle, qui sait bien sûr s'adapter, qui s'aguerrit ce faisant, et qui fait plutôt un excellent travail, mais qui s'épuise et ne peut plus consacrer des marges de manœuvre à autre chose.

Or cette autre chose existe.

La Turquie et la Russie ne consacrent pas significativement plus de moyens à leur défense que nous. La technologie dont elles disposent ne nous place pas en situation d'infériorité. Et pourtant, grâce à un usage massif des drones, animés par une volonté décomplexée d'utiliser la force que procure le nombre, ces deux États apparaissent comme ceux qui, ayant tiré les conséquences les plus radicales du conflit syrien, s'y sont imposés et poursuivent leur avantage. Au point d'aller chercher, au-delà de leurs frontières, des points d'appui de plus en plus proches de nous. Faut-il l'accepter ?

La sécurité et la liberté de navigation sur les routes maritimes qui vont de la Méditerranée à l'Inde et, plus loin, sur l'axe indo-pacifique, dont nous dépendons économiquement, doivent être durablement garanties. Avons-nous les moyens militaires de participer à cette garantie ?

Au fond, ce qui rend incertaine notre capacité à faire face aux défis militaires de demain, au-delà des éléments structurants que sont la richesse nationale et la volonté politique d'utiliser, lorsque c'est nécessaire, la force brute, c'est l'épaisseur de la sédimentation intellectuelle qui, dans ce domaine comme dans d'autres, contraint notre imagination et limite notre volonté.

Le débat public sur la Défense est faible dans notre pays. Le consensus est présumé, et il n'est pas impossible qu'il soit solide. Mais l'évocation publique des options fondamentales et des choix structurants est rare. Et, disons-le, insuffisante. La décision récente de construire un nouveau porte-avions nucléaire, longtemps mûrie au sein des armées, justifiée par des raisons qui ne sont pas mineures, a-t-elle vraiment donné lieu au niveau de discussion publique qu'aurait justifié une décision aussi lourde de conséquences pour la structuration des forces armées des 30 à 40 prochaines années ? Un porte-avions est utile. Un porte-avions nucléaire aussi. Ce qu'il permet, qui est précieux, est-il à terme vraiment plus intéressant que ce qu'il interdit ? La dissuasion nucléaire, à laquelle il nous paraîtrait extrêmement hasardeux de vouloir renoncer, doit-elle continuer à prendre les mêmes formes ou peut-elle évoluer ? Que nos armées y gagneraient-elles ? Et notre pays ?

Notre expérience est que ce débat est délicat. Comme tout débat de ce type, il se heurte bien sûr à des intérêts puissants. Il se heurte à des habitudes et à une certaine forme de confort intellectuel. Et comme le général de Gaulle le disait lui-même :

« Nous devons non pas conserver l'armée de nos habitudes, mais construire l'armée de nos besoins. »

Il nous semble, à nous, qu'insister sur le volume de nos forces, que les équiper de séries parfois moins technologiques et raffinées mais plus nombreuses et plus robustes, qu'étendre et investir massivement, et bien au-delà du cercle des armées, les notions de protection et d'attaque en matière de cyberdéfense, que préparer notre pays aux conséquences éventuelles de l'implosion d'un État plus proche et plus peuplé que la Libye pourrait utilement servir à la défense de la France.

Les raisins de la colère

« Gilet dit à Toussains, hostelier à Vernon,
qu'il estoit un vilain jaques,
et qu'il allast à sa jaquerie. »
Charles du Fresne du Cange,
1610-1688

1358.

Dix ans après l'arrivée de la peste noire, le pays avait perdu entre un tiers et la moitié de sa population.

Dix ans après l'arrivée de la maladie, le pays allait mal et l'État était fragile, ce qui va souvent de pair.

En 1356, à la bataille de Poitiers, en dépit d'un courage exemplaire contre le fameux Prince Noir[1] et des conseils de son fils Philippe (plus tard connu sous le nom de Philippe le Hardi, qui, dans la bataille, lui enjoint de « se garder à droite » puis de « se garder à gauche », un conseil qui n'a pas vieilli), Jean II dit le

1. Édouard de Woodstock, un nom qui ne s'invente pas.

Bon, roi de France, est incarcéré, ce qui, en matière d'autorité de l'État, n'est jamais très bon signe, à Bordeaux, c'est-à-dire, à l'époque, chez les Anglais.

Le Dauphin, son fils Charles (le futur Charles V dit le Sage), doit donc parer, à 18 ans, les ambitions des nombreux prétendants au trône, participer aux négociations permettant de libérer son père et faire face aux difficultés économiques considérables qu'ont entraînées la peste et la guerre de Cent Ans qui ne porte pas encore ce nom, puisqu'elle ne fait que commencer.

La situation économique n'est pas mauvaise : elle est catastrophique. Les impôts levés par le pouvoir royal pour financer l'effort de guerre deviennent insupportables. Les manœuvres engagées pour dévaluer la monnaie pénalisent les revenus des nobles comme ceux des commerçants. Les effets de la peste sur la main-d'œuvre agricole ou sur l'occupation des terres sont durables et la disette, voire la famine, menacent.

Le peuple n'en peut plus. Et explose.

C'est d'abord, au début de 1358, le soulèvement parisien commandé par Étienne Marcel, qui élimine, sous les yeux du Dauphin, les chefs de ce qui reste de l'armée royale et fait allégeance à un autre prétendant, Charles de Navarre (dit le Mauvais). Certains verront dans cet épisode la tentative d'instaurer un contre-pouvoir « bourgeois » face au pouvoir royal, et la première illustration de la fibre révolutionnaire du peuple de Paris.

Plus déstabilisant encore, au printemps, des paysans de provinces du Nord se soulèvent contre les dirigeants et la noblesse. C'est la « Grande Jacquerie », les Jacques désignant, par analogie avec leurs vestes courtes ainsi baptisées, les paysans, regroupés sous le nom d'un meneur imaginaire, péjorativement baptisé Jacques Bonhomme, qui représente le paysan martyrisé. La Jacquerie, bon gré mal gré, se trouvera un chef, Guillaume Carle. Après s'être développée, après avoir mis à sac quelques villes et de nombreux châteaux, après avoir physiquement éliminé des nobles et leurs familles, l'armée grandissante mais mal organisée de ces Jacques est massacrée deux mois après le début des événements. Les chroniqueurs peinent à trouver des mots d'ordre dans le mouvement, mais font tous état d'une éruption de violence subite, intense, essentiellement liée à la difficulté de la vie quotidienne.

Péjoratif ou pas, le mot jacquerie restera.

Et pas seulement le mot. Car depuis, la France vit des rébellions, des insurrections, parfois des révolutions, dont on ne sait jamais vraiment ni comment elles commencent, ni comment elles se terminent. Généralement, une accumulation de causes, puis un déclencheur, qui paraît anodin mais qui révèle au grand jour toutes les amertumes accumulées, au moment où on s'y attend le moins.

Les jacqueries des XVe et XVIe siècles, les Croquants de Gascogne au XVIIe, les Bonnets rouges en Bretagne qui se révoltent contre Louis XIV[1], la Révolution française bien sûr, avec son corollaire la contre-révolution des chouans, les révolutions de 1830 puis de 1848, la Commune de Paris, Mai 68[2], à des titres divers : des mouvements de révolte sociale sur fond de désespoir, parfois de messianisme, chacun avec les caractéristiques de son époque.

Plus ou moins durables, plus ou moins violents, ils ont en commun d'être inattendus. *A posteriori*, on dira que les dirigeants auraient pu les prévoir, voire les prévenir. *A posteriori*. Les commentateurs qui refont l'Histoire après coup ne sont donc pas l'apanage de notre époque, pas plus que le ras-le-bol fiscal.

660 ans après les Jacques, Jacline entre en scène.

Jacline M., Bretonne en colère. Dire que tout serait parti d'elle, de la vidéo qu'elle a mise en ligne en

---

1. Puis, plus récemment, contre le projet d'écotaxe.

2. Le 15 mars 1968, Pierre Viansson-Ponté signe dans *Le Monde* une chronique promise à la postérité : « Ce qui caractérise actuellement notre vie publique, c'est l'ennui. » Puis une autre pépite : « La jeunesse s'ennuie. Les étudiants manifestent, bougent, se battent en Espagne, en Italie, en Belgique, en Algérie, au Japon, en Amérique, en Égypte, en Allemagne, en Pologne même. Ils ont l'impression qu'ils ont des conquêtes à entreprendre, une protestation à faire entendre, au moins un sentiment de l'absurde à opposer à l'absurdité, les étudiants français se préoccupent de savoir si les filles de Nanterre et d'Antony pourront accéder librement aux chambres des garçons, conception malgré tout limitée des droits de l'homme. » Une raison comme une autre de lancer un mouvement d'ampleur.

octobre 2018, serait peut-être lui donner beaucoup d'importance, mais c'est autour de cette vidéo que s'est cristallisé le déclenchement de ce nouvel épisode des passions françaises que sont « les gilets jaunes ». Jacline reste pour nous le premier visage de ce moment et le premier ton de cette colère. Premier visage du mouvement, elle en sera l'un des symboles, une des voix, avant d'en devenir aussi, finalement, une des premières victimes, débordée, comme les autres, par sa radicalisation.

Il ne s'agit pas ici de refaire la chronique, connue et maintes fois racontée, de la crise des gilets jaunes. Mais nous pouvons dire comment nous l'avons vécue, comment nous l'expliquons et surtout ce que nous en retenons.

Les causes sont nombreuses. Certaines sont profondes, anciennes, comme sous-jacentes, et auraient pu, qui sait, rester encore longtemps enfouies dans la société française. D'autres, plus conjoncturelles, ont fait affleurer ces mouvements de fond et, en leur donnant l'oxygène dont ils avaient besoin, leur ont permis de nourrir l'incendie.

Au rang des premières, il faut relever la trop faible progression (et bien souvent la stagnation) du pouvoir d'achat des classes moyennes populaires depuis la crise financière de 2008, l'éloignement progressif des lieux de décision ressenti par une partie croissante de ces mêmes classes moyennes populaires, le sentiment tenace que l'avenir des enfants sera plus sombre que celui des parents, lié aussi bien à la dégradation de la planète qu'au poids de la dette, à l'insécurité culturelle ou à la révolution technologique. Tout cela mine une partie du pays qui travaille, souvent dur, et qui ne s'en sort plus.

Ces éléments ne sont pas spécifiquement français. Un grand nombre de pays occidentaux sont confrontés aux mêmes évolutions et, dans certains cas, elles sont encore plus marquées qu'en France[1].

Mais en France, ce terreau sec va s'embraser.

Tout part de la voiture. C'est sérieux, la voiture, et nous appartenons à une génération qui y est très attachée : à la fois symbole et moyen d'une forme de liberté, contrainte forte sur le pouvoir d'achat lors de son acquisition et pour son entretien, objet de réglementation technique et support d'une fiscalité élevée.

Trois évolutions se conjuguent pour déclencher la colère : la perspective du renforcement du contrôle technique, les 80 km/h et la fiscalité écologique. Sans méconnaître l'importance des deux premiers facteurs, c'est surtout le troisième qui met le feu aux poudres.

La fiscalité écologique est au cœur d'une des grandes préoccupations de notre temps : la lutte contre le bouleversement climatique. C'est l'un des moyens, pas le seul, mais l'un des moyens les plus

1. En Italie, en Espagne, en Grèce, le pouvoir d'achat des classes moyennes a baissé depuis le début des années 2000.

efficaces décrits par les intellectuels, les associations et les élus écologistes pour faire entrer cette préoccupation dans notre réalité, pour faire évoluer véritablement les comportements. Taxer non pas ce que les personnes gagnent, mais ce qu'elles brûlent[1], afin de les dissuader d'utiliser les énergies fossiles, est une idée simple. Si la raison essentielle du bouleversement climatique, ce sont les hydrocarbures et les énergies fossiles, alors il devient opportun de les taxer de plus en plus, pour en décourager l'utilisation.

Ces produits sont évidemment déjà taxés. La taxe intérieure de consommation sur les produits énergétiques (TICPE[2]) représente en 2017 un produit de 30 milliards d'euros. Lorsqu'un automobiliste fait son plein, il paye, en plus de l'essence et de la TICPE, la TVA qui vient elle aussi financer le budget de l'État (et des Régions).

Autrement dit, les prix de l'essence et du diesel sont déjà très largement déterminés par la fiscalité : 40 % seulement du prix payé par le consommateur est lié au produit, les 60 % restants relevant des taxes diverses.

Mais l'idée est d'aller plus loin et, progressivement, de baisser la fiscalité pesant sur le travail et

---

1. *Tax what you burn, not what you earn*, nous dit la langue anglaise avec son sens inégalé du mot court et de la formule qui frappe.

2. Elle fut longtemps appelée taxe intérieure sur les produits pétroliers (TIPP), mais il en va des impôts qui rapportent comme de bien d'autres choses : pour les conserver, il est parfois utile de changer leur nom.

les revenus pour augmenter la fiscalité pesant sur les énergies fossiles. Et ce mouvement de balancier doit s'effectuer sans augmentation du taux global des prélèvements obligatoires. Il est même plutôt prévu de le faire baisser.

Nicolas Hulot a fait de la mise en œuvre de cette idée générale une des conditions de sa participation au gouvernement, les ONG et autres associations en font un point dur et un test décisif de la volonté de n'importe quel gouvernement d'agir efficacement sur ce sujet. Et, même si on peine un peu aujourd'hui à le croire, l'idée s'impose dans tous les partis de gouvernement.

Lorsqu'on gouverne, la question du rythme est au moins aussi importante que celle de la direction.

En l'occurrence, la direction est assez claire, assumée par le président de la République, revendiquée par la majorité parlementaire, intégrée par le gouvernement. Le rythme de la transition l'est moins : faire la bascule tranquillement est raisonnable, mais ne se voit guère, aller vite frappe les esprits et permet d'être efficace, au risque de brusquer.

Alors, nous choisissons d'aller assez vite. Trop lentement pour les plus écologistes, qui nous reprocheront notre prudence mais qui seront moins présents pour défendre la mesure ensuite, mais trop vite pour les oppositions qui, à raison, pointeront le risque de « ras-le-bol fiscal » des automobilistes.

En 2017, la hausse de la « taxe carbone », puisqu'on l'appelle ainsi, passe presque inaperçue. Elle ne suscite pas de réelle émotion dans le débat public.

Mais la fiscalité écologique n'a pas pour seul objet d'augmenter globalement les taxes sur les hydrocarbures. Elle doit aussi corriger les signaux adressés pendant longtemps aux consommateurs, en vertu de priorités parfaitement concevables à l'époque où elles ont été formulées, mais qui sont devenues caduques ou même erronées avec le temps.

La plus emblématique de ces incitations anciennes, répétée à l'envi pendant des années, qu'il convient désormais de corriger, c'est la préférence pour le diesel vis-à-vis de l'essence. Très longtemps, la fiscalité sur le diesel a été significativement moins lourde que celle pesant sur l'essence, et les « gros rouleurs » en déduisaient logiquement qu'un véhicule diesel, un peu plus cher à l'achat, restait une bonne affaire. Les producteurs automobiles et les consommateurs français ne s'y tromperont pas et la part du diesel dans le parc automobile français approchera les 60 %, bien au-dessus de la moyenne européenne. Depuis, on découvre que les particules fines émises par le diesel sont extrêmement dangereuses, et qu'il serait irresponsable de l'encourager.

La promesse d'une fiscalité plus écologique, c'était donc de redresser plusieurs signaux et de dégager des ressources non seulement pour financer l'investissement supplémentaire dans la transition énergétique mais aussi pour compenser la baisse de la fiscalité par ailleurs.

Sauf que rien ne se passera comme prévu.

En octobre 2018, donc, Jacline M., qui n'est pas contente, ce qui est bien son droit, poste une vidéo de moins de cinq minutes, adressée au président de la République, centrée sur la « traque aux conducteurs », mélange détonant de vérités durement ressenties (les contrôles techniques supplémentaires, les mesures prises pour renforcer la sécurité routière, l'augmentation des taxes sur le diesel[1], les déplacements professionnels contraints[2]) et de fantasmagories montées en sauce (les voitures de police banalisées et équipées de radars, les « forêts » de radars, les privilèges des élus[3], les cartes grises imaginaires sur les vélos, les péages urbains encore inexistants[4]).

Tout y passe, sans préoccupation d'exactitude : le ras-le-bol fiscal, la haine des dirigeants politiques, économiques et médiatiques, le syndrome de persécution, le complotisme[5], la prétention de porter à

1. « Ça fait des années qu'on nous dit d'acheter du diesel, c'était pas vous mais on s'en fout, maintenant c'est vous. »

2. « Je fais 25 000 km par an, j'ai pas le choix. »

3. « On dépasse de 1 on a un PV, mais vous avez un parc (automobile) qu'on vous offre. »

4. « Moralité on achètera tout sur Internet. »

5. « Vous ne parlez pas de la pollution des avions, forcément y a des lobbies derrière. »

elle seule la parole du peuple[1]. Les bas instincts sont flattés, ce qui est souvent payant, et cette question, existentielle : « Mais qu'est-ce que vous faites du pognon[2] ? »

Le pognon[3]. Le pouvoir d'achat, le reste à vivre, les dépenses contraintes, les projets qu'on s'interdit, les perspectives qu'on n'a pas.

La vidéo devient virale : à défaut de toujours raisonner, elle résonne. Elle est instructive, et pose un premier défi à ceux qui gouvernent : comment distinguer ce qui relève de ressentis à prendre en compte (le malaise, l'inquiétude, la peur pour son avenir et celui de ses enfants, la précarité sociale et financière, le ras-le-bol fiscal, l'isolement, le désespoir parfois, la désertification industrielle et médicale, l'absence de perspectives, la jalousie parfois) de ce qui relève de l'outrance, du rejet de tout et de tous, y compris de l'État dont on attend pourtant qu'il remédie à tout, de la haine des puissances politiques, économiques et médiatiques, de l'excès, des fausses croyances et autres fantasmes complotistes ?

D'emblée, il nous est difficile de tracer cette limite, qui ne cessera d'ailleurs, au fil des semaines, de se déplacer.

---

1. « 80 % des gens qui regardent sont d'accord avec moi. » « J'aimerais que Bourdin ou CNews invitent une fois par semaine une personne du peuple. »

2. « Vous achetez de la vaisselle pour l'Élysée et vous faites construire des piscines. »

3. « Vos primettes de rien du tout. »

Tout est-il parti de là ? C'est en tout cas notre premier souvenir : cette dame, invitée sur tous les plateaux pour donner son avis sur tout. Comme tout le monde, elle a le droit de s'exprimer. Mais on ne sait pas bien par quel prodige elle se donne soudain le droit de parler au nom de tout le monde, si ce n'est qu'elle revendique justement de n'être désignée par personne pour pouvoir parler au nom de tous. Intéressante caractéristique qui restera vraie tout au long du mouvement : dès qu'un processus de désignation d'un représentant sera évoqué, dès qu'une figure prétendant parler au nom des autres émergera, elle sera inexorablement et violemment écartée par la masse.

Parallèlement apparaissent, sur les réseaux sociaux, des appels à manifester, le samedi 17 novembre, contre la hausse des taxes sur le carburant : investissez les ronds-points, autre passion française, et reconnaissez-vous grâce au gilet de secours désormais obligatoire dans tous les véhicules à moteur.

Les plus inquiets redoutent que cette journée du 17 novembre 2018 ne se traduise par une mobilisation massive, et par des violences.

D'abord, tout cela est bon enfant : quelques accès aux centres commerciaux sont bloqués, ce qui, en période de fin d'année, fait râler les commerçants. Ici ou là, on oblige les conducteurs à arborer un gilet jaune en soutien pour les laisser passer, ce qui n'est pas glorieux. Puis la violence apparaît : une manifestante de 63 ans est fauchée par un conducteur en

Savoie, plusieurs évacuations de ronds-points provoquent des mouvements de foule. La colère, à certains endroits, est déjà vive. Ailleurs, ce sont feux de joie et café sur les ronds-points bloqués. Une forme de solidarité, des rencontres, une convivialité retrouvée traduisent la volonté de ne plus être seul avec son désarroi autant que l'intensité de l'inquiétude.

Au total, ce premier samedi voit près de 300 000 gilets jaunes descendre dans la rue. Ce n'est pas une marée humaine, mais c'est très significatif, et contrairement à d'autres mouvements populaires, la France qui se manifeste ici, c'est la France qui travaille et qui peine, malgré cela, à joindre les deux bouts. Les troupes des syndicats classiques ne sont pas là. Des gens qui n'ont jamais manifesté se sont déplacés. Il se passe quelque chose.

Et lorsqu'il se passe quelque chose, le Premier ministre est souvent invité sur le plateau du 20 heures.

Comme souvent, les personnalités de la majorité appellent dans les heures qui précèdent pour donner des conseils. Ils sont animés par des idées claires et proposent des choix tranchés. L'immense majorité explique qu'il ne faut renoncer à rien. Une toute petite minorité, inquiète, recommande de gagner du temps. Les mêmes sont rarement aussi clairs et tranchés lorsqu'ils doivent défendre ces choix en public. À l'inverse, les maires amis que nous appelons, et qui siègent le plus souvent dans l'opposition, sont beaucoup plus mesurés en privé, et beaucoup plus affirmatifs publiquement. Mais c'est ainsi et nous n'en sommes plus surpris depuis longtemps.

Laurent Berger, le patron de la CFDT, qui pèse dans le débat public et qui compte des relais influents dans la majorité parlementaire, formule l'idée que ce début de mouvement justifie la réunion d'une « grande conférence sociale ». L'idée n'est pas neuve, et renvoie d'une certaine façon aux débuts de la présidence de François Hollande. Pour beaucoup de ceux qui accompagnent le Président depuis le début, et probablement pour lui aussi, cette proposition fleure bon le retour en arrière, l'entre-soi du dialogue social qui permet de garantir le *statu quo* dans un calme relatif mais pas la transformation plus radicale qui reste l'objectif du Président. Il est décidé de ne pas donner suite à la proposition.

Et alors que, sur le plateau de France 2, nous avons le sentiment de l'écarter avec les formes, en indiquant qu'il nous paraissait que les manifestants sur les ronds-points ne demandaient pas cette grande conférence sociale, qu'elle ne répondrait que peu à un mouvement qui échappait autant aux dirigeants politiques qu'aux dirigeants syndicaux, qu'il serait paradoxal de se réunir entre nous sans ceux qui manifestent, le sentiment général est que le Premier ministre a claqué la porte au nez de Laurent Berger.

C'est une règle de la politique qu'il ne faut jamais oublier : ce que l'on dit est toujours moins important que ce qui est entendu. Un peu trop de fermeté ou de rapidité dans la façon de décliner la proposition sera interprété comme de la rigidité, du mépris ou de l'obstination. Intéressante mais coûteuse leçon…

Entre deux samedis, il ne se passe pas grand-chose. C'est sans doute le premier mouvement intermittent, qui crée un effet feuilletonnant, avec des « épisodes », le rêve érotique des chaînes d'info en continu, baptisés « actes » I, II, III, etc. Dans la tragédie classique, on s'arrête généralement à cinq. Mais en l'occurrence, la tragédie n'est pas classique, et sa violence d'abord latente prend corps à mesure que l'attention des médias donne le sentiment aux plus violents qu'ils sont en train de construire quelque chose.

Malgré les premiers débordements, le mouvement reste largement soutenu par l'opinion. Son soutien ne s'étiolera que très lentement, même lorsqu'il sera débordé par une base radicale ou par des perturbateurs professionnels infiltrés. L'idée que chacun devrait avoir plus d'argent est assez populaire, et nous la partageons largement. Nous serions assez volontiers disposés à diminuer les impôts plus vite encore que nous ne l'envisagions aux premiers jours du gouvernement, mais il nous faudrait couper aussi assez vite dans les dépenses publiques, et de ce côté-là l'enthousiasme est plus limité. Sur le principe, on peut trouver des soutiens. Mais dès qu'il s'agit de savoir où couper, les susceptibilités et les oppositions se font vives et sonores. Derrière chaque niche fiscale il y a un chien méchant, disait à juste titre un de nos prédécesseurs.

De semaine en semaine, le mouvement prend de l'ampleur. Le niveau de violence s'accroît. Les chaînes d'info annoncent les actes successifs et les violences à craindre avec la délectation de ceux qui se nourrissent, au fond, de ce qui ne va pas.

Pendant ce temps-là, la politique essaie de se saisir de ce mouvement insaisissable. Certains se disent qu'ils pourraient, peut-être, récupérer le mouvement. C'est illusoire, même pour ceux d'entre eux qui ont cru devoir, un jour, revêtir eux-mêmes la chasuble pour souffler sur les braises : tous les partis, tous les syndicats, quelles que soient leurs positions passées, font l'objet du même ressentiment. Les partis les plus protestataires, les organisations syndicales les plus revendicatives, sont totalement court-circuités. Nous conserverons quelques souvenirs : Éric Ciotti, grand défenseur des forces de l'ordre, porte le gilet jaune, comme Laurent Wauquiez, comme d'autres. Nous ne croyons pas une seconde que ce faisant ils aient voulu cautionner la violence et les débordements contre les biens ou les personnes. Mais nous ne pouvons pas nous empêcher d'y voir une forme d'aveuglement, dont il est probable qu'elle ne leur aura guère profité.

Ce mouvement, personne ne l'a vu venir, personne ne le comprend, personne ne le contrôle, mais on explique au gouvernement qu'il aurait fallu l'anticiper, qu'il faudrait le comprendre et qu'il faudrait y mettre fin.

Comme nous ne sommes plus en 1358, la solution ne passe pas, et c'est heureux, par l'épreuve de force. Jamais la police ni la gendarmerie n'essaieront de porter l'offensive, et toujours elles essaieront, dans des conditions parfois redoutables, de ramener l'ordre, de défendre les biens et surtout les personnes.

La solution doit être politique. Comme tout gouvernement l'aurait sans doute fait, nous tentons de nouer le dialogue, d'identifier des représentants du mouvement, reconnus par les autres pour porter une liste de revendications elles-mêmes portées par tous.

Mais nous n'identifions ni les uns ni les autres.

Bien sûr, des figures de proue apparaissent petit à petit, mais elles ne sont jamais reconnues par les autres comme légitimes à les représenter. Ceux qui sont tentés de venir échanger avec nous sont stigmatisés, voire menacés[1]. Évidemment, lorsqu'on conteste la démocratie représentative, difficile d'affirmer qu'on est soi-même représentatif.

---

1. Fin novembre, quelques-uns signent une tribune dans *Le Journal du Dimanche*. Nous prenons contact avec eux, pour les recevoir et dialoguer. La plupart acceptent, puis se rétractent : ils sont, physiquement, menacés par les autres. Trois se présentent mais l'un d'eux vient seulement dire qu'il ne peut pas participer à l'entretien parce qu'il craint pour sa sécurité, les deux autres exigent l'anonymat et passeront par la porte du jardin. L'utilité de la rencontre, par ailleurs sympathique, s'en trouve largement réduite.

Progressivement, le mouvement s'épanouit dans l'escalade, dans la revendication toujours plus extrême, dans l'insulte la plus vindicative, les langues se délient, les frustrations s'expriment. Toute modération est stigmatisée.

Le mouvement, au départ pacifique, est débordé, et son image en pâtit fortement.

On bloque des routes, des autoroutes, des péages, puis, bientôt, on se promet de monter sur Paris, puis, une fois à Paris, de prendre l'Élysée. Les manifestants, pour la plupart pacifiques et sincères, sont débordés par les plus extrêmes et par les voyous qui les infiltrent, qui cassent tout ce qui bouge et bientôt aussi tout ce qui ne bouge pas. Ils occasionnent des dégâts importants, qui vont jusqu'à la dégradation de la tombe du Soldat inconnu, puisqu'on ne respecte plus rien. Des élus de la République sont physiquement menacés, pour certains jusqu'à leur domicile.

Nous nous souvenons d'un samedi soir où, après de très grandes violences, nous voulons rencontrer ceux des CRS et des forces de police qui sont intervenus toute la journée pour limiter les débordements dans Paris. Quelques-uns ont les mains cassées par les coups reçus. Plusieurs sont blessés. Ils font face, en s'interrogeant sans doute sur les raisons qui poussent le peuple français, qui les a acclamés à juste titre trois ans avant au moment des attentats, à les conspuer et à les frapper. Un autre samedi soir, c'est la brigade anticriminelle du Val-de-Marne, mobilisée pour interpeller au sein des manifestations les casseurs les plus violents, et que nous avons croisée à l'heure du déjeuner dans une rue de Paris, qui passe boire une bière à Matignon : les visages sont marqués, les propos sont inquiets, mais le moment est convivial. Moments volés à une situation tendue et rencontres précieuses qui nous renforcent dans notre soutien aux forces de l'ordre.

La France se divise, une fois de plus, une fois de trop, entre ceux qui s'indignent que la loi ne soit pas respectée et ceux qui s'indignent qu'on cherche à la faire respecter.

Nos voisins européens nous observent, mi-goguenards, mi-tétanisés par la perspective d'une contagion. La révolution du week-end, alors que pendant la semaine tout le pays travaille, leur paraît symptomatique d'une exception française dont ils redoutent qu'elle ne trouve bientôt chez eux une forme d'expression adaptée à leur propre génie national.

À défaut de visage, nous tentons d'identifier des revendications précises et un geste qui pourrait apaiser les esprits. Les forces politiques représentées au Parlement, consultées à Matignon, ne proposent pas grand-chose sinon l'abandon des mesures contestées, que la plupart approuvaient quelques semaines auparavant, et le retour dans sa boîte du diable que nous aurions bien imprudemment libéré. En tout état de cause, la liste des revendications s'allonge chaque jour, si bien que lorsque la décision est prise, début décembre, de renoncer à la mesure qui a cristallisé l'incompréhension et le mécontentement, la hausse de la fiscalité sur le carburant, il est déjà trop tard.

La semaine suivante, le président de la République annonce une série de mesures en faveur du pouvoir d'achat des classes moyennes. Certaines sont nouvelles, d'autres relèvent de l'accélération de mesures programmées mais dont la mise en œuvre devait intervenir plus tard. 10 milliards d'euros sont posés sur la table. C'est énorme. À l'époque en tout cas, c'est énorme.

Mais il est toujours trop tard. Le temps de les imaginer, de les financer, de les annoncer, ce qui prend tout de même quelques jours, la liste des revendications s'est déjà sensiblement rallongée. Pêle-mêle, il faudrait doubler le smic, rétablir l'ISF, instaurer le référendum d'initiative citoyenne, obtenir la démission du président de la République et une Assemblée nationale tirée au sort, à moins que ce ne soit l'inverse. Et obtiendrait-on tout cela que, sans doute, on trouverait autre chose.

Le président de la République a l'idée d'y répondre par un grand débat national, d'abord décrié, mais qui sera une réussite, parce que le Président, qui y consacre des journées entières, le gouvernement, l'appareil d'État et les maires l'ont pris à cœur et au sérieux.

Plusieurs fois, on verra le Président répondre pendant des heures, avec talent, aux questions les plus variées, les plus techniques, les plus délicates aussi posées par des maires qui, en se faisant la voix du pays, canalisent sans doute un peu de ce besoin de considération et d'écoute formulé par les premiers occupants des ronds-points.

Et, lentement, le mouvement s'étiole.

Les plus violents ne désarment pas mais le pays sait que ceux-là ne représentent rien sinon leur propre déchaînement.

Les mesures de pouvoir d'achat décidées pendant la crise commencent à faire sentir, doucement, leurs effets.

Les élections européennes de mai 2019 offrent une respiration démocratique à ceux qui tiennent à se faire entendre dans les urnes. Plusieurs tentatives pour faire émerger une liste de « gilets jaunes » se sont écrasées sur la réalité : pour constituer une liste, il faut désigner des candidats, et pour la conduire, il faut une femme ou un homme : celle ou celui qui y prétendrait se condamne par avance[1]. Et ces élections, qu'on prédisait périlleuses, ne sont pas mauvaises pour le Président, pour le gouvernement, pour la majorité.

Mais qui peut penser que derrière ce calme apparent, quoi que ce soit ait été réglé ?

1. Ingrid Levavasseur, une aide-soignante normande, en paiera le prix. Elle est désormais conseillère municipale de Louviers, la ville de Mendès France, qui fut plusieurs fois pillée et occupée pendant la Grande Jacquerie.

Ni les décennies de désindustrialisation, ni l'addiction à la dépense publique conjuguée au ras-le-bol fiscal, ni l'insécurité culturelle profonde ressentie par ceux qui se sentent exclus de la révolution technologique, menacés par la mondialisation ou l'immigration ou par la crainte qu'elles inspirent, relégués dans un territoire qui leur impose toutes les contraintes de la métropolisation de la géographie française sans aucun des avantages, rien de tout cela n'est à ce stade réglé.

Ce magma de colère et de désespoir, d'inquiétude et d'incompréhension, de ressentiment et de volonté de résister est une matière dangereuse, mais riche. Peut-elle trouver, dans les urnes, une traduction ? Il est trop tôt pour le dire. Dans certains pays, des causes similaires ont donné lieu à l'élection de leaders surfant sur ce matériau. Trump ou Salvini n'ont pas fait grand-chose d'autre : tout va mal ? Votez pour moi, ça ira mieux[1]. Mais qui en France pourra manipuler sans se brûler les mains un tel mélange, sans visage et sans limite, sans attachement apparent aux principes démocratiques ?

1. L'image de Laurent Wauquiez, alors président des Républicains, en déplacement à Mayotte, territoire difficile s'il en est. Croisant une passante, suivi par les caméras, il lui demande : « Alors ça va mal ici, hein ? » ; et on voit bien ce qu'il espère s'entendre dire ; et la passante de répondre « Ah non, moi ça va », et lui, du coup, passe son chemin, poursuivant sa quête de quelqu'un à qui il pourrait dire, en étant approuvé, que tout va mal, et qu'avec lui tout irait mieux.

Deux ans après, Jacline M. souhaite se présenter à l'élection présidentielle, ce qui est, là aussi, son droit. Elle ne sera sans doute pas la seule à vouloir tenter de canaliser politiquement le mouvement qu'elle a contribué à créer. Peut-être Francis Lalanne viendra-t-il lui contester cette légitimité, pour faire de la France une forme de maison du bonheur. Peut-être d'autres figures apparaîtront-elles…

Après 1358, le roi Jean le Bon finit par négocier sa libération. La rançon était si importante qu'elle entraîna vers la ruine les finances du royaume, déjà peu florissantes. C'est à ce moment que fut créée, pour la première fois, une monnaie appelée franc[1]. Cela ne suffit pas à ramener la paix dans un royaume qui, pendant quelques années, s'enfonça dans le désordre et la violence, jusqu'à la mort du roi, en 1364.

Et c'est son fils Charles V, dit le Sage, qui, progressivement, en remettant en ordre le système fiscal, puis les finances, puis l'armée, isolera les Anglais, les vaincra, ramènera la paix civile et restaurera l'autorité de l'État.

Preuve, s'il en fallait une, que face au désordre, il importe bien plus d'être Sage que d'être Bon.

1. Le franc « à cheval ».

Les mots

« Short words are best and the old words when short are best of all. »
Winston Churchill

« Caramels, bonbons et chocolats,
Par moments, je ne te comprends pas
Merci, pas pour moi mais tu peux bien
les offrir à une autre. »
Dalida

Au commencement était le verbe.

Le silence peut être imposant, et il faut savoir le manier, la plume peut permettre de construire une légende, mais c'est par la parole que l'autorité s'incarne et que le gouvernement des hommes s'envisage.

La forme peut varier, le lyrisme alterner avec la rigueur selon que celui ou celle qui s'exprime le fait devant une foule, devant des soldats ou devant une caméra. Pour un bon nombre de discours fameux, faute d'enregistrement[1], il faut s'imaginer le ton et la cadence. Mais la lecture produit à elle seule l'effet attendu et, même à quelques siècles de distance, on comprend que l'art oratoire des Romains ou des Athéniens n'était pas qu'une esthétique mais bien une arme de choix pour gouverner les peuples.

L'éloquence, la repartie et le discours nous fascinent. Une bonne partie de nos admirations politiques tiennent à cette faculté rare d'un homme ou d'une femme de capturer, par son propos, l'esprit d'une époque, la force d'une idée et l'attention d'un auditoire. C'est Churchill aux Communes, Lincoln à Gettysburg, Clemenceau au Parlement et de Gaulle devant la France.

Et pourtant, même si elle a une place particulière dans notre panthéon, l'éloquence n'a pas toujours été un attribut du pouvoir. La descendance dynastique, le talent militaire, la ruse et la force brute ont longtemps été au moins aussi importants que la clarté de l'expression ou la magie du verbe.

De l'avis général, Iossif Vissarionovitch Djougachvili n'avait aucun charisme. Ses discours sonnaient creux et son ton était monocorde. Cela ne l'a pas empêché de tenir son pays d'une main de fer[2]

1. On donnerait cher pour entendre de la voix de Lincoln le discours de Gettysburg, ou celle de Danton réclamant à l'Assemblée « de l'audace, encore de l'audace, toujours de l'audace et la France est sauvée ».

2. En russe, *stali* signifie « acier ».

pendant plusieurs décennies. Très soucieux de son image, il faisait retoucher les photos pour faire disparaître la petite vérole qui avait ravagé la peau de son visage et les amis d'autrefois devenus, selon lui, ennemis de la patrie et du communisme.

Parvenu au sommet du pouvoir par le militantisme, la violence et les intrigues de couloir, en étant toujours sous-estimé, en sachant frapper au bon endroit et au bon moment ceux qui pensaient pouvoir le doubler, Staline parlait mal, ce qui n'avait aucune importance, mais il avait compris l'importance de la maîtrise de l'information et les ressorts puissants de la propagande.

À l'inverse, Adolf Hitler avait très tôt mesuré sa capacité à emporter les foules, d'abord dans les arrière-salles enfumées des brasseries munichoises puis dans des réunions de plus en plus vastes et de mieux en mieux mises en scène. Le pouvoir de sa voix, la puissance de ses silences entrecoupés d'envolées sonores et haineuses, ses gestes dont les biographes nous disent qu'ils étaient méticuleusement répétés pour produire l'effet recherché sur la foule, son intime compréhension de la force de la propagande ont compté dans son ascension et sa prise du pouvoir.

Ces deux figures maléfiques mais structurantes du XXe siècle montrent que l'éloquence n'est pas toujours décisive dans un État totalitaire, où la conquête du pouvoir et plus encore son exercice passent par la force et le contrôle bien plus que par la nécessité de convaincre ou d'expliquer. Lorsqu'on se dote des instruments permettant d'éliminer physiquement tous ceux qui contestent un tant soit peu l'autorité, la nécessité d'expliquer ou de convaincre est plus relative. Dans ces régimes, tout le monde se tait, le pouvoir décide, communique quand il en a envie, et gare à ceux qui ne suivent pas[1].

Fort heureusement, à quelques exceptions près, cet expédient – efficace mais controversé – ne figure plus dans la panoplie des dirigeants modernes, ce qui les contraint à maîtriser, un minimum, l'art de la parole, dans des exercices, des registres, des circonstances très variés : car eux doivent convaincre, expliquer, négocier, et c'est très bien ainsi.

La communication, la pédagogie, l'information, la parole, la rhétorique, la formule, le message, le discours, que dire, à qui le dire, quand le dire, comment le dire, où le dire, quand parler, quand se taire : tout cela est absolument décisif dans un parcours politique. En matière de moment, de support, d'attitude, de mots, les bons choix font gagner gros, et de plus en plus gros, les mauvais se paient très cher, de plus en plus cher.

Il ne s'agit pas ici, comme on l'entend trop souvent, d'un simple débat entre fond et forme : en politique, l'un nourrit l'autre, l'un renforce l'autre ou l'affaiblit, mais fond et forme sont intimement liés : en politique il faut négocier, donc communi-

1. Et, parfois, gare aussi à ceux qui suivent.

quer, convaincre, donc communiquer, expliquer, donc communiquer.

Parler y est aussi important qu'agir. L'un ne peut pas remplacer l'autre, et nous avons à l'égard de tous ceux qui ont de la parole politique une vision performative une forme de méfiance instinctive[1]. Parler ne peut jamais suffire si rien ne se passe ensuite. Dire les choses ne suffit jamais à les faire. Mais parler demeure essentiel, au sens où rien ne se fait jamais sans explication ou dessein partagés.

Avant de parler, il est préférable de se poser quatre questions. En oublier une peut coûter cher. Se tromper aussi. Et, malheureusement, avoir la bonne réponse à ces quatre questions ne garantit pas une communication réussie.

La première question peut paraître curieuse mais est primordiale. Elle tient en deux mots : qui parle ? La fonction exercée commande souvent la tonalité du message, le niveau de langage à employer et le vocabulaire à utiliser. Un membre de la majorité, de l'opposition, un membre du gouvernement ou un maire ne doivent pas s'exprimer de la même façon.

Dans l'opposition, on peut dire à peu près n'importe quoi sans prendre aucun risque – sinon celui du ridicule qui, comme chacun sait, en politique, ne tue plus depuis longtemps, et heureusement pour l'espé-

1. Méfiance désormais accrue par quelques années de pratique.

rance de vie de ceux qui s'engagent –, sans avoir à mettre en œuvre ce qu'on préconise. Certains[1] l'ont parfaitement compris : rien n'est trop beau, rien n'est trop cher, le gouvernement ne fait rien, en fait trop, ou trop peu, ou trop tard, le gouvernement n'écoute pas, ne concerte pas, etc.

On peut dire n'importe quoi, ce qui ne signifie évidemment pas que tout le monde le fait. Cela souligne, simplement, la différence entre celui qui sait qu'il devra mettre en œuvre ce qu'il préconise, qui contrôle sa parole, et l'autre, qui n'a aucune raison de le faire et qui peut, parfois, participer avec enthousiasme au concours Lépine de la dépense publique, contribuer avec jubilation à la générosité avec l'argent des autres, ou apporter une pierre décisive au yakafaukon.

Il est bien sûr permis de constater des doses égales de mauvaise foi chez un membre du gouvernement et chez un député de l'opposition, mais il est certain que celle du membre du gouvernement sera dénoncée et démasquée bien plus vite, ce qui n'est pas anormal. Surtout, elle sera immanquablement, le moment venu, confrontée aux faits, là où l'opposition pourra très largement s'affranchir de cette contrainte.

Savoir qui parle, c'est également se demander si celui qui s'exprime le fait en son nom propre ou au nom de l'institution qu'il représente. Il arrive évidemment que le dédoublement entre la personne et

1. Dont nous avons pu, en d'autres temps, faire partie.

la fonction soit nécessaire. Le maire d'une ville qui participe au débat politique national n'engage pas sa ville lorsqu'il s'exprime. Il a d'ailleurs intérêt à être clair sur ce point, sans quoi il peut arriver que ses électeurs lui en tiennent grief.

Lorsqu'on est membre d'une équipe gouvernementale, est-ce la personne qui parle, le ministre, ou le représentant de tout le gouvernement ?

En vérité, c'est assez simple : l'usage nous a appris qu'un ministre choisissant de s'exprimer « en son nom propre » le fait rarement pour défendre une position collective. C'est en règle générale pour se désolidariser de la position du gouvernement que cet artifice de langage sera utilisé. Et c'est rarement une excellente nouvelle pour le Premier ministre qui doit, à intervalles réguliers, veiller à ce que le concert des expressions ministérielles ne vire pas à la cacophonie. Lorsqu'un ministre refuse de répondre à une question, en invoquant, comme le fit par exemple Gérard Collomb sur les 80 km/h, son « joker », l'expression personnelle (ou le silence en l'occurrence) marque le désaccord. Il est rare que cela se traduise par une bonne séquence politique pour l'équipe : on se fait un petit plaisir, et c'est tout le collectif qui en subit les conséquences.

Il n'en demeure pas moins que bien des ministres, et bien des conseillers en communication autour d'eux, souhaitent s'extraire de leur fonction pour dire qui ils sont vraiment, pour révéler leur personnalité intérieure, le cas échéant leur entourage familial, tout ce qui leur donne « de la chair », tout ce qui leur fait « fendre l'armure », tout ce qui les rend « plus humains » et donc mieux susceptibles d'être compris, acceptés et même, qui sait, aimés.

Certains ont pu réussir ainsi. Pour notre part, il nous semble qu'un membre du gouvernement est, aussi longtemps qu'il participe à un gouvernement, d'abord et avant tout un membre du gouvernement. Son expression ne peut être personnelle, elle est forcément une partie d'une expression collective. Sa vie familiale et privée, qu'il a intérêt à préserver, ne nous paraît jamais constituer un atout de communication réel[1]. Habiter une fonction, c'est aussi faire en sorte que cette fonction, et probablement elle seule, s'exprime lorsque vous parlez.

À l'intérieur même de la communication de l'exécutif, il faut encore distinguer, ce qui est trop souvent oublié, l'État et le gouvernement, même s'ils sont incarnés, à un moment donné, par les mêmes visages.

Le Premier ministre, comme tous les autres membres du gouvernement, s'exprime parfois au nom de l'État et parfois au nom du gouvernement, et cela n'est pas la même chose, et cela peut justifier, là encore, des différences de ton et de mots. Lorsqu'il s'agit de rendre hommage à un soldat tombé au

1. Un certain nombre de précédents nous invitent à penser que médiatiser sa famille quand tout va bien, c'est l'exposer quand ça va moins bien, ce qui est tout de suite moins amusant.

front, c'est l'État qui parle. Lorsqu'il faut annoncer la décision de proposer au Parlement une baisse de la taxe d'habitation ou la réforme de la SNCF, c'est le gouvernement qui a fait un choix politique et qui l'annonce. Parler au nom de l'État devrait conduire à écarter autant que faire se peut l'esprit de polémique politicien ou la segmentation de nos concitoyens car l'État n'est pas au service d'une majorité politique, il est l'instrument collectif des Français quel que soit, justement, leur positionnement politique.

Savoir qui parle, c'est enfin se demander, littéralement, qui parle : le président de la République, le Premier ministre, le ministre en charge du dossier (ou celui qui aimerait l'être), le porte-parole du gouvernement ?

Cette question est courante et peut donner lieu à des affrontements féroces, pas toujours discrets, et souvent ridicules. C'est le ministre qui veut impérativement annoncer la bonne nouvelle et ne pas la laisser à un collègue ou au Premier ministre[1] ; c'est au contraire la patate chaude des annonces désagréables que chacun essaie de se repasser ; c'est la course de vitesse au scoop qui permet au ministre qui parle le premier non seulement d'être à l'origine d'une annonce mais aussi, qui sait, d'être dans les petits papiers reconnaissants du journal qui a sorti l'info, ce qui peut toujours servir ; c'est le jeu incessant des

1. Ou inversement, la hiérarchie gouvernementale n'exclut pas toujours la petitesse.

cabinets entre eux pour que chacun puisse pousser du col son patron dans la presse, afin qu'il existe toujours un peu plus.

Le Premier ministre laisse-t-il le champ libre à ses ministres qu'on lui reproche d'être inexistant. Leur tient-il la bride plus serrée qu'on lui reproche son autoritarisme ou son pointillisme.

Mais ce sont aussi parfois des questions redoutablement délicates. Le 14 mars 2020, la veille du premier tour des élections municipales, alors que les contaminations liées au coronavirus se multiplient, nous estimons devoir fermer les cafés et les restaurants. La décision est prise après des échanges entre le président de la République et le Premier ministre, avec le concours des ministres concernés, et sur la recommandation du Conseil scientifique comme des autorités de santé. La décision est délicate à prendre. Elle l'est au moins autant à annoncer. Qui doit le faire ? Le Président a déjà parlé le jeudi précédent. Le Premier ministre ? Le ministre de la Santé ? Le ministre de l'Intérieur ? La porte-parole du gouvernement ? Le directeur général de la Santé ? Ou faut-il un simple communiqué de presse expliquant la décision ?

Le ministre de la Santé, avec l'autorisation du Premier ministre, est en Isère, dans ce qui était encore sa circonscription un mois auparavant, pour voter le lendemain. Il n'y a guère le temps d'installer sur place un dispositif suffisant en termes de communication et le précédent du ministre Mattei s'exprimant en polo depuis son jardin sur la canicule en 2003 est encore dans toutes les mémoires[1]. *Exit* donc le ministre en charge. Le ministre de l'Intérieur semble mal indiqué, puisque la décision n'est pas prise pour des raisons relevant de la sécurité publique.

Ce soir-là, à notre grande surprise, beaucoup plaideront pour une annonce du seul directeur général de la Santé, voire pour un simple communiqué de presse. C'est Matignon qui décidera que la mauvaise nouvelle serait annoncée depuis le ministère de la Santé, pour souligner son fondement exclusivement sanitaire, et par le Premier ministre, accompagné du directeur général de la Santé, au motif qu'une telle décision ne pouvait être rendue publique par un fonctionnaire, aussi éminent fût-il, mais par un responsable politique, et qu'elle devait être incarnée par un visage, portée par une voix, assumée en somme et pas seulement prendre la forme d'une norme écrite.

Décider qui parle, donc. Une fois qu'on l'a choisi, l'heureux élu doit-il parler ? C'est la deuxième question à se poser.

Parfois, il est urgent, comme disait Pierre Dac, de ne rater aucune occasion de se taire.

Parler trop souvent, ou trop longtemps, ou trop vite, trois écueils à éviter pour qui veut être entendu.

Parler trop souvent, c'est courir le risque de finir par parler pour ne plus dire grand-chose. C'est s'ex-

1. Injustement, on ne retiendra de lui que cette image.

poser à la lassitude de l'auditoire et multiplier les chances de dire des bêtises.

La plus grande leçon qui nous ait été donnée en la matière prit la forme d'un appel du Président Giscard d'Estaing, le 29 avril 2020, au lendemain du discours prononcé à l'Assemblée nationale pour exposer la stratégie de déconfinement. Quelques jours auparavant, le Président Giscard d'Estaing, qui avait l'expérience de l'État, l'intelligence rapide et la dent dure, avait déjà appelé Matignon pour prodiguer au Premier ministre des conseils et des encouragements étonnamment bienveillants, ce qui, dans la période agitée et rude que nous vivions en ce premier confinement, avait une certaine valeur.

Ayant écouté le discours, et pris le temps de réfléchir à ce qu'il impliquait pratiquement et politiquement, le Président rappelait. De sa voix inimitable, il avait d'emblée repris la conversation au point où, deux semaines auparavant, nous l'avions laissée, et avait assené ceci : « Vous vous êtes exprimé clairement. C'est bien. Les décisions ont été prises et expliquées. C'est très bien. Vous devez maintenant ne plus parler. Il faut laisser les événements tranquilles. Les choses sont lancées. Si quelque chose se passe mal, alors vous reparlerez. Mais pour l'instant, il ne faut plus parler. Du tout. »

Le conseil était excellent. Mais présidentiel. Car la question de l'expression, délicate pour l'un comme pour l'autre, se pose dans des termes bien différents pour le Président et pour le Premier ministre.

Si le Président parle trop, on lui reproche de vouloir s'occuper de tout ; s'il parle trop peu, on le soupçonne de ne s'occuper de rien. Comme si la fréquence des prises de parole mesurait l'importance du travail accompli par ailleurs... Mais le Président a l'avantage de pouvoir fixer le principe en prenant les grandes décisions et en observant leur mise en œuvre. Si la mise en œuvre est bonne, il pourra se féliciter de la décision. Si elle n'est pas bonne, il pourra reprendre la parole pour mettre la pression sur le gouvernement. Plus éloigné de l'arène politique, comme en surplomb, il peut déterminer avec une plus grande liberté s'il est opportun ou utile de parler, ou s'il faut faire monter au front le Premier ministre.

Cette précieuse latitude, dont les présidents de la République n'usent peut-être pas suffisamment, le Premier ministre en profite un peu moins. Car à la différence du Président, il est souvent tenu de parler. Au Parlement bien sûr, l'usage voulant que le Premier ministre réponde en personne à une question posée par un président de groupe. Dans les médias aussi, puisqu'il doit expliquer les décisions prises et leur mise en œuvre, et que son rôle de chef du gouvernement et de la majorité lui impose de maîtriser (ou d'essayer de maîtriser) toutes les expressions de ses troupes.

Si une décision est prise et mise en œuvre sans avoir été préalablement expliquée, il sera facile aux observateurs de dénoncer l'opacité technocratique d'un gouvernement hors sol. Si au contraire le Premier ministre explique, par exemple au cours d'un déplacement, la raison d'être d'une mesure et son illustration concrète, voilà qu'on fustigera « une opération de com' », ce gros mot. Et on la fustigera, ce qui ne manque jamais de nous laisser pantois, sur le plateau des chaînes d'info en continu, qui en sont, et de loin, les consommatrices les plus voraces.

Parler trop vite n'est pas beaucoup plus sage.

Outre qu'il n'est jamais inutile de réfléchir avant de sauter sur le premier micro venu, il peut arriver que parler trop vite vous conduise à commenter des faits qui ne sont pas vérifiés, ou pas complètement connus. Gare aux critiques des commentateurs ou des oppositions, qui se gardent bien de s'astreindre à la même rigueur que celle qu'ils exigent des membres du gouvernement, si les faits montrent, après votre expression, que la polémique sur laquelle vous vous exprimez repose sur des faits différents de ceux initialement présentés (et entre-temps commentés par tout le monde).

Parler trop tard, compte tenu du rythme auquel l'actualité remplace l'actualité, expose au risque de ne pas être entendu, de ne plus intéresser, ou de donner l'impression d'être obligé de s'exprimer, avec retard, sur un sujet sur lequel on aurait dû parler avant. Ne pas « réagir » à un fait divers (pour ne pas parler trop vite) expose à la critique de ceux qui vous reprocheront d'être insensible… Dans l'ensemble, cela dit, parler trop tard est plutôt moins grave que parler trop vite. Et encore une fois, il ne faut jamais exclure de se taire.

Mais il arrive aussi, et plus souvent qu'on ne le souhaiterait, que la conduite des affaires publiques impose de s'exprimer de façon assez contrainte parce que les événements commandent le lieu, le moment et le sujet.

Souvent lorsque c'est l'État qui parle, et rarement pour accompagner une bonne nouvelle. Une catastrophe naturelle, un attentat, l'incendie qui menace de détruire totalement une cathédrale emblématique, le décès en mission d'un de nos soldats ou d'une personnalité importante, une manifestation qui dégénère, ou tout autre événement imprévu qui fait que la journée telle qu'elle était prévue n'a plus de sens, qui fait que la Nation tout entière ne pense plus qu'à une chose, sur laquelle l'État doit s'exprimer. Dans ces situations, l'originalité n'a pas sa place, et il faut dire, avec son propre style, ce qui au fond est attendu.

Mais déjà se profile la troisième question, parler à qui ?

C'est la question du tuyau.

En la matière, le problème n'est pas de trouver un endroit où parler, mais bien de choisir celui qui permette de se faire entendre. Il y a environ 600 interviews politiques par mois en France, sans compter les chaînes parlementaires dont c'est la raison d'être ! Et c'est sans compter les modes alternatifs, mais puissants, que peuvent être les réseaux sociaux.

Selon les circonstances, selon le public visé ou le sujet traité, il faudra choisir entre la télévision, et si oui laquelle, la radio, et si oui laquelle, la presse écrite, et si oui laquelle, les réseaux sociaux ; entre l'interview (donc la contradiction) et la déclaration (le choix précis de chaque mot).

La panoplie est vaste, du tweet au discours fleuve, de la conférence de presse au micro tendu, de la vidéo postée sur Facebook à la tribune dans un grand quotidien, de la matinale radio au JT de 20 heures, de la petite confidence distillée par l'entourage à l'interview dans la presse quotidienne régionale ou la grande confession dans *Paris-Match*, le nuancier étant de plus en plus élaboré à mesure que les années passent, que les technologies évoluent et que les comportements changent.

De Gaulle avait dû apprivoiser sa voix pour parler à la radio, puis l'image pour parler à la télévision. Il s'est adapté. Notre génération a dû s'adapter aux formats courts, aux vidéos de Brut et consorts, aux posts Facebook, aux tweets[1].

Alors, il faut tout connaître, et s'adapter : les exercices sont bien différents lorsqu'on doit parler quelques secondes ou écrire quelques mots, lorsqu'on

1. L'un des auteurs doit d'ailleurs noter que son *alter ego*, après avoir acquis une bonne part de sa notoriété grâce à des tweets acides, s'est retenu pendant 1 145 jours afin de ne pas troubler la sérénité de la communication du Premier ministre.

doit parler quelques minutes ou écrire quelques paragraphes, lorsqu'on doit parler quelques heures ou écrire quelques pages.

Tout cela fait partie de la panoplie, de l'apprentissage. Et comme dans tous les apprentissages, l'enseignement essentiel, au-delà des codes et des techniques indispensables, reste le même : la meilleure façon de communiquer est, sans doute, d'être soi-même. Ne pas mépriser la technique ou les codes, qui peuvent avoir raison de vous, mais ne pas chercher à se composer un personnage qui, à tous les coups, sonne faux lorsqu'il est exposé à la lumière crue et brûlante des plateaux.

Reste la quatrième question, la plus cruciale. Parler, certes, mais pour dire quoi ? Ce que l'on croit, ce qui est nécessaire, ce qui est attendu, ce qui ne l'est pas, ce que personne ne veut entendre… Ce qui nous paraît, à l'usage là aussi, décisif, est de ne pas confondre la parole publique et le commentaire. Parler, lorsqu'on est un responsable public, ne peut pas se borner à un commentaire du débat public ou à un enchaînement convenu de postures idéales. Parler, c'est exprimer une conviction et proposer une action. Le reste relève du débat public, sans doute, mais pas de la communication d'un membre du gouvernement.

Que peut-on dire dans cette époque où la parole publique est à la fois décrédibilisée et prise en étau entre le politiquement correct le plus insupportable et le n'importe quoi le plus décomplexé ?

Le discrédit de la parole publique est ainsi devenu une plaie majeure de notre démocratie. Sans doute avons-nous, collectivement, beaucoup péché : trop de paroles en l'air, trop de digues de langage qui sautent, trop d'approximations, trop de promesses non tenues. Et parfois trop de promesses tenues pour d'autres.

En arrivant à Matignon, il nous a fallu prendre des décisions sur la réalisation du canal Seine-Nord, un projet pharaonique qui vise à creuser un canal pour relier, comme son nom l'indique, le Bassin parisien, le nord de la France et le Benelux. Attendu par l'ensemble du monde économique des Hauts-de-France, promis à plusieurs reprises à grand renfort de poses de première pierre par les Présidents Sarkozy puis Hollande, largement financé par l'Union européenne, le canal était devenu un totem politique dont il revenait au Président Macron de dire s'il se transformerait en réalité, conformément à la promesse qu'il avait lui-même formulée pendant sa campagne. Le Président n'ayant qu'une parole, il revint au Premier ministre qu'il avait nommé de la mettre en œuvre.

La circonstance que ce même Premier ministre avait, pour sa part, et plusieurs fois avant l'élection présidentielle, indiqué toutes ses réticences sur ce projet venait donner à ce moment le sel des situations politiques. Tenir les engagements pris par trois présidents de la République successifs lorsque vous êtes réservé sur un projet, est-ce malmener la crédibilité de la parole publique ou donner du crédit à celle de l'État ?

Et dire que l'on ne sait pas, lorsqu'on est ministre ou élu, est-ce nuire à la crédibilité de la parole publique ?

Fin août 2017, après cent jours à Matignon, une longue interview chez Jean-Jacques Bourdin tourne au cauchemar. Le journaliste, connu pour son professionnalisme autant que pour son malin plaisir à coller ses invités[1], demande un chiffre, puis un autre, comme on le ferait à l'oral du bac. Face à lui, un Premier ministre qui a bien en tête les grands dossiers et les grands principes, mais qui n'a pas sur le bout de la langue le chiffre demandé, ni le suivant, ce qui fait mauvais effet. Bien sûr, il pourrait les retrouver d'un simple clic ou d'un simple message à ses collaborateurs ; bien sûr, d'autres que lui, plus vifs ou plus retors, s'en seraient sortis en affirmant, faussement, que la décision n'était pas prise et qu'elle serait annoncée dans les jours qui viennent.

Au lieu de cela, il admet qu'il ne sait pas, qu'il va vérifier dans la minute et donner la réponse.

Mais, évidemment, on lui tombe dessus. Un Premier ministre qui ne sait pas, qui n'a pas réponse à tout, quelle drôle d'idée. Un Premier ministre qui ne cherche pas à dissimuler son ignorance, voilà qui

1. Plaisir solitaire puisque lui n'est jamais soumis à aucune question et qu'il choisit celles qu'il pose.

est encore plus inhabituel. Aussitôt, un procès en incompétence menace d'être instruit par tous ceux qui étaient bien heureux qu'on ne leur ait pas posé les mêmes questions.

Mais c'est la règle, c'est la leçon, et elle sera retenue. Un mois plus tard, pour préparer une longue émission en direct sur France 2 face à Léa Salamé, près de trois demi-journées seront consacrées à tout apprendre, tout savoir, sans fiches, tous les chiffres, toutes les dates. Avant l'émission, les conseillers de Matignon défileront dans le bureau du Premier ministre pour lui poser, chacun dans leur domaine, les questions les plus pointues et les plus pénibles.

Ironiquement, en 2020, lors de la crise sanitaire, admettre le doute ou l'ignorance redeviendra un pari gagnant. Les louanges tressées au Premier ministre qui admet son ignorance sur certains points seront, au fond, tout aussi disproportionnées que les reproches qui lui avaient été adressés deux ans et demi auparavant. Il était incompétent, le voici honnête homme. Lui n'a pas le sentiment d'avoir considérablement changé…

*

Parler, c'est dire quelque chose à quelqu'un. Bien sûr. Mais ce qui compte souvent, c'est moins ce qui est dit que ce qui est entendu. Et en la matière, le décalage est parfois considérable.

D'abord parce qu'il arrive que l'émetteur ne dise pas exactement ce qu'il voulait dire.

Parfois, précisément au moment où il est préférable de tout maîtriser, souvent au moment où on est très concentré sur un autre bout de la phrase, ou sur la phrase suivante, la langue fourche.

Freud considère que le lapsus révèle l'émergence de désirs inconscients, d'un conflit intérieur et de pensées refoulées.

Ah, les lapsus. Ils étaient déjà gênants à l'époque du « bon docteur Freud », alors aujourd'hui, où l'ubiquité des téléphones portables et de leurs caméras intégrées place chaque discours à la merci d'une postérité sociale, ils peuvent être ravageurs.

De Bérégovoy qui voulait « baiser l'impôt sur les sociétés », à François Fillon et son « gaz de shit », en passant par les « empreintes génitales » de Brice Hortefeux, le légendaire « gode électoral » de Claude Guéant, la « fellation quasi nulle » de Rachida Dati, ou plus anciennement, Robert-André Vivien qui, dans l'hémicycle, enjoignit un ministre de « durcir son sexe[1] », un Jean-Marie Le Pen partisan de la « pine de mort », un Jack Lang grandiloquent qui affirme qu'« il n'est pas besoin d'être long pour parler de Georges Moustaku[2] », et bien d'autres, le lapsus est à une communication maîtrisée ce que le grain de sable est à la mécanique de précision.

1. Son texte, en l'occurrence celui sur la classification des films pornographiques, en 1975.

2. En effet, tout est dit.

Et il faut admettre que le présent quinquennat n'en a pas été exempt, et que nous n'avons pas donné notre part aux chiens. Depuis Bruno Le Maire qui rebaptise en plein débat parlementaire le ministre de l'Intérieur « Christophe » Colomb, jusqu'à Agnès Buzyn qui salue les députés d'un sonore « Mesdames et messieurs les retraités », personne n'est à l'abri.

Nous avons commencé doucement mais sûrement, dès début juillet 2017, pendant le premier discours de politique générale, en promettant qu'« on ne dépensera pas plus en dix-huit qu'en disette ». Quelques jours plus tard, lors de la première séance de questions au gouvernement, en juillet 2017, « vous avez indiqué, monsieur le député, que vous craigniez que je sois le présid… le Premier ministre… ». C'est ce qui s'appelle réussir son entrée.

Puis, jolie gaffe, en saluant, à Nantes, la présidente de la région Pays de la Loire par « Madame la présidente de la région Bretagne » (surtout, ne pas dire Bretagne, 8 février 2019). On notera ensuite utilement un gentillet « lorsque nous avons langé le grand débat » (8 avril 2019).

Rien de tout cela n'égale, lors du lancement de la coupe du monde de rugby : « Et parce que la France veut continuer à sucer de grands champions… » (mars 2018), puis quelques mois après : « Lorsqu'on s'attelle à transformer la réalité… ça peut sucer des questionnements » (novembre 2018)[1].

1. Face à ce qui pourrait raisonnablement être qualifié d'obsession, voici venu le moment, peut-être le seul, où l'un des deux

Le lapsus n'est jamais bien grave, pourvu qu'on s'en sorte avec le sourire. Mais il a un effet immédiat, certain et terrible surtout s'il est majeur : plus personne ne retiendra quoi que ce soit de ce que vous avez dit avant ou après. Vous aurez beau dire des choses, ce qui sera entendu, ce sera votre lapsus.

Une manière comme une autre de passer à la postérité.

D'autres fois, l'auditoire ne veut simplement pas entendre ce qui est dit. C'est peut-être injuste, c'est peut-être aussi le signe qu'une des quatre questions essentielles a été oubliée et que le moment ou le canal choisis pour parler n'ont pas été suffisamment travaillés. Ou bien que vous n'êtes pas suffisamment clair, ou suffisamment bon. Tout cela peut arriver, et tout cela est frustrant.

Le samedi 8 février 2020, la campagne municipale est lancée au Havre, sous les yeux avides de la presse nationale qui attend de voir le Premier ministre se faire interpeller par les Havrais sur la question des retraites. Mais la ministre de la Santé appelle : un cas de coronavirus a été identifié dans une station

auteurs de ce livre tient assez clairement à se distancier de l'autre, en particulier en ce qui concerne l'interprétation psychanalytique à laquelle il serait tentant de procéder. L'autre est, pour l'avenir, invité à choisir un des nombreux synonymes du verbe susciter : engendrer, provoquer, occasionner, déclencher, déchaîner, produire, causer, créer, éveiller, soulever, et bien d'autres, bref suffisamment de verbes moins périlleux.

alpine, Les Contamines-Montjoie. Un Britannique, de retour de Singapour, contamine plusieurs de ses colocataires dans un chalet. Le virus est là, et pour la première fois le protocole prévu va devoir être mis en place. Immédiatement, la décision est prise de rentrer à Paris afin de caler les opérations et de montrer la mobilisation de l'État ainsi que sa capacité à déployer le dispositif prévu. Cela fait rater une journée de campagne électorale, laquelle est déjà très courte, mais il n'y a aucune hésitation à avoir. La réunion se tient à Matignon vers 12 heures, des décisions sont prises, les équipes sont informées et la machine se met en place. L'opération est d'importance : il s'agit de remonter tous les cas contacts, de les isoler, et de veiller à ce que l'épidémie ne se propage pas. C'est la première fois que nous procédons ainsi et les équipes de l'Agence régionale de santé de la région Auvergne-Rhône-Alpes sont sur le pied de guerre. Le maire est inquiet. Nous envoyons la ministre sur place, pour expliquer ce qui est fait, et qui sera, nous le saurons quelques jours plus tard, exemplaire : les habitants resteront calmes et les procédures démontreront leur efficacité.

C'est l'événement du jour. Nous nous attendons à des réactions nombreuses et vives : ce qui a été fait, pas fait, assez vite ou trop lentement, les conséquences que cela implique. Nous nous y préparons. À notre grand effarement, pour bon nombre de commentateurs, la réponse gouvernementale, massive et immédiate, sera considérée comme une manœuvre pour faire oublier la tension liée à la réforme des retraites. Pire, les questions des journalistes qui suivent le Premier ministre porteront exclusivement sur une question essentielle : les modalités de financement du trajet en voiture entre Le Havre et Paris, et de son intégration, ou non, dans les comptes de campagne. Décidément, quand on montre la lune, il arrive que certains regardent le doigt.

On le voit, ce qui compte n'est pas seulement ce qui est dit. C'est ce qui est entendu. Et compris. C'est pour cela que l'exercice du discours reste un moment essentiel dans l'art de gouverner. C'est pour cela que tous ceux qui gouvernent, ou qui y aspirent, consacrent du temps, de l'énergie et du talent à maîtriser l'exercice.

Le général de Gaulle apprenait par cœur (par cœur !) des discours parfois très longs, parfois dans une langue qu'il ne connaissait pas. Il y consacrait des journées entières comme si, à ses yeux, rien n'était plus important. L'effet était impressionnant. On le sait, il avait une très mauvaise vue et ne pouvait pas lire sans ses lunettes à triple foyer : la coquetterie va souvent se nicher là où on ne l'attend pas.

Ceux qui ont travaillé avec lui à l'Élysée racontent que François Mitterrand, de son côté, passait beaucoup de temps à écrire, à corriger, à polir et à tailler les textes de ses discours. Les réunions techniques, qui relevaient de l'activité gouvernementale, n'avaient à ses yeux qu'un intérêt très accessoire alors qu'une expression présidentielle, solennelle, politique, constituait le cœur de la fonction, *a fortiori* lorsque l'on a comme lui un profond amour de la langue.

Les collaborateurs de Jacques Chirac racontent volontiers, et sans grande nostalgie, les laborieux dimanches après-midi consacrés, autour de lui, à l'examen minutieux d'un projet de discours, discutant chaque virgule pendant des heures.

Il ne nous appartient pas de nous prononcer sur ce qui serait possible ou souhaitable pour un Président aujourd'hui, mais il est certain qu'un Premier ministre ne peut pas, physiquement, écrire lui-même tous ses discours. S'il le faisait, il ne ferait rien d'autre que les écrire et les prononcer. Alors, il y a des plumes[1].

Au tout début, en mai 2017, Michel Sironneau, ami fidèle aujourd'hui tellement regretté, sera d'un secours précieux : sa plume est merveilleuse, il nous connaît depuis longtemps et surtout il connaît Matignon pour y avoir travaillé avec Alain Juppé vingt ans auparavant. Il mettra en place les procédures qui permettront de produire, pendant les trois ans qui suivront, plusieurs centaines de discours sur des thèmes dont la variété et la technique sont vertigineuses. Trois années durant, Géraldine, Mathilde et Édouard feront preuve, dans un job épouvantablement difficile, d'une abnégation, d'une énergie, d'une créativité et d'un talent dignes d'éloges : tous les jours, sur des

1. Même François Mitterrand avait ses plumes, auxquelles le *Grand Amour* d'Erik Orsenna rend hommage.

sujets très différents, ils doivent remettre l'ouvrage sur le métier.

Selon les circonstances, selon son appétence, selon sa sensibilité, le Premier ministre consacre du temps à la préparation des discours. Pour certains, sa seule contribution sera de les lire une fois, puis de les prononcer avec autant de conviction que possible. Pour la plupart, il a donné à ses plumes des orientations : les idées générales, un angle, un message, une citation. Les discours de remise de médaille sont particulièrement soignés, parce qu'ils relèvent de l'exercice de style et sont l'expression d'une politesse et d'un hommage aux récipiendaires. Pour d'autres, il n'a pas la moindre idée de ce qu'il doit dire et se laisse proposer des choses. Il a heureusement autour de lui des collaborateurs qui, réunis, connaissent à peu près tout sur tout ce qu'il aura à dire ou faire, ou qui connaissent quelqu'un qui sait tout ce qu'il y a à savoir. Pour certains enfin, rares et sensibles, le Premier ministre consacre une partie de sa nuit à écrire un texte avec lequel il sera parfaitement en phase[1].

Mais toujours la fabrication du discours est le fruit d'une procédure exigeante.

Il y a d'abord une première version, baptisée « version martyre » parce qu'elle a vocation à être critiquée, censurée, triturée, transformée, puis viennent la

1. Ce sera le cas du discours relatif à la stratégie du déconfinement prononcé à l'Assemblée nationale le 28 avril 2020.

V2, la V3 et ainsi de suite jusqu'à l'infini ou presque, parfois jusqu'à la V30 pour les discours les plus longs et les plus compliqués, en l'occurrence les deux discours de politique générale, exercice impossible dont la conception et le prononcé ne resteront pas parmi nos meilleurs souvenirs.

Au fil des relectures, en principe, la structure s'affirme, le raisonnement se précise, les omissions se comblent, les scories se gomment. Trois personnes arrivent en bout de course, l'une pour le relire avec les yeux de la communication (la puissance du message, les polémiques éventuelles), l'autre pour y apporter une touche politique, la dernière pour vérifier la rigueur du raisonnement, l'exactitude des chiffres, la cohérence avec les autres projets en cours ou annoncés.

Tout compte, le lieu, le moment, l'auditoire, l'éclairage, le son. Se tenir à son texte, et pouvoir en sortir pour réagir aux réactions de la salle, pour faire sourire, pour insister sur un point, offrir un exemple ou une anecdote qui illustrent un raisonnement. Le rythme. Ne pas parler trop vite. Lever les yeux. Regarder ceux qui écoutent. Oser des silences. Ne pas lire, même lorsqu'on lit, et parler. Car un discours est toujours meilleur lorsqu'il est prononcé par un homme qui parle que par un homme qui lit.

Finalement, certains discours marquent plus que d'autres.

L'arrivée et le départ de Matignon, sans papier ni préparation, pour la symbolique du moment.

Les hommages funèbres rendus à Claude Lanzmann et à Serge Dassault dans la cour des Invalides, pour la solennité du lieu.

Le discours prononcé à Villers-Bretonneux pour commémorer le centenaire de la participation des troupes australiennes à la Première Guerre mondiale, devant un Premier ministre australien ému aux larmes, pour le poids de l'histoire et de notre dette inextinguible.

La présentation de la réforme des retraites au Conseil économique, social et environnemental, exercice de précision millimétrée.

Le discours sur le déconfinement devant l'Assemblée, moment important et attendu.

Et bien d'autres encore, où l'émotion peut vous saisir, l'humour jaillir et où, l'espace de quelques instants, vous avez la chance de dire quelque chose à quelqu'un qui, peut-être, vous écoute, avant, qui sait, de commencer à changer un peu le monde.

Les faux-monnayeurs

« Je ne crois pas au changement climatique.
Ça a toujours été comme ça, il y a des tempêtes,
de la pluie, et des belles journées. »
Donald Trump

« À long terme, nous sommes tous morts. »
John Maynard Keynes

« Qui paie ses dettes s'enrichit. »
Sagesse populaire

Jamais à court d'une jolie formule, Jean-Pierre Raffarin décrivait ainsi la qualité de son sommeil pendant son bail à Matignon : « Je dors comme un bébé : je me réveille toutes les deux heures et je pleure. »

Il y a toujours, à Matignon, une bonne raison de ne pas dormir. Le rythme, l'intensité et la masse de travail interdisent de dormir beaucoup mais condamneraient, sur la durée, celui qui dormirait trop peu. Il faut donc trouver son équilibre. Être bien réveillé quand c'est nécessaire, et dormir dès que c'est possible.

La mythologie du pouvoir aime à présenter ceux qui gouvernent sous les traits d'éternels éveillés, enchaînant les nuits de trois ou quatre heures, et tenant à distance les contingences du sommeil. Il est vrai que certains dorment vraiment très peu. Mais personne n'est en mesure d'affirmer que ce soit une condition de leur succès.

De fait, à part quelques nuits où des nouvelles urgentes et mauvaises justifient un réveil inopiné (personne n'ayant jamais songé à réveiller un Premier ministre pour lui dire que tout allait bien[1]), à part quelques nuits passées à veiller en attendant que telle opération militaire en cours sur des théâtres extérieurs soit achevée, à part aussi une ou deux nuits à ruminer une interview ou une réunion, et quelques situations où les nuits courtes se sont succédé, le sommeil à Matignon a été serein.

Ce qui ne veut pas dire que l'angoisse ait été absente.

Non pas tellement l'angoisse de la journée qui vient, de la réunion difficile, de l'arbitrage compli-

1. Toutes proportions gardées, personne n'a osé réveiller Hitler au petit matin pour lui annoncer le débarquement allié en Normandie, ce qui a sans doute fait perdre à la Wehrmacht quelques heures précieuses qu'elle ne rattrapera jamais, et Staline, qui, un jour de 1953, avait donné l'ordre qu'on ne le dérange pas, a été tellement obéi qu'il est resté inanimé plusieurs heures dans sa datcha après un malaise qui lui fut fatal. Moralité, il vaut mieux, parfois, être réveillé pour rien qu'endormi pour quelque chose.

qué : ces journées-là s'enchaînent, nous les abordons comme elles doivent, sans doute, être abordées, c'est-à-dire l'une après l'autre, en essayant de faire du mieux possible, en essayant de ne pas trop penser ni à celle d'avant, ni à celle d'après.

Les mois passant, le métier rentrant, certains exercices au début terrifiants deviennent plus habituels, ce qui ne les rend pas moins périlleux. Mais ils s'enchaînent à un rythme effréné, donc nous n'avons pas le temps de les craindre. Le trac demeure, avant un discours important, une interview risquée ou un entretien délicat, mais lui aussi finit par se maîtriser.

Mais au-delà de la journée qui se passe bien ou mal, certains sujets planent en permanence, comme une ombre sur chaque décision, sans jamais être les seuls paramètres qui la guident.

Et ceux-là, faute d'être solubles à l'échelle du temps qui nous est donné, faute d'être résumables en une décision simple, faute de pouvoir être abordés par un seul biais, ceux-là peuvent provoquer de véritables angoisses.

Ils minent à mesure que se rapproche le mur contre lequel notre réalité peut se fracasser, parce qu'ils sont tellement complexes qu'on ne sait pas par quel bout les prendre, parce que notre génération reproche parfois à celles qui l'ont précédée de ne pas les avoir pris à bras-le-corps, ce qui nous expose aux mêmes reproches de la génération qui nous suit.

Pour nous, deux sujets, en apparence très différents, mais en vérité très comparables, auront suscité cette angoisse permanente.

Deux sujets sur lesquels il est acquis qu'aucun gouvernement ne pourra en faire assez, quand bien même il tiendrait, pour quelques mois ou années, les manettes qui permettent d'agir. Deux sujets sur lesquels il serait déjà bien de se dire qu'on a fait un peu et qu'ont été inversées des tendances mortifères.

Deux sujets aussi faciles à appréhender théoriquement que difficiles à résoudre pratiquement, aussi indispensables à traiter à long terme, où le danger est grand et certain, qu'impossibles à traiter à court terme, où il est lointain et impalpable.

Deux sujets sur lesquels nous sommes encerclés par deux clans irréconciliables : ceux qui pensent qu'il faut faire davantage, puisqu'il n'y a rien de plus important, et ceux qui pensent qu'il ne faut rien faire, puisqu'il y a tellement plus urgent.

Deux sujets sur lesquels nous enrageons *in petto* face au déni ambiant. Deux sujets majeurs, les sujets de notre génération, dont certains nient jusqu'à l'existence, ou tout au moins la gravité, ou tout au moins l'urgence, ou tout au moins la responsabilité humaine. Deux sujets pour lesquels les solutions sont connues, mais politiquement très complexes à mettre en œuvre. Deux sujets qui impliquent des sacrifices de chacun à court terme pour le salut de tous à long terme. Deux sujets qui engagent nos enfants, ce qui ne nous rassure pas.

À force de reporter leur traitement, nous avons perdu la maîtrise de notre destin. Nous nous en remettons donc au hasard, à la chance ou au progrès : ça peut fonctionner, mais c'est un pari bien osé.

Deux addictions, deux testaments, deux héritages.

La dette financière et la dette climatique.

D'autres que nous ont maintes fois décrit les constats alarmants, avec force chiffres et exemples, et bien mieux que nous ne pourrions le faire. Les mêmes s'étripent pour chercher des responsables[1], au lieu de s'atteler aux solutions.

Sur ces deux sujets, nous vivons au-dessus de nos moyens, dans une agréable illusion d'abondance et d'infinité au quotidien, qui crée l'accoutumance mais qui n'est pas tenable, au point que la viabilité de notre système financier et environnemental est gravement menacée. Chaque année, nous dépensons trop par rapport aux ressources, financières ou naturelles, dont nous disposons.

Depuis trente ans, nous savons qu'il est urgent d'inverser notre addiction à la dépense publique et

1. Notre passion française. Pour les uns, c'est le capitalisme, le libéralisme, le libre-échange, la croissance, le tourisme de masse et le consumérisme, tout cela, parfois en bloc, parfois par appartement, qui serait à l'origine du mal. Pour les autres, c'est l'explosion de la population mondiale dont les besoins dépassent ceux que la planète peut satisfaire sans se dégrader. La vérité est sans doute quelque part entre les deux, mais comme elle ne sera jamais établie, n'y consacrons pas davantage de temps.

aux énergies fossiles. Le diagnostic est clairement établi, le remède identifié, la posologie déterminée. Malgré cela, le médecin refuse de l'administrer, écoutant avec attention, compréhension, voire soulagement, les objections et les cris d'angoisse du malade devant la rigueur du traitement nécessaire. Peut-être les médecins nous diront-ils un jour si ce comportement est conforme au serment d'Hippocrate.

Les alternatives sont assez limitées. Nous devons soit réduire nos dépenses (en argent public, en ressources naturelles), et c'est redoutablement difficile car l'addiction est très forte, soit augmenter nos recettes, et c'est à la fois difficilement acceptable sur le plan fiscal (nous sommes l'un des pays les plus taxés du monde) et impossible sur le plan environnemental, puisque la planète n'est pas extensible.

Depuis trente ans, au fil de petites décisions et de grands renoncements, nous voici avec, au-dessus de nos têtes, deux épées de Damoclès qui menacent à tout instant de s'abattre, dont nous savons qu'elles finiront par s'abattre, mais que nous préférons ignorer en renonçant à lever la tête.

Et donc, ces dettes se creusent.

Au quotidien, tout cela ne se ressent guère, et c'est bien le problème. Ce sont des sujets de long terme, ce long terme qui devrait être l'horizon de tout gouvernant et de toute institution publique, et qui se trouve souvent ignoré ou écarté par la force de l'urgence et l'exigence d'immédiateté. Ce mécanisme insidieux, cette préférence pour le présent, qui n'est même plus inconsciente mais au contraire assumée, voire revendiquée, laisse de côté l'essentiel.

Ces deux préoccupations ont été captées, politiquement, par chacun des camps qui ont longtemps structuré la vie politique française. L'écologie c'était, théoriquement, la gauche. L'équilibre des finances publiques c'était, théoriquement, la droite. Pour chaque camp, la préoccupation de celui d'en face était jugée sinon inexistante, du moins largement accessoire.

La conjugaison de ces deux inquiétudes, forme de synthèse dessinant un « en même temps » qui ne dirait pas son nom, ne traduit pas l'expression d'une passion commune pour la conciliation des points de vue opposés. Elle dessine plutôt une conviction qui s'est forgée avec le temps et que tout concourt à renforcer : ces deux sujets sont identiques. Les difficultés qu'ils posent à notre pays sont du même ordre. Les ressorts psychologiques qui sont mis en jeu sont les mêmes. Ils ont été au cœur des débats, des choix, des polémiques des dernières années et ils seront tous les deux au cœur du débat public dans la décennie à venir. Ils ne sont pas distincts mais constituent les deux faces de la même pièce.

Leur proximité, leur indissociabilité, ont été mises au jour par la crise dite des gilets jaunes, dont elles ont été les principales victimes : on reporte à la fin du siècle ce qui pourrait nous faire du tort à la fin du mois, aussi bien sur le plan financier que sur le plan environnemental. Nous le paierons bien plus cher.

*

Nous n'avons pas pris conscience de ces deux sujets au même moment, ni de la même façon.

L'angoisse de la dette financière nous a saisis plus spontanément que l'angoisse de la dette écologique, ce qui ne signifie pas que l'une soit plus forte que l'autre.

Les angoisses de notre enfance étaient bien différentes : les SS-20 et les Pershing déployés à nos portes dessinaient une Europe en champ de bataille divisé entre l'Ouest et l'Est. La crise économique et l'apparition du chômage occupaient les esprits[1]. Et si nous lisions, dans les revues pour enfants, l'apparition de pluies acides, d'un trou dans la couche d'ozone, dont nous n'avions jamais vu les effets mais qui marquaient notre imagination, la menace paraissait presque accessoire par rapport au risque de destruction mutuelle que recelait la guerre froide. Aussi, lorsque s'est formé notre esprit de citoyen, il n'y avait lieu de se sensibiliser ni au vertige de la dette publique, à l'époque très raisonnable, ni à la dégradation de la planète, qui n'était pas vécue alors comme un danger global. Rien de tout cela n'était d'ailleurs enseigné. Nous l'avons donc appris en observant, en lisant et en écoutant.

1. Ainsi qu'Harald Schumacher, mais c'est un autre sujet.

Notre culture politique, empreinte de libéralisme tempéré, d'admiration gaulliste et de respect ancien pour la culture social-démocrate, nous a naturellement conduits à être attentifs à la viabilité de nos finances publiques. Elle nous paraissait relever de la grammaire normale de la vie publique : le bon sens commandait de ne pas se placer dans une situation financière impossible et le sens de l'État de veiller avec rigueur à l'usage des deniers publics.

Que l'État soit endetté, rien de plus normal. Investir dans des biens ou des infrastructures qui ont vocation à durer une ou plusieurs générations impose d'en étaler le financement sur une longue durée, et donc de s'endetter. Toutes les administrations publiques de tous les pays sont structurellement endettées, depuis toujours, et c'est normal. Et chacun peut comprendre qu'en période de crise économique, de conflit armé ou de pandémie, l'urgence commande de relancer l'économie, ou de financer des projets qui permettront le rebond.

Chacun devrait comprendre, aussi, qu'il n'est pas sain de financer les dépenses courantes par la dette : dans ce cas, il est urgent de réduire son train de vie. Comme le cholestérol, il y a la bonne et la mauvaise dette, tous les ménages le savent. Mais déjà, à ce stade, les discussions commencent, y compris entre gens de bonne foi. Parce que, après tout, les dépenses liées à l'éducation (les salaires des professeurs par exemple) doivent-elles être classées dans les dépenses d'investissement ou dans les dépenses courantes ? Peut-on dire qu'elles ne prépareraient pas l'avenir ? Qu'elles seraient moins utiles ou moins décisives que la construction d'une bretelle d'autoroute ? Comme toujours, dès que l'on sort du confort de la théorie, les aspérités du concret commencent à frotter.

De ces discussions longues et tendues avec tous ceux qui venaient tendre la sébile, en expliquant avec un talent rare et une mauvaise foi confondante combien il était nécessaire de diminuer les dépenses publiques des autres mais indispensable d'augmenter celles qui relevaient de leur secteur, nous retenons l'exceptionnelle capacité de notre pays à trouver de bonnes raisons de dépenser plus d'argent public. L'idée que l'on puisse tenter de faire mieux avec autant, voire moins, qui est une donnée de l'industrie, une donnée de la vie quotidienne, est entendue comme une insulte dans le monde de la dépense publique. L'idée que l'on puisse renoncer à quelque chose parce que l'époque a changé, ou parce qu'on peut faire autrement, relève de la provocation.

Chacun pourrait comprendre, enfin, que lorsque les choses vont mieux, lorsque la croissance est au rendez-vous, l'État en profite pour assainir sa situation en prévision d'une prochaine crise.

Il n'en est rien.

En l'an 2000, le débat sur la « cagnotte[1] » nous avait mis la puce à l'oreille : cette année-là, la reprise de la croissance provoque un afflux de recettes pour l'État, environ 50 milliards de francs, qui provoque un débat passionné sur la meilleure manière d'utiliser cette manne imprévue. Le gouvernement Jospin décide de baisser certains impôts et de redistribuer le reste. Mais à aucun moment il n'est envisagé de rembourser une partie de notre dette. Gérald Darmanin le dira très bien vingt ans plus tard : il n'y a pas de cagnotte dans un pays aussi endetté que le nôtre.

Nous vivons dans un pays où les impôts et les dépenses publiques sont très élevés. C'est le « modèle français », modèle que personne ne copie, ce qui pourrait nous mettre la puce à l'oreille.

Là encore, la théorie peut induire en erreur : nous avions bien sûr appris qu'en théorie, la droite (forcément libérale), qui tend à faire primer l'individu, la responsabilité et à réduire l'intervention de l'État, a tendance à baisser les impôts et les dépenses. La gauche (forcément sociale), qui favorise le collectif, la solidarité et le rôle de l'État dans l'économie, a tendance à augmenter les impôts et les dépenses. Nous savons désormais que la théorie explique assez mal la vraie vie. La vérité, c'est que depuis quarante ans les dépenses et les impôts ont augmenté de manière

1. Il existe, dans le beau département des Landes, une commune qui s'appelle Cagnotte. On imagine les débats d'orientations budgétaires.

continue, avec des pauses, des interruptions, des exceptions (rares), mais de manière continue tout de même, quel que soit le camp au pouvoir.

L'endettement croît donc régulièrement, durablement, que les choses aillent bien ou mal, sans que la qualité du service s'améliore (ce serait plutôt l'inverse), sans qu'aucune réforme ne parvienne à freiner cette frénésie de dépenses publiques qui ne peuvent être financées qu'en accroissant la dette. S'il s'agissait de préparer l'avenir de nos enfants, sans doute pourrions-nous comprendre qu'il faille s'endetter, mais lorsqu'il ne s'agit que d'accommoder le présent, de financer non plus l'investissement mais le fonctionnement, pourquoi reporter sur les épaules de nos enfants notre inconséquence ?

C'est l'accélération puissante de la dépense publique et l'accroissement continu de la dette qui ont progressivement transformé cette conviction tranquille en angoisse sourde d'abord, puis sonore désormais.

Parler de dette, c'est forcément convoquer des chiffres. Quelques-uns. Nous avons souvent été frappés par la capacité à la fois extraordinaire et inquiétante de certains responsables politiques (parfois proches de nous) à ne pas vouloir prendre en compte les chiffres, à refuser la réalité des faits pour se blottir, ivres de leur bonne conscience, rassurés par leur ignorance et absous par la force de leurs convictions, dans le monde merveilleux des idées, des théories et des postures.

Et pourtant, les chiffres sont têtus.

Chaque année depuis 1974 – nous avions alors 3 ans – le budget des administrations publiques est présenté et exécuté en déficit. Ces déficits s'accumulent d'année en année pour constituer notre dette.

Le rapport dette / PIB[1], autrement dit ce que nous devons par rapport à ce que nous produisons, était de 15 % en 1974, de 30 % en 1985, 60 % en 1996[2], 80 % en 2010, proche de 120 % aujourd'hui à cause de la « dette Covid », mais rien n'est grave. On pourrait nous rétorquer qu'en 1940, il était de 200 %, mais reconnaissons que cette année-là, nous ne produisions plus grand-chose.

Chaque année, nous consacrons 37 milliards d'euros au remboursement des intérêts de la dette. C'est cinq fois le budget de la Justice. Et il s'agit seulement des intérêts de la dette.

La part des dépenses publiques dans le PIB était de 35 % sous de Gaulle, de 45 % sous Giscard, de 55 % sous Mitterrand. Après une légère baisse, la crise financière, puis la crise des gilets jaunes, puis la crise de la Covid sont passées par là, ce qui n'a pas empêché la plupart de nos voisins de la dimi-

1. Indicateur lui-même contesté, mais c'est un autre sujet, disons que c'est un point de repère.

2. Situation déjà décrite comme très périlleuse.

nuer fortement. En France, ce pourcentage n'a pas augmenté parce que nous aurions davantage investi. Non. Il a augmenté parce que les prestations sociales ont sans cesse augmenté, ainsi que le nombre de fonctionnaires et les intérêts de la dette. La France se situe toujours à 55 %, un record, contre 45 % en Allemagne et 50 % en Suède, souvent citée comme une référence de l'État-providence.

Le temps est-il venu d'assumer une baisse des dépenses ? Ou tout au moins une augmentation nettement moins rapide que la progression du PIB ? Encore faut-il savoir quelles dépenses diminuer.

Pour 1 000 euros de dépense publique[1], 575 sont consacrés à la protection sociale[2], 96 à l'éducation, 66 au fonctionnement des administrations publiques, 60 au « régalien » (sécurité, justice, défense), 53 aux aides aux entreprises, 43 aux transports et à l'équipement, 23 à la recherche, 22 à la culture, 16 à l'environnement, et 37 au paiement des intérêts de la dette.

On pourrait, en passant, se demander si cette répartition est pertinente, si elle révèle une liste de priorités à même de satisfaire un pays comme le nôtre, si elle traduit une ambition ou une vision de l'avenir. L'exercice serait assez cruel.

Mais, sans en interroger la pertinence, partons de ces masses pour essayer de réduire la dépense. Où

1. Chiffres de 2019, mais les ordres de grandeur y sont.

2. 268 aux retraites, 191 à l'assurance-maladie, 42 à la famille, 35 à l'assurance-chômage, 39 aux autres aides sociales, APL, RSA, etc.

faut-il baisser ? Où est-ce souhaitable ? Où est-ce possible ? Où est-ce efficace ? Baisser de 10 % les dépenses militaires (ce qui nous paraît, à nous, absurde et dangereux) est infiniment moins efficace, en termes d'impact, que diminuer de 3 % les pensions des retraités (ce qui nous paraît, à nous, délicat et dangereux pour d'autres raisons). Même dans le pays le plus redistributif du monde, le débat sera tendu. Et il y a fort à parier qu'il se terminera par une diminution des salaires des élus ou des parcs automobiles des ministères, ce qui peut paraître sympathique, mais ne résout rien[1].

À défaut de pouvoir sabrer dans les dépenses, la réponse politique a souvent consisté en une augmentation des impôts. Mais le « ras-le-bol fiscal » est passé par là : notre taux de prélèvements obligatoires est l'un des plus élevés au monde, aux alentours de 45 % du PIB. Bien sûr, certains plaident pour des prélèvements supplémentaires sur ceux les mieux à même de les supporter : les riches, voire les « super-riches ». Outre que la solution a déjà été utilisée, avec un succès très relatif, la dette n'ayant pas baissé et le nombre de contribuables aisés quittant le pays ayant plutôt appauvri la France que l'inverse, elle n'est pas au niveau des enjeux. Aucun impôt nouveau, même sur les « super-riches », ne produirait suffisamment pour faire face à la dette sans conduire au départ immédiat de ces contribuables.

---

1. C'est à peu près aussi utile que d'aborder l'écologie en partant des sapins de Noël ou du Tour de France.

Et voilà comment, après quelques décennies de glissade tranquille et insensible, un pays entier se retrouve à la merci d'un effet de ciseau fatal, et d'une augmentation soudaine des taux d'intérêt qui n'est jamais certaine, mais contre laquelle il serait bien hasardeux de miser. Voilà comment notre pays est devenu le premier émetteur de dette de l'Union européenne, et doit donc, à intervalles réguliers, convaincre des prêteurs de lui confier toujours plus pour nourrir notre système déséquilibré.

Jusque-là, tout va bien.

Le problème est connu, public, documenté, mais personne ne s'en soucie vraiment. Il n'est pas caché : au contraire, il est exposé, à la vue de tous, et rappelé à intervalles réguliers par des Cassandre ayant pignon sur rue.

Mais jusque-là, tout va bien.

Parce que, jusqu'à présent, la France, dont la « signature » est respectée, est payée pour emprunter de l'argent, ce qui est intellectuellement difficile à concevoir, même dans un univers de taux bas. L'argent n'est pas cher, il est disponible, empruntons ! Rien n'est trop beau, rien n'est trop cher, et si on a trouvé des milliards pour les gilets jaunes, pour le chômage partiel, pour aider les commerces en difficulté, on peut bien en trouver d'autres, comme si jamais le robinet ne devait se fermer, comme si jamais il ne faudrait rembourser ni refinancer.

Jusqu'au jour où tout n'ira plus si bien.

Il suffira que les taux d'intérêt remontent pour que les maigres marges de manœuvre des budgets publics soient englouties dans l'augmentation des sommes à rembourser, nourrissant un endettement encore accru. Il suffira qu'un doute politique naisse sur la volonté (ou la capacité) de la France à rembourser ce qu'elle doit pour que les prêteurs cessent d'affluer. Un doute. Autrement dit, pas grand-chose, pour que l'édifice instable s'écroule.

Lorsque nous évoquons cette perspective, et surtout les mesures redoutables qu'il faudra alors mettre en œuvre pour regagner le crédit perdu, la baisse brutale du montant des pensions, la réduction du nombre de fonctionnaires, celle des transferts aux collectivités territoriales et bien d'autres encore, nous nous heurtons à un haussement d'épaules ou à une dénégation consternée. Pas ça, pas chez nous. La France n'est pas l'Argentine. La France n'est pas la Grèce. L'Union européenne ne nous laisserait pas tomber. Les Allemands ont trop besoin de nous[1]...

Le pire, peut-être, est que nous nous mentons. Depuis des années, notre débat public dénonce le « libéralisme », voire l'« ultra-libéralisme » qui serait à l'œuvre et qui réduirait les moyens affectés aux services publics, sous couvert d'une « rigueur » qui serait

1. L'Histoire nous a appris que lorsque notre destin repose sur l'idée que l'Allemagne paiera, les lendemains sont souvent difficiles.

à la fois l'expression d'une stricte orthodoxie budgétaire et l'ennemie du peuple. Rien de tout cela n'est vrai. Aucune autre démocratie ne redistribue autant, aucune ne prélève autant, et imaginer que notre système économique et politique serait « ultra-libéral » alors qu'il compte plus de 5 millions d'agents publics (soit près d'un cinquième de la population active) est à peu près aussi crédible que de présenter la Corée du Nord comme l'Eldorado de la démocratie représentative. Quant à la supposée rigueur, elle cache une augmentation continue des dépenses sociales et une efficacité toujours plus relative de la dépense publique.

Mais jusque-là, tout va bien.

Et ce qui est vrai de la dette financière l'est également de la dette écologique. En plus grave.

Rien ne nous prédisposait à prendre conscience des enjeux écologiques. Il ne surprendra personne que nous soyons attachés à la bonne gestion des deniers publics et à la parole de la France. Mais écolos, nous ? Nous ne le sommes que très peu aux yeux des puristes, et bien trop aux yeux des dénégateurs.

Enfants, nous avions été marqués par des vaches mortes dans des prés secs et par les forêts rouillées.

Les plus anciens, dont nous commençons à faire partie, se souviennent de l'été 1976, lorsque la canicule avait frappé la France. Il n'y en avait pas eu depuis 1947, et il n'y en aurait pas d'autre avant 2003. Celle de 1976, à l'époque exceptionnelle, et largement surpassée depuis, est restée dans les mémoires, y compris dans celles de deux enfants de 5 ans, l'un en Normandie, l'autre près de Paris. Des images de vaches mortes de chaleur, en Normandie, ça ne s'oublie pas.

Quelques années plus tard, les « pluies acides » avaient marqué nos imaginations. La pollution de l'air était telle que des gaz, en se dissolvant dans l'eau des nuages, créaient des formes acides qui retombaient avec la pluie, faisant subir à la flore et singulièrement aux arbres de France et d'Allemagne des conséquences visibles à l'œil nu.

Mais enfin, à part ça, notre univers était aussi peu tourné vers ces sujets que celui de Nicolas Hulot pouvait l'être, enfant, vers la théorie des zones monétaires optimales.

C'est que nous sommes, fondamentalement, des urbains. Nous aimons les villes, l'intensité et la variété des services qu'elles offrent, leur trépidation, l'anonymat qu'elles autorisent. En France ou à l'étranger, nous aimons marcher dans les métropoles les plus grandes, nous y perdre, nous enfermer dans les immenses librairies, profiter des bars, des pubs, des cinémas, des restaurants, des musées, des monuments. De temps à autre, nous y recherchons les grands parcs et les interstices de verdure, de temps à autre, nous aimons même les fuir pour retrouver la forêt, la mer ou la montagne, mais les villes nous rattrapent toujours. Surtout si, comme au Havre, elles offrent la possibilité de concilier la société des hommes, à terre, et l'immensité solitaire au large.

Et puis qui s'en souciait ? Entre la maternelle et l'école primaire, personne ne nous avait parlé du dérèglement climatique et de ses conséquences. Personne ne nous en parlera, ni au collège ni au lycée. Avant 1988, année de notre bac, la seule question environnementale que nous ayons, un peu, approchée à l'école était le nucléaire : en France, nous avions visité des centrales présentées comme le fleuron de notre savoir-faire ; en Allemagne, où nous avions l'habitude de nous rendre pour des échanges scolaires et où l'un d'entre nous a vécu plusieurs années[1], le mouvement « Nein Danke » s'imposait joyeusement, et dans un sens opposé, dans les esprits de nos camarades.

Pour le reste, rien. La conviction, répétée en boucle, qu'en France « on n'avait pas de pétrole, mais on avait des idées » ; les préoccupations de nos amis et de certains de nos proches ; l'observation du monde et l'attention aux débats publics de plus en plus saisis par la lutte contre le dérèglement climatique. Nous avions bien entendu Chirac nous dire que la maison brûlait et que nous regardions ailleurs, mais justement, nous regardions ailleurs…

Tout cela change en 2006.

À la fin de cette année-là, à son retour du Québec, Alain Juppé est devenu écologiste. Il nous le dit, et

1. Dès les années 1980, le tri des déchets y était incontournable, à notre grande surprise goguenarde.

cela nous surprend, car l'image de l'écologiste chevelu et contestataire ne correspond pas spontanément au portrait de notre patron de l'époque. Mais Alain Juppé, comme souvent, est sérieux. Il a constaté *de visu*, là-bas, les conséquences concrètes du changement climatique : la fracturation hydraulique pour l'exploitation des gaz de schiste, la fonte du permafrost (pergélisol en bon français) qui compromet le fragile équilibre des écosystèmes, la disparition accélérée des espèces animales, le réchauffement et l'acidification des océans. Il y a vu, aussi, notre addiction aux énergies carbonées, le dilemme permanent entre écologie et économie, et les sacrifices qu'il faudrait consentir à court terme pour améliorer la situation de long terme. Il en revient, aussi, pénétré par l'idée que nous devons, d'urgence, modifier notre manière de consommer, de nous déplacer, de nous chauffer, bref de produire et de vivre[1]. À 60 ans, il est convaincu qu'il faut agir sans tarder et il nous communique sinon son enthousiasme, en tout cas sa préoccupation.

Redevenu maire de Bordeaux, il intègre ce paramètre dans toutes les décisions prises, sans jamais en déduire qu'il faut tout arrêter, ne plus construire, ne plus se déplacer, ne plus produire. Il faut, simplement, faire tout cela autrement. Des pistes cyclables, un tramway, le refus d'abattre des arbres, des bâtiments neutres : un maire ne peut pas tout, mais il peut beaucoup. Et, déjà, des dilemmes insolubles : comment résorber la thrombose de la rocade auto-

1. *Je ne mangerai plus de cerises en hiver*, Plon, 2009.

routière sans l'élargir à 2 × 3 voies, comment répondre à la demande de logements dans la métropole sans transformer des terres agricoles en zones pavillonnaires, comment préserver l'emploi des secteurs les plus polluants : l'industrie chimique, l'aéronautique, le transport routier... Pendant ce temps-là, son directeur de cabinet, les bras chargés de dossiers, essaie de le suivre à vélo sans se casser la figure.

Au Havre, Antoine Rufenacht, qui est attentif à son époque et nourrit une passion aussi intense que discrète pour la botanique, les arbres et les jardins, engage également le verdissement des politiques publiques. Plantation accélérée d'arbres variés, construction d'un tramway, agenda du développement durable, investissements considérables pour réduire la consommation d'eau dans les bâtiments publics et la qualité de traitement des eaux usées... Pendant ce temps-là, son adjoint aux affaires juridiques essaie de comprendre ce qui se joue.

Nous commençons donc à nous saisir du sujet, poussés aussi, dans nos vies personnelles, par celles qui ont saisi avant nous l'ampleur du sujet.

Une sensibilisation, des livres lus, beaucoup, et même un livre écrit[1] : tout cela ne fait pas de nous des experts, mais nous voyons de quoi on parle, et nous mesurons la gravité du problème, l'urgence à inverser la tendance, la pertinence de certaines solutions, mais aussi la difficulté de les mettre en œuvre.

---

1. *Un monde pour Stella*, JC Lattès, 2015.

Comme la question de la dette financière, l'urgence planétaire souffre d'un décalage frappant entre la théorie et la pratique, selon le prisme par lequel on les observe : le prisme du citoyen observateur ou le prisme du décideur, qu'il soit local ou national. Les premiers, dont nous faisons partie, peinent à comprendre pourquoi les dirigeants du monde entier ne parviennent pas à se mettre d'accord sur des solutions ambitieuses. Les seconds, dont nous faisons aussi partie, doivent, tous les jours, faire des choix qui les placent face à des contradictions temporelles majeures.

Arbitrer entre ces légitimités, entre le souhaitable et le possible, entre l'urgent et l'essentiel, entre le symbolique et l'efficace, entre le nécessaire et l'acceptable est une des questions centrales de l'acte de gouverner.

La première occasion de le vérifier, au niveau national, sera brève.

En 2007, obsédé par le défi climatique, Alain Juppé accepte, à notre surprise, la proposition que lui fait le Président Sarkozy à peine élu. Peut-être même lui en a-t-il suggéré l'idée. Il rejoint le gouvernement pour construire, piloter et incarner le grand ministère de l'Écologie, du Développement et de l'Aménagement durables (le « MEDAD ») qui regroupe, pour la première fois, les administrations de l'écologie, de l'équipement, du transport et du logement. L'objectif est de passer au tamis environnemental toutes les décisions et politiques publiques, qui n'étaient jusqu'alors passées qu'au seul tamis budgétaire. Le ministère est très haut dans la hiérarchie gouvernementale, n° 2 : un signal politique fort, renforcé par le poids politique de son premier titulaire. À ses côtés, un conseiller spécial, par ailleurs adjoint au maire du Havre, plus particulièrement chargé de la préparation du Grenelle de l'environnement.

L'expérience ne durera que six semaines : la défaite aux législatives du ministre l'oblige à démissionner. Pas assez pour réellement agir, évidemment, mais assez pour poser les bases du Grenelle et pour prendre conscience de l'intensité des dilemmes qui se posent. Jean-Louis Borloo reprendra le flambeau et mènera à bien le Grenelle avec habileté. À droite, les écologistes, Alain Juppé, donc, Jean-Louis Borloo, Nathalie Kosciusko-Morizet, sont peu nombreux, plutôt en marge, poliment écoutés, rarement entendus. Suspects d'être les khmers verts au sein d'un parti qui l'est (très) peu, ils savent aussi, et ne s'en offusquent pas, qu'ils ne seront jamais assez verts pour les plus verts.

L'expérience du MEDAD tourne court, mais les idées restent, et la réflexion s'approfondit : une expérience chez Areva qui, on le verra, nourrit une réflexion sur l'énergie et la planète, puis l'occasion d'agir nous-mêmes, d'abord localement, puis au niveau national.

Et c'est là, au niveau local, qu'apparaissent, éclatantes, les difficultés pour passer de la théorie à la pratique.

Au Havre, d'abord. La ville s'est construite et reconstruite autour de son port et de son industrie, autour du négoce de produits lointains et de productions industrielles liées à la pétrochimie. Au Havre, le port, c'est la vie, l'ouverture sur une mondialisation palpable, à travers le débarquement et l'embarquement de millions de conteneurs, qui permettent le transport des marchandises d'un bout à l'autre du monde. Plus de 80 % du commerce physique de marchandises passe par la mer. Le nombre et la valeur des produits transportés sont vertigineux. Rompre avec l'économie mondialisée, dans un port, c'est rompre avec son histoire et sa géographie. C'est rarement un pari gagnant.

Aussi, alors que certains font de la lutte contre la mondialisation l'élément central de leur stratégie pour la planète, nous essayons, de notre côté, avec l'ensemble des acteurs industriels et portuaires, souvent très conscients des enjeux, d'agir efficacement. En réduisant la vitesse des porte-containers et donc leur empreinte carbone, en développant les solutions alternatives à la route pour transporter les containers (le transport fluvial est riche de promesses là où le fret ferroviaire est dans une situation critique), en mobilisant les acteurs locaux afin que l'hydrogène s'impose pour alimenter les mouvements des barges fluviales ou des « cavaliers » qui manipulent les boîtes sur les quais, en favorisant les projets d'économie circulaire sur le port, en électrifiant les quais pour que les navires cessent de brûler du carburant à l'accostage. Tout cela avance, parfois trop lentement, grâce au concours de tous et dans un esprit d'unité qui dépasse souvent les camps que chacun s'assigne : familles politiques opposées, industriels et associations.

Il ne s'agit pas de dire que ces transformations suffiraient. Il reste beaucoup à faire. Mais elles sont là et les taire, voire les dénigrer, ne permet en rien de faire avancer les choses.

Pour d'autres actions, plus spectaculaires, les choses sont moins simples.

L'un des symboles du port, avec ses deux cheminées qui se dessinent sur le paysage portuaire, c'est la centrale thermique[1].

Depuis le milieu des années 2010, la France se pose la question de la fermeture de ses quatre dernières centrales à charbon. On peut se dire : quatre centrales, c'est un petit sujet. Sauf qu'à l'échelle locale, la centrale est tout sauf un petit sujet. Nul ne doute, au fond, de la nécessité de mettre un terme à la production d'électricité par combustion du charbon. Nul ne conteste, à terme, la nécessité de fermer le site. C'est ce « à terme » qui est délicat. Il est simple à concevoir mais difficile à fixer et encore plus à faire accepter, car cette centrale représente des emplois directs, des emplois indirects dans des entreprises locales, des ressources fiscales pour le port et pour

---

1. Pour connaître l'histoire de ces cheminées, et le lien très particulier de l'un des auteurs avec elles, cf. *Des hommes qui lisent* (chapitre 12).

la ville. Au-delà de tout cela, qui n'est déjà pas rien, elle est, pour beaucoup de ceux qui l'ont fait vivre, le lieu d'une aventure humaine et industrielle. On ne dira jamais assez que les outils de production ne sont pas seulement des objets ou des lieux, mais bien des mondes vivants, où une culture se développe et s'épanouit.

Nous voici directement confrontés au rythme et aux modalités de la transition énergétique : la réalité nous renvoie à des contradictions et à des frustrations que le monde merveilleux des idées peine à prendre en compte.

On peut ainsi être convaincu de la nécessité de fermer cette centrale, à terme, et se battre, en 2015, lorsque la question de sa fermeture est posée, pour qu'elle fonctionne encore dix ans.

On peut à l'inverse être attaché à cette centrale, pour des raisons solides, anciennes et profondes, et assumer, en 2017, au gouvernement, d'avancer sa fermeture à 2021. La contradiction n'est pas qu'apparente. Elle est révélatrice des décisions à prendre dans ce domaine qui exigent, en permanence, de balancer l'intérêt local avec l'intérêt général, le coût réel de l'immédiateté avec celui, souvent bien plus grand, du report. C'est la question de la focale : l'élu local défend l'intérêt de son territoire, là où le dirigeant national doit prendre en compte un intérêt plus large. Souvent, ces deux intérêts s'alignent, et c'est heureux. Parfois ils divergent, et il est important de ne pas se tromper de rôle, et d'assumer celui qui, temporairement, vous échoit.

Autre exemple de sujet où les dilemmes sont constants : l'étalement urbain.

Les métropoles et les grandes agglomérations sont attractives, on y trouve plus facilement du travail, l'offre universitaire, sportive, culturelle et commerciale y est importante. Leur population augmente, mais comme les centres-ville ne sont pas extensibles, faute d'accepter d'y construire des tours ou des immeubles de grande taille, il faut bien que la périphérie absorbe ce surcroît de population. Pour cela, il faut transformer des terres agricoles en lotissements pavillonnaires, puisque le pavillon reste un idéal, il faut construire des routes, puisque l'agglomération devient trop vaste pour préserver la densité des transports en commun et des services publics, il faut prolonger les réseaux. Les temps de transport domicile-travail se rallongent, la voiture devient chaque jour plus indispensable, les terres agricoles se raréfient, la métropole gagne en surface et perd en densité : c'est l'étalement urbain.

Ce mouvement n'est d'ailleurs pas propre aux métropoles. Beaucoup de petites villes l'ont connu dans les quarante dernières années, avec le développement de l'offre commerciale en périphérie et le phénomène de « rurbanisation » déjà à l'œuvre à partir de la fin des années 1970.

Ancien, général, l'étalement urbain est massif.

Avec une moyenne de l'ordre de 25 000 hectares par an qui font l'objet d'une artificialisation, la France aura consommé, ces deux dernières décennies, depuis que les deux auteurs de ce livre se connaissent, l'équivalent d'un département comme les Yvelines…

Comment concilier, à court terme, la demande croissante en logements, en particulier en pavillons, les projets de chaque commune, la nécessité de préserver nos terres agricoles, nos forêts et nos espaces naturels, la réduction et la dépollution de nos trajets domicile-travail ?

Pendant longtemps, peu d'élus locaux se posaient cette question. Lorsqu'il était le fruit d'une pression de la population voulant s'installer dans les métropoles, l'étalement urbain constituait, en quelque sorte, la rançon de la gloire. Une métropole attractive, c'est souvent des élus heureux.

Mais associer l'étalement à la seule croissance des métropoles est trompeur. La vérité oblige à reconnaître que même les villes qui perdent de la population connaissent ce phénomène. Et que parfois, c'est la perte de population de la ville-centre qui nourrit l'étalement urbain.

Alors comment lutter, localement ?

En interrompant des projets d'aménagements urbains ou commerciaux sur des terres encore agricoles, ce qui n'est jamais facile, car ces projets créent des emplois, et lorsqu'ils ne se font pas chez vous, il est à peu près acquis qu'ils se feront chez un autre, et probablement pas très loin de chez vous. En construisant « la ville sur la ville », comme aiment à le dire les urbanistes, ce que Le Havre a choisi de faire en transformant les friches portuaires en quartiers d'habitation, s'inscrivant ainsi dans une lignée de transformations urbaines spectaculaires. En augmentant la densité des centres-ville, notamment grâce à la construction de tours. Est-ce que tout cela suffit ? Pas encore. Mais tout cela montre la possibilité d'agir, même si c'est compliqué, même si c'est parfois ingrat.

*

Lorsque la situation est grave et que les angoisses sont sérieuses, la question que posait Lénine resurgit immanquablement : que faire ?

La première réponse est sans doute d'affirmer qu'on ne peut pas ne rien faire. Et d'avancer avec quelques principes simples : pour la dette financière comme pour la dette écologique, avant de songer à remonter la pente, il faut songer à arrêter de la dévaler à grande vitesse. Sur ces deux sujets, l'effet cumulatif des bonnes ou des mauvaises décisions est très important. Il faut accepter qu'on ne puisse pas avancer aussi vite qu'on voudrait, qu'on ne puisse pas, d'un coup de baguette magique, transformer le monde. Autrement dit, il faut faire des compromis sur des sujets qui n'en souffrent aucun aux yeux des plus habités.

Les finances publiques d'abord.

Au fil des années, nous avons observé ceux qui ont tenté de s'attaquer au problème, comment ils ont réussi, échoué ou renoncé, et nous nous sommes demandé ce que nous ferions à leur place. Bien avant de le connaître, nous avions vu Alain Juppé payer cher d'avoir serré les cordons de la bourse pour que la France soit éligible à l'euro, ce qui n'allait pas de soi. Nous avions vu Gerhard Schröder engager des réformes difficiles avant qu'elles ne deviennent urgentes, et en payer le prix électoral, avant que les gouvernements suivants d'Angela Merkel n'en profitent longtemps[1].

Au début du quinquennat, nous avons donc pris le sujet à bras-le-corps, non sans mal, mais avec des résultats. Forcément trop lentement, pour concilier l'indispensable avec l'acceptable, mais avec détermination et persévérance, nous décidons d'inverser la spirale de la hausse des impôts et de la hausse des dépenses. Le taux de prélèvements obligatoires baisse d'un point entre 2017 et 2019, ce qui paraît peu, encore fallait-il le faire. En 2018, pour la première fois depuis des décennies, les dépenses publiques diminuent en volume.

1. À Berlin, lors de notre premier rendez-vous, la chancelière nous avait recommandé de faire des réformes très ambitieuses et très tôt dans le quinquennat. Le Président Steinmeier nous avait, pour sa part, indiqué que si Schröder avait fait les mêmes réformes un peu plus tôt, Merkel n'aurait jamais gagné…

Nous l'avons fait en nous battant pied à pied pour 10 millions d'euros par-ci, 20 millions d'euros par-là, pour obliger tout le monde à s'interroger sur le bien-fondé de telle ou telle dépense[1], pour rappeler sans relâche que chaque euro d'argent public doit être bien utilisé.

Dans un moment d'euphorie, nous avons même le souvenir, naïfs que nous étions, d'avoir entrevu l'objectif de présenter le budget pour l'année 2022 en équilibre. C'était possible. Avant.

La gauche nous trouve inhumains, la droite, qui n'est jamais aussi rigoureuse que dans l'opposition, nous trouve laxistes. Les deux se rejoignent pour faire assaut de propositions de dépenses supplémentaires, sans jamais les financer autrement que par des recettes incertaines ou des économies illusoires.

Au moment où la réforme des retraites arrive sur la table, nous percevons immédiatement l'extraordinaire niveau de complexité et d'ambition du projet évoqué par le Président. Fondre tous les régimes de retraite dans un seul système, c'est remettre de l'ordre dans un écheveau d'équilibres liés à des mondes professionnels différents, à des histoires variées, à des équilibres professionnels et syndicaux fragiles. Le projet nous enthousiasme par les perspectives qu'il offre en matière de justice sociale et par la possibilité

1. Il est vertigineux de constater avec quelle rapidité ces efforts méticuleux ont volé en éclats en quelques jours, dans des proportions autrement plus importantes.

de faire revenir vers l'équilibre le financement des retraites.

Et très vite, nous comprenons que l'équilibre financier intéresse peu de monde. Presque tous s'accordent à trouver le sujet important et le principe évident. Mais de là à assumer des décisions qui permettraient de le mettre en œuvre, il y a une sacrée marche.

Et pourtant si nous nous sommes battus contre les oppositions et parfois contre notre propre majorité, pour imposer l'âge pivot, ce n'était pas pour le plaisir. Une réforme systémique sans mesure d'équilibre financier aurait marqué l'histoire sociale du pays. Elle aurait été bien plus facile à faire adopter et aurait soumis le Premier ministre à beaucoup moins de critiques. Mais elle aurait ignoré le sujet du financement crédible et durable des retraites, c'est-à-dire le sujet de fond, qui nous occupe depuis des décennies et qui imposera des mesures réellement insupportables si rien n'est fait pour le régler à temps.

L'équilibre financier est vertueux mais il a surtout une conséquence essentielle : ne pas faire reposer sur les générations futures, sur les actifs de demain, le poids de nos inconséquences.

Après la crise sanitaire, ces considérations sur l'avenir du financement des retraites ou sur la possibilité de revenir à un budget de l'État en équilibre paraissent incongrues. Nous en sommes désormais bien loin. La dépense publique a encore augmenté, et la dette publique a franchi allégrement (et pour longtemps, c'est à craindre) le cap des 100 % du PIB.

Déjà s'installe le débat, qui nous semble un peu lunaire, sur le point de savoir s'il faut vraiment rembourser cette dette. On peut toujours faire comme si personne ne la détenait, ou comme si on se moquait de l'avis des créanciers. Nous voyons bien la tête de ceux qui continuent à la racheter si nous devions annoncer, tout d'un coup, qu'ils en seraient pour leurs frais. Nul doute qu'ils se précipiteraient quand même, par amour de notre beau pays et avec l'enthousiasme de ceux qui aiment se faire tondre, pour souscrire la prochaine émission de dette au taux de notre choix. On peut toujours rêver…

En matière de dette, nous n'avons que quelques certitudes : seul le créancier peut l'annuler, pas le débiteur, et lorsque le débiteur fait défaut, il est rare qu'il se porte mieux dans la durée, surtout lorsqu'il a besoin d'emprunter, encore et toujours.

Difficile sur la dette financière, l'action n'est pas plus simple sur la dette écologique.

On l'a vu, par exemple, sur Notre-Dame-des-Landes ou sur la « taxe carbone ».

On l'a vu aussi sur le sujet des glyphosates, ces pesticides si controversés.

Pour le ministre de l'Écologie, il est urgentissime d'en interdire l'usage. Leur nocivité pour les sols et pour les insectes, en particulier les abeilles, ne serait plus à démontrer, et provoquerait des dégâts irrémédiables aux écosystèmes avec lesquels ils entrent en contact.

Le ministre de l'Agriculture, qui passe ses journées à visiter des exploitations agricoles, sait à quel point ces produits sont indispensables pour préserver des récoltes elles-mêmes indispensables, d'autant que puisque nos voisins utilisent ces produits, les interdire ici reviendrait à condamner nos agriculteurs dans la compétition européenne et mondiale.

Face à des positions aussi différentes et, d'une certaine manière, aussi légitimes, l'une à long terme, l'autre à court terme, Matignon est saisi.

Pas facile pour le profane, fût-il Premier ministre, fût-il entouré des meilleurs experts, de se faire une idée définitive, encerclé, y compris dans la majorité parlementaire, par ceux qui pensent qu'il n'existe *aucun* danger et par ceux qui pensent que le danger est *absolu*. Il est nécessaire de souligner que des études sérieuses sont interrogatives sur la nocivité des glyphosates, là où d'autres, tout aussi sérieuses, la considèrent comme très importante[1]. Nous parlons là d'études scientifiques, pas d'études commandées par ceux qui ont un intérêt dans l'affaire. C'est le

---

1. « *Probablement cancérigène* » pour le Centre international de recherche sur le cancer qui dépend de l'OMS, « *improbable cancérigène par voie alimentaire* » pour le panel d'experts commun à la FAO et… à l'OMS. Les études sont innombrables et contestées par ceux qui en désapprouvent la conclusion.

moment, sans doute, où le principe de précaution entre en jeu. Le moment, aussi, où on est en droit de se dire que le monde se porterait mieux sans ce genre de produits déversés sur nos aliments, dès lors qu'on pourrait trouver des alternatives pour préserver nos récoltes sans tuer les abeilles ni polluer les sols. Bref le moment où l'on en vient à espérer un monde parfait. Petit moment d'égarement, en général balayé très vite par une prise de position sans nuance que relaient avidement tous ceux qui ont un avis, et parfois même ceux qui n'en ont pas.

Polémique. Tout le monde s'exprime. La majorité se divise. Discussion. Élaboration d'un plan pour diminuer, sur trois ans, l'usage de ces produits, pour leur trouver des substituts moins nocifs. Au bout de trois ans, on a avancé mais tout n'est pas réglé : faiblesse et lâcheté, crient les plus pressés, folie et idéologie, rétorquent les plus concernés. Le ministre de l'Écologie est accusé de ne pas aller assez vite, de ne pas en faire assez, de se compromettre, quand son homologue de l'Agriculture est pris à partie pour des raisons inverses. Ballet classique dont nous connaissons tous les mouvements, qui peut satisfaire les plus déterminés à jouer leur partition jusqu'au bout et y compris dans le brouhaha, mais qui présente l'inconvénient majeur de donner le sentiment aux autres (et ils sont nombreux) que rien de ce qui est fait n'est suffisant et surtout que rien de ce qui peut être acceptable ne sera jamais suffisant.

Dans ces occasions, nous découvrons les purs esprits. Ceux dont nous disons, entre nous, qu'ils « ne bouclent pas », c'est-à-dire qu'ils laissent une part de leur raisonnement en apesanteur, comme si la vie s'adaptait dès lors que les principes, nécessairement beaux, ont été énoncés, et les choix arrêtés en application de ces principes.

C'est trop souvent le cas de ceux qui identifient la lutte contre le dérèglement climatique comme le problème numéro un de notre époque. Nous leur donnons volontiers raison, même s'il est assez délicat de dire que tous les autres problèmes qui se posent à l'humanité seraient par définition moins importants : la lutte contre la pauvreté, la lutte contre l'esclavage, l'accès à l'éducation, pour n'en prendre que quelques-uns, prennent tout de même place assez haut sur n'importe quelle liste. Mais enfin, nous sommes conscients qu'aucun de ces autres problèmes délicats et essentiels ne sera durablement réglé si la planète devient invivable. Nous pouvons donc nous accorder sur le rang de priorité.

Si donc tout est lié à la lutte contre le dérèglement climatique, alors il convient d'identifier les moyens les plus efficaces pour lutter contre ce phénomène, de concentrer tous les moyens financiers disponibles sur cet impératif et d'écarter tout ce qui pourrait nous ralentir dans la poursuite de cet objectif. En se posant à intervalles réguliers la question de savoir si les remèdes ne sont pas pires que les maux, ce qui peut arriver.

Pour l'essentiel, et nous sommes conscients de généraliser un peu, cela passerait à la fois par la décarbonation de l'économie et par une sobriété accrue des comportements. Décarboner, c'est réduire drastiquement les émissions de gaz à effet de serre, notamment le CO_2 mais pas seulement, dans la production d'énergie, dans les transports et dans le chauffage des habitations. C'est assez simple à dire, et c'est redoutablement compliqué à faire à l'échelle mondiale ou à l'échelle nationale. La sobriété accrue, c'est consommer un peu différemment, un peu moins, un peu mieux pour éviter le scandaleux gaspillage alimentaire ou le suremballage des produits, en limitant nos envies sans aller jusqu'à un ascétisme qui peinerait à être adopté partout avec enthousiasme.

Même rapidement évoqués, ces deux axes sont majeurs : le premier impose de transformer notre monde qui fonctionne grâce au moteur et à la chimie ; le second de corriger une société de consommation dont tout indique qu'elle est plutôt en phase d'expansion sur la surface de la planète.

Ils pourraient constituer un programme, sur lequel tous ceux qui partagent notre préoccupation quant à la dette écologique pourraient se retrouver.

Mais non. Car une bonne dose d'irrationnel vient immédiatement s'introduire lorsqu'on dessine cette direction.

On peut le regretter, mais plus de 80 % de l'énergie mondiale est fournie par la combustion du charbon, du pétrole et du gaz, énergies fossiles redoutablement efficaces, fortement émettrices de CO_2 et vouées, un jour, à l'épuisement. La demande mondiale en énergie augmentant chaque année, du fait de l'augmentation de la population mondiale et de l'élévation de son niveau de vie, il se passera un temps certain avant que nous puissions nous affranchir de cette dépendance. Même si nous aimons nous représenter un monde moderne, numérique, tourné vers la recherche, soucieux d'environnement, la vérité crue est que notre monde est le monde du pétrole et du charbon. La part d'énergie primaire consommée issue des énergies renouvelables est de l'ordre de 5 %. C'est plus que le nucléaire, mais c'est très peu.

Si on se penche sur la production d'électricité, qui est un indicateur intéressant, car en fonction de son mode de production elle sera plus ou moins décarbonée, on saisit rapidement que le charbon d'antan reste majoritaire : 36 % de la production mondiale d'électricité en dépend encore, contre 23 % pour le gaz. L'hydroélectricité représente 15 %, les renouvelables 10 %, autant que le nucléaire. Le pétrole prend le reste.

Les chiffres, comme toujours, sont à la fois éloquents et trompeurs. La consommation d'énergie primaire et la production d'électricité sont deux choses très différentes.

Lorsqu'on regarde le monde, on voit clairement que la transition énergétique qui permettrait à la population de la planète de se passer de pétrole, de gaz ou de charbon est un objectif très très lointain.

Lorsqu'on regarde la France, la situation est différente.

Notre pays a fait le choix, il y a plus de cinquante ans, de développer le nucléaire civil pour produire son électricité, en s'affranchissant de la dépendance aux énergies fossiles. Ce choix n'a en rien été motivé par le souci de limiter les émissions de CO_2 dans l'atmosphère, mais bien par la volonté de réduire la dépendance inévitable au pétrole du Moyen-Orient. Il a également été fait parce qu'il permettait de développer une filière industrielle stratégique, laquelle venait renforcer l'expertise nécessaire à la maîtrise du nucléaire militaire, lui aussi conçu comme un instrument de souveraineté.

Ce choix fondamental, risqué à l'époque, présente aujourd'hui un avantage précieux : celui de permettre la production d'une électricité plus décarbonée en France que dans tous les autres pays développés. Les énergies fossiles sont devenues presque négligeables, le nucléaire assurant environ 70 % de la production, l'hydraulique à peu près 10 % et la part des énergies renouvelables (éolien et solaire) croissant rapidement.

Cette spécificité française, qui nous place, grâce à nos prédécesseurs, dans une situation bien plus favorable que les États dépendants du charbon et du gaz, pourrait être réjouissante. Elle l'est à nos yeux. Mais pour bien des « écolos » (à quelques exceptions notables près), le nucléaire est encore plus détestable que le charbon, et il faudrait donc supprimer l'un et l'autre, vite et absolument.

C'est là que les choses « ne bouclent plus ». Que la priorité qui devrait être accordée à la lutte contre le dérèglement climatique devient accessoire pour se muer en autre chose, très politique, qui relève d'un mélange curieux de refus de la technologie, de critique de la démesure et de l'arrogance humaine qui prétendraient maîtriser des forces aussi fondamentales que celles de la fusion ou de la fission, de méfiance à l'égard des entreprises publiques et des agences de régulation et de contrôle de l'État. Bref, au lieu de discuter de l'usage d'un des instruments disponibles pour produire de l'énergie massivement et quasiment sans production de CO_2, on en vient à s'écharper sur le bien-fondé du nucléaire.

Le nucléaire.

Nous y voilà.

Il est devenu difficile d'en parler, ce qui est en soi une mauvaise nouvelle. La décision publique se construit mal et s'accepte toujours moins bien quand son sujet est traité à bout de bras, parce qu'il est compliqué, passionné et idéologiquement chargé.

La seule circonstance que l'un d'entre nous ait travaillé trois ans au sein d'une entreprise du nucléaire civil semble interdire, pour beaucoup de ceux qui ne sont pas d'accord avec nous, l'idée même que nous puissions avoir une position rationnelle, voire un raisonnement nuancé sur le sujet, prisonniers que nous serions d'intérêts privés ou publics qui invalideraient forcément la pertinence de notre propos.

Si nous disons qu'à nos yeux, le nucléaire présente de sérieux inconvénients et de sérieux avantages, sera-ce suffisant ? Sans doute pas. Mais ne rien dire parce que certains nous dénieraient *a priori* le droit de nous exprimer sur le sujet serait tout de même curieux.

Oui, le nucléaire est une technologie risquée. Elle n'est pas la seule, mais les risques associés à son usage sont d'une nature particulière. Ils peuvent avoir des effets terribles rapidement, et pendant plusieurs générations.

Oui, le nucléaire a causé des accidents[1].

---

1. Three Mile Island, Tchernobyl, Fukushima et, plus près de nous, la catastrophe frôlée à la centrale du Blayais, près de Bordeaux, en 1999. Tchernobyl est le plus significatif et le plus meurtrier, même si la détermination exacte du nombre de morts liés à l'accident reste délicate. Three Mile Island n'a causé aucun décès, et Fukushima intervient *après* qu'un tsunami aura tué près de 20 000 personnes. Les conséquences de ces accidents pour l'environnement et pour la santé sont sévères et durables. On pourra aussi noter que l'exploitation du charbon est responsable de la mort de plusieurs milliers de mineurs par an (autour de 10 000 si on en croit les estimations de Jean-Marc Jancovici), sans compter ceux liés à la pollution de l'air. On notera par ailleurs que l'histoire de l'industrie chimique est marquée par autant de catastrophes dans l'ensemble plus meurtrières que celles évoquées ci-dessus. Cela ne veut pas dire que le nucléaire n'est pas risqué. Il l'est. Cela veut seulement dire que d'autres activités le sont objectivement au moins autant et que leurs effets sont aussi néfastes sur l'environnement et la santé.

Oui, le nucléaire produit des déchets qu'il convient de stocker et d'isoler de tout contact avec le milieu ambiant pour une période qui relève presque, à l'échelle humaine, de l'éternité.

Oui, le nucléaire implique des investissements élevés et son entretien est coûteux. Et compte tenu des risques, il est illusoire et même dangereux d'imaginer un nucléaire *low cost* : la sécurité et la sûreté coûteront durablement cher.

Oui, enfin, il permet une production d'électricité massive et n'incite pas à la sobriété énergétique une fois qu'il est installé.

Mais face à cela, il faut également noter qu'il n'émet pas de CO_2. Ou seulement pour la construction des centrales et l'extraction de l'uranium. Infiniment moins donc que la combustion du charbon, du gaz ou du pétrole. Si on veut limiter les émissions de CO_2 dans l'atmosphère, si là est la priorité parce que la priorité est la lutte contre le dérèglement climatique, alors l'avantage est considérable. De même, il présente l'avantage d'être compact, c'est-à-dire d'éviter la consommation d'espaces naturels ou agricoles pour la production d'énergie. L'argument est de taille à un moment où la protection de ces espaces devient elle aussi prioritaire, notamment pour préserver une biodiversité que l'artificialisation des sols condamne progressivement. Enfin, il permet la production massive et continue d'une électricité à un prix connu et relativement bas, le tout sans dépendance véritable à des régions ou à des puissances étrangères.

Des inconvénients réels et des avantages évidents donc.

À long terme, le nucléaire n'est évidemment pas la solution à la transition énergétique. Pouvoir faire sans le nucléaire serait parfait, tant il est vrai que supprimer des facteurs de risque sans dégrader le bien-être de l'humanité est une définition du progrès.

À moyen terme, il n'y a aucune solution crédible à la transition énergétique sans le nucléaire. Les énergies renouvelables se développeront, et c'est tant mieux ; leur production va s'accroître massivement et le coût de l'électricité qu'elles produisent va décroître rapidement. Cela a déjà commencé. Mais les pays qui développent (à juste titre) leur électricité d'origine renouvelable (comme la France) sont tous contraints d'avoir, à côté de ces capacités, des moyens de production massifs pour faire face aux situations où le vent ne souffle plus (ça arrive), ou lorsqu'il fait nuit (ça arrive aussi).

À court terme, vouloir lutter contre le dérèglement climatique *et* s'affranchir du nucléaire ne « boucle pas ». C'est même, à notre avis, l'expression d'une inconséquence préoccupante.

Que le nucléaire ne puisse être que complémentaire des énergies renouvelables nous paraît tout aussi évident, et il n'est pas absurde de se fixer, à un horizon de temps raisonnable, un objectif de partage des facteurs de production[1].

Sans transiger sur la sécurité.

D'où la nécessité d'être d'une exigence totale sur la sécurité et la sûreté du nucléaire. D'où la nécessité, aussi, de fermer progressivement les centrales anciennes mais aussi d'engager progressivement la construction de centrales nouvelles. D'où la nécessité enfin d'accélérer la recherche, le développement, l'investissement autour des énergies renouvelables et du stockage de l'électricité, sans oublier que l'énergie la plus vertueuse et la plus propre est celle que l'on peut éviter de produire. L'isolement thermique de l'habitat, la sobriété énergétique, « la chasse au gaspi » comme y invitait la France des années 1970 et 1980, sont au moins aussi essentiels.

Les choix énergétiques sont des choix de long terme, et notre situation actuelle est le produit des choix faits par la France il y a soixante ans. Une politique énergétique a des répercussions sur des décennies. Dans ce domaine comme dans d'autres, un gouvernement doit assumer les conséquences des choix du passé, et il est impossible de changer fondamentalement les choses d'un claquement de doigts, au grand dam de ceux qui voudraient aller plus loin, plus vite.

---

1. C'est d'ailleurs ce qu'a fait la France en fixant un objectif de 50 % de mix électrique lié au nucléaire et 50 % lié aux renouvelables.

Contrairement aux ressources naturelles, le sujet est inépuisable.

Ces pages nous vaudront sans doute les foudres d'autres passionnés de ces sujets, car la simple idée d'aborder de manière équilibrée des sujets passionnels n'est pas très porteuse.

Mais elles illustrent, à partir de quelques exemples, pour qui voudrait l'entendre, la difficulté de concilier la théorie et la pratique, les principes et leur mise en œuvre, le local et le global, le court terme et le long terme.

Entre ceux qui pensent que l'écologie « ça commence à bien faire », et ceux qui pensent que seuls les comptables se préoccupent de la dette, s'en soucier nous rend suspects, ne pas s'en préoccuper nous rendrait complices.

Aux yeux des idéalistes, ceux qui ne sont jamais en situation de se confronter aux dilemmes, nous sommes loin d'en avoir fait assez. Confrontés à la réalité du pouvoir, les idéalistes sont malheureux. Nicolas Hulot, pour prendre cet exemple, en a fait l'expérience : habité par son combat, poussé par des amis encore plus intransigeants que lui, il se focalisait sur ce qui n'était pas fait, en oubliant ce qui était fait. Nous voyions sa souffrance, et nous la respections.

Pour autant, son manque d'empressement à expliquer et à défendre la taxe carbone, par exemple, pour laquelle il a tant plaidé, est pour nous un grand mystère, comme si, tout habité qu'il soit, rien ne méritait qu'il s'abîmât à défendre une mesure aussi nécessaire qu'impopulaire, comme s'il constatait, trop tard, qu'un ministre ne pouvait pas annoncer que des bonnes nouvelles.

Malgré notre bonne volonté, malgré nos efforts, malgré la détermination du président de la République, les petits pas de chaque jour, qui commençaient à porter leurs fruits, ont été anéantis à une vitesse grand V par la succession des crises sociales et sanitaires.

Les chemins de la peste

« Ils ne mouraient pas tous,
mais tous étaient frappés. »
Les Animaux malades de la peste,
Jean de La Fontaine

« N'attendez pas le jugement dernier.
Il a lieu tous les jours. »
La Chute,
Albert Camus

Chaque année, à l'occasion du premier Conseil des ministres du mois de janvier, le Premier ministre présente, au nom du gouvernement, ses vœux au président de la République. L'usage républicain est solidement établi : avant de se rendre au Conseil, les membres du gouvernement se retrouvent à quelques mètres de là, place Beauvau, pour un petit déjeuner à l'invitation du ministre de l'Intérieur, qui présente lui-même ses vœux au Premier ministre. Puis, à pied, toute la troupe traverse la rue du Faubourg Saint-Honoré et arrive, dans une atmosphère joyeuse et assez peu protocolaire, dans la cour de l'Élysée.

Comme aux plus beaux jours de la kremlinologie, lorsque les services occidentaux décortiquaient les photos soviétiques officielles pour voir qui était présent, qui progressait en influence et qui était en disgrâce, les chaînes d'info en continu et leurs invités de plateau observent avec attention ce déplacement de ministres : qui porte un manteau, qui finira au lit avec la grippe pour avoir voulu faire le malin, qui parle avec qui, qui semble seul, qui sourit, qui ne sourit pas, qui est en tête du cortège et qui ferme la marche. Tout cela n'a généralement aucun sens, mais lorsque l'actualité est pauvre, il faut savoir la créer en interprétant les « signes ».

Les vœux du Premier ministre au Président ne constituent pas, à proprement parler, un discours. C'est un propos sans grand enjeu public, qui ne sera pas retranscrit. Il doit être bref et il serait malvenu qu'il soit technique ou programmatique. Il s'agit simplement de perpétuer un usage, d'incarner un moment. Tous les maires, tous les élus, tous les ministres, tous ceux qui exercent des responsabilités connaissent ces moments obligés auxquels on peut très bien ne pas consacrer une grande attention.

À tort.

S'exprimer en public n'est jamais anodin, quel que soit l'auditoire. Ces moments fournissent toujours une occasion de passer un message, de produire une impression, de dire quelque chose d'inattendu, ou de taire quelque chose d'attendu. Et il est toujours dommage de laisser passer une occasion.

En l'occurrence, il s'agit de communication interne, avec un auditoire choisi.

Ainsi, le 6 janvier 2020, un jour après la Saint-Édouard[1], les membres du gouvernement entraient ensemble dans la cour de l'Élysée. La ministre du Travail et son pied cassé[2] roulaient en fauteuil tandis que le ministre de l'Intérieur faisait sonner son accent pour réchauffer l'hiver. L'équipe, plusieurs fois remaniée mais aussi soudée qu'on peut l'être après deux ans et demi d'activité, concentrée sur les difficultés à venir, au premier rang desquelles la réforme des retraites, partageait encore cet enthousiasme réformateur qui avait constitué son ciment le plus solide depuis 2017. La crise des gilets jaunes, dont les manifestations s'étaient atténuées sans que ses causes aient disparu, nous invitait à rester sur nos gardes. Tout le monde savait que la situation était tendue et que l'année ne serait pas simple, mais l'envie d'avancer était réelle.

---

1. De l'anglais Ead-weard, qui signifie « gardien du trésor », et en référence au 5 janvier 1066, décès du bon roi Edward, surnommé saint Édouard le Confesseur, dernier roi qui régna sur l'Angleterre avant qu'elle ne soit conquise par les Normands de Guillaume le Conquérant.

2. Un accident… du travail, dans le grand escalier glissant de Matignon.

La presse promettait au gouvernement une rentrée périlleuse. Nous savions déjà qu'elle récidiverait fin août, comme chaque année.

Nous avions le nez dans le guidon. Alors, dans ce moment hors du temps, l'idée de se plonger un peu dans le passé parut savoureuse.

Un passé lointain : imaginer ce que nos prédécesseurs auraient pu se dire en 1920, en 1820, en 1720. L'exercice est amusant et il permet utilement de mettre à leur juste place nos soucis du jour.

1920, c'est la reconstruction difficile d'un pays après la plus terrible guerre qu'il ait eue à conduire et après l'épidémie non moins terrible de grippe espagnole.

1820, c'est la réaction après l'Empire, les restrictions aux libertés individuelles, l'assassinat du duc de Berry et, clin d'œil à l'actualité et aux Insoumis, l'avènement d'un Corbière[1] au gouvernement.

Et 1720, c'est la peste en Provence.

Et le Premier ministre de décrire, le 6 janvier 2020, ce qu'une épidémie débutant en mai 1720 produisit sur notre pays en quelques mois : l'apparition de la maladie et sa propagation, le nombre effrayant de morts (la moitié de la population de Marseille et un bon quart de la population de Provence en quelques mois), la difficulté à gérer la vie quotidienne dans ce contexte, l'opposition entre les médecins marseillais et ceux dépêchés par le pouvoir royal, la construction

1. Assez différent de celui qui siège aujourd'hui au Parlement.

du « mur de la peste » pour limiter la propagation de la maladie vers le nord, la disparition progressive de la maladie sans que personne, encore aujourd'hui, ne sache très bien pourquoi.

Peu avant midi, le 6 janvier 2020, cette évocation d'un passé lointain et des drames majeurs invitait à relativiser les tourments, les tensions et les polémiques.

Quelques semaines et quelques mois plus tard, nous voyons beaucoup mieux la logique d'une épidémie, fût-elle bien moins mortelle que la peste de Provence, sa propagation, ce qu'elle mine dans notre rapport aux autres, ce qu'elle fait basculer dans notre conception de la société et de l'avenir, les déséquilibres qu'elle provoque dans la sphère économique, culturelle, géopolitique, l'incroyable pression qu'elle impose aux systèmes de soins et à ceux qui les font vivre. Chacun disserte sur cette pandémie, ce qu'elle implique, ce qu'elle révèle. Comme si nos sociétés occidentales, tentées en permanence par le sentiment d'invincibilité, étaient rattrapées par la permanence de l'Histoire, les limites du savoir et la fragilité du vivant.

L'apparition et la propagation de la Covid-19 constitueront probablement un des événements les plus marquants de notre vie collective. La perte d'un proche ou les séquelles de la maladie pour certains, l'expérience du confinement pour tous, l'angoisse diffuse que le virus a instillée dans nos sociétés, les conséquences économiques et sociales massives, les transformations géopolitiques provoquées ou accélérées par la pandémie produiront, d'une façon ou d'une autre, une trace indélébile sur notre histoire personnelle comme sur celle de notre pays. Nous savons déjà que la Covid viendra s'ajouter à la liste des grands événements qui auront fait basculer notre pays dans des périodes nouvelles et inconnues.

Il ne s'agit pas ici de retracer le journal de la pandémie, ni la chronique des décisions et des polémiques, d'autant qu'au moment où nous écrivons, et probablement au moment où quelqu'un nous lira, la crise ne sera pas totalement derrière nous. D'autres s'y essaient, et s'y essaieront. Il ne s'agit même pas de décrire comment nous avons vécu cette crise : cela n'a pas grand intérêt au regard des souffrances de celles et ceux qui ont subi, de plein fouet, à l'hôpital ou aux caisses des supermarchés, la première vague, de celles et ceux qui ont vu partir un proche ou s'effondrer le travail d'une vie.

Il s'agit peut-être davantage d'identifier des images, des voix, des moments, des décisions, des dilemmes.

Ce moment, d'abord, où le danger, encore bien méconnu, paraît lointain et circonscrit à l'Extrême-Orient, avant d'exploser soudainement à nos frontières, en Lombardie d'abord, puis en Haute-Savoie, aux Contamines-Montjoie. Un jour le virus est loin, le lendemain il est là, et on pressent qu'il sera là pour longtemps.

Des images, ensuite, inconcevables, d'un Paris désert en plein jour, comme dans un mauvais film de science-fiction, au cœur d'un joli printemps où, de coutume, tout le monde profite des rayons du soleil retrouvé, à la terrasse des cafés. Parfois, pour tromper le stress de ces journées d'angoisse, nous rentrons à pied du Sénat ou de l'Assemblée, après ces séances de questions au gouvernement dans des hémicycles eux-mêmes presque vides. Personne. Un soleil éclatant, un silence absolu et parfois des canards qui traversent la rue. Un Paris comme nous ne l'avions jamais vu. Le printemps bourgeonnant et les terrasses nues. En novembre 2015, au lendemain des attentats, Paris était également écrasé par les circonstances, mais les cafés, les restaurants et les églises étaient encore ouverts. Et puis c'était la seconde moitié de l'automne, celle où la nuit arrive tôt, et la nuit le vide est moins saisissant. Mais en plein jour, en plein printemps, en plein soleil, ce vide et ce silence…

Des voix, aussi.

La voix du directeur de l'hôpital de Beauvais, appelé sur le conseil de Caroline Cayeux, maire de la ville et présidente du conseil de surveillance de l'hôpital. Sombre mais concentré, il annonce qu'il ne lui reste qu'une journée de stocks des médicaments permettant d'endormir ses malades placés en réanimation et intubés. À Mulhouse, à Creil, dans bon nombre d'établissements, notamment de la région Grand Est, c'est le même constat : la consommation des molécules nécessaires à l'endormissement est telle que les stocks fondent à vue d'œil. 2 100 % !

C'est la progression de la consommation mondiale de ces médicaments en quelques semaines. Aucun stock ne peut durablement résister à une telle pression. Les autorités sanitaires se démènent pour faire en sorte que les hôpitaux qui ont plus de stocks et moins de malades fournissent ceux qui vivent l'inverse[1].

La voix de ce patron d'un groupe pharmaceutique mondial, confiné dans son ranch en Afrique du Sud, qui nous indique que le monde entier veut acheter ceux de ses produits qui entrent dans la fabrication des médicaments manquants, et qui, après quelques minutes de négociation, semble sourire au téléphone en disant qu'il nous connaît, le Président et son Premier ministre, qu'il a aimé son déjeuner à Versailles quelques mois auparavant pendant l'opération Choose France et qu'il va faire le nécessaire pour que nous puissions être livrés.

La voix de ce professeur de médecine qui exerce dans les hôpitaux parisiens, épuisé, inquiet mais debout, qui nous conjure de ne pas parler de déconfinement trop tôt, de ne pas parler de déconfinement du tout, tant que la première vague n'est pas redescendue, de peur qu'elle ne redescende pas et finisse par noyer ses équipes.

1. Il n'en manquera finalement nulle part. Quelques semaines après, nous apprendrons, atterrés, que la pharmacie des Hôpitaux de Paris n'avait pas déclaré tous ses stocks et conservait des médicaments qui ont failli faire défaut dans le Grand Est…

Des décisions.

Prises la mort dans l'âme. Comme celle, le samedi 14 mars, de fermer les cafés et les restaurants. Elle s'impose dans la journée tant la progression des chiffres paraît rapide et la nécessité de limiter les contacts, impérieuse. Fermer tous les cafés et tous les restaurants. En France. Même pendant l'Occupation, ils sont restés ouverts. Nous en pleurons de rage. Quelques semaines après, il nous faudra interdire les offices religieux pour Pâques. Là encore, une première dans l'Histoire de France. On peut ne pas avoir la foi mais connaître son pays et mesurer ce qu'il subit dans son âme autant que dans sa chair.

Ou celle, parfaitement assumée mais violemment contestée, de tenir le premier tour des élections municipales le 15 mars, comme prévu. Parce que l'organisation du scrutin dans des conditions si particulières avait fait l'objet d'une longue préparation en concertation entre le ministère de l'Intérieur et l'Association des maires de France. Parce que dans une démocratie, l'élection est un moment central et qu'en repousser la date exige un consensus politique, qui aurait pu, peut-être, reposer sur un consensus scientifique, s'il y en avait eu un. Mais dans les jours qui précèdent l'élection, les scientifiques s'accordent sur le fait que ce qui est dangereux, c'est la campagne, c'est-à-dire la vie, le contact, l'échange, bien plus que le vote qui lui peut être organisé dans des conditions strictes. Aller voter n'est pas plus dangereux qu'aller acheter son pain : il est même possible, à l'époque, que les précautions soient plus strictes dans les bureaux de vote que dans les boulangeries.

Pourtant, le samedi 14 mars, après que la décision de fermeture des cafés et des restaurants a été rendue publique, les interventions se multiplient. Certains considèrent qu'il faut *absolument* reporter les municipales. D'autres qu'elles doivent *absolument* avoir lieu. La question est aussi théorique que pratique : faut-il les repousser, et si oui, comment faire ? Les rumeurs les plus étonnantes commencent à circuler, notamment le recours aux « pouvoirs exceptionnels » prévus par l'article 16 de la Constitution. Il n'en a évidemment jamais été question, mais le propre des rumeurs n'est pas de s'embarrasser de ce genre de contingence. Les échanges se multiplient dans la nuit. En Nouvelle-Calédonie et en Polynésie, le scrutin a déjà commencé.

Nous décidons de maintenir le premier tour, ou plutôt nous ne voyons ni la raison de le reporter, ni le moyen de le faire.

Comment imaginer que, nuitamment, un samedi à 22 heures, veille du scrutin, le gouvernement, par un acte parfaitement illégal, sans aucun consensus politique ni scientifique, reporte une élection qui s'annonce par ailleurs peu favorable aux candidats qui le soutiennent ? Comment imaginer que cet acte illégal, que les Français découvriraient le dimanche, alors qu'ils peuvent sortir se promener, qui leur interdirait de voter, de choisir leur maire, puisse être compris et accepté ? Comment ne pas voir qu'à la crise sanitaire qui vient, à la crise économique qui s'annonce, s'ajouterait une crise politique d'autant plus grave que certains ténors de l'opposition promettent « la guerre », rien de moins, si cette élection est reportée ? Et comment imaginer qu'après avoir illégalement interdit aux Français de voter, le gouvernement aurait pu prendre une décision de confinement généralisé, qui apparaîtra nécessaire du point de vue sanitaire, sans que les oppositions, à bon droit, ne dénoncent un coup d'État ?

Dans un État démocratique où la liberté est une vertu cardinale, chacun doit assumer ses responsabilités. Des plaintes ont été déposées, elles sont instruites. Et des juges se demandent donc aujourd'hui si le gouvernement n'aurait pas dû annuler *illégalement* des élections démocratiques, pour permettre « d'éviter un sinistre ». Nous serions curieux de voir ce qu'une condamnation sur ce fondement impliquerait pour ceux qui, à l'avenir, auraient la charge de gouverner. Nous aimerions que le débat démocratique indique comment il faudrait, demain, que le gouvernement viole la loi et les principes démocratiques pour éviter de se voir reprocher l'abstention face à un possible sinistre.

Des décisions, et aussi, puisque les unes ne vont pas sans les autres, des polémiques.

Celle sur les masques aura été la première d'une longue série. Fallait-il porter des masques ? Comment s'en procurer ? L'État a-t-il failli dans son devoir de protection ?

Sur ce sujet important, les passions se sont déchaînées et les avis définitifs sont venus s'opposer à d'autres avis définitifs.

Dès janvier, bien avant que le virus ne soit localisé en France, nous avons demandé si les stocks de masques étaient suffisants. La question relevait du bon sens, mais le bon sens est parfois un peu court : suffisants, peut-être, mais pour quoi ? Suffisants à un rythme de consommation normal, voire un peu plus important que la normale ? Suffisants à doctrine d'emploi constante, c'est-à-dire pour les seuls soignants et, le cas échéant, les malades ? Ou bien suffisants si on passait à une doctrine d'emploi généralisé, en population générale comme disent les médecins, c'est-à-dire un masque toutes les quatre heures pour les 67 millions de Français ? Suffisants pour tenir les premières semaines ou pour tenir plusieurs mois ? Suffisants si les importations de Chine reprenaient normalement ou si elles demeuraient durablement interrompues ?

Réponse : suffisants à doctrine d'emploi inchangée pour tenir plus de 20 semaines. 117 millions de masques en stock en janvier, c'est 23 semaines de consommation normale de masques par les personnels hospitaliers et soignants. En février, dès que le ministère de la Santé en fait la demande, la décision est prise de passer de nouvelles commandes. Mais à la fin du mois de février, dans les territoires où la pandémie démarre, et notamment à Mulhouse, la consommation de masques explose.

Dans ce contexte, et malgré les demandes formulées par certains, la doctrine d'emploi du masque ne change pas. L'OMS, qui est d'une certaine façon la gardienne de la doctrine dans la lutte contre les épidémies, continuera à défendre l'inutilité du port du masque en population générale jusqu'au 10 juin 2020. Avant cette date, comme de très nombreux médecins ou scientifiques français, l'OMS considère qu'il est préférable de réserver son usage aux soignants. L'OMS le dit, et donc nous le répétons. Jusqu'à début mai, où nous ajoutons le port du masque aux gestes barrières et où nous sommes en mesure de garantir que chacun puisse s'en procurer un. C'est-à-dire avant le changement de pied de l'OMS.

Aux polémiques sur les masques succéderont celles sur l'hydroxychloroquine, le rythme du déconfinement, le bien-fondé des attestations pour sortir de chez soi, celui des limitations de circulation, celui de la limite d'une heure et d'un kilomètre, celui du couvre-feu, puis les polémiques sur les oubliés du confinement ou du déconfinement, ou les oubliés des dispositifs d'aide.

Et au moins autant de polémiques sur des questions accessoires, des expressions malheureuses, des annonces trop précoces ou trop tardives, des mesures trop restreintes ou trop larges… Elles occupent les débats parlementaires, les plateaux des télés, les studios des radios et, à un moindre degré, les conversations familiales. Parfois, elles nous sont insupportables, le plus souvent, elles nous laissent indifférents. Parfois, nous constatons que ceux qui pensaient que le déconfinement était trop lent en mai s'insurgent de l'absence de confinement rapide face au redémarrage de la pandémie en septembre, ou que ceux qui niaient la possibilité d'une seconde vague recommandent le second confinement avec autorité… Que ceux qui plaidaient pour une adaptation des règles en fonction des territoires déplorent le lendemain que leur région soit stigmatisée ou moins bien traitée que la voisine. Ou que ceux qui déploraient une infantilisation des Français trouvent, le lendemain, que les instructions de l'État gagneraient à être plus précises et plus rigoureuses.

Dans ces périodes, nous constatons simplement que bien peu s'imposent la même rigueur que celle qui est attendue du gouvernement.

Des moments d'angoisse, aussi.

Pendant ces quelques mois où la pression et le stress ont été encore plus forts qu'en temps normal, nous n'avons jamais vraiment eu peur. La peur, c'est ce qu'on ressent avant la tempête. Ou après. Lorsque vous êtes dedans, vos mains sont sur la barre et vous ne pensez qu'à faire au mieux. Les polémiques vous occupent, un peu, mais elles ne sont qu'accessoires au regard des vrais problèmes qu'il faut gérer. Vous n'avez pas vraiment le temps d'avoir peur.

Mais, par trois fois, nous avons eu des sueurs froides.

La première au moment de définir notre objectif stratégique en fonction du nombre de malades susceptibles d'être accueillis en service de réanimation. La stratégie était claire : éviter à ces services d'être submergés de malades au point qu'ils n'auraient plus été en mesure de les accueillir tous, eux ou tout autre malade devant être placé en réanimation, les contraignant à des choix impossibles, condamnant le plus grand nombre de ceux qui se seraient vu refuser une place. Très vite, nous avons considéré que ces situations de tri institutionnalisé n'étaient pas acceptables, ni politiquement, ni médicalement, ni humainement. Il est arrivé, dans l'Est, dans les Hauts-de-France (et presque en Île-de-France), que le nombre de malades dépasse le nombre de places disponibles, mais en transportant les malades vers les régions moins touchées, en nous appuyant sur nos voisins mieux lotis[1], en ayant confiné assez tôt, nous avons évité cette submersion générale.

Sueur froide aussi, nous l'avons dit, lorsqu'il est apparu que le rythme de consommation effréné des médicaments indispensables à l'endormissement des malades admis en réanimation pouvait conduire à la pénurie. Nous avons eu le sentiment que le pays ne supporterait pas ce qui aurait constitué un désastre

1. L'Allemagne, la Suisse, qui ont fait preuve, en l'occurrence, d'une générosité digne d'éloges.

sanitaire. Nous pouvons confesser quelques terribles angoisses, et quelques immenses satisfactions lorsque les efforts remarquables des diplomates, des médecins, des agents des ARS, bref de la puissance publique mobilisée ont pu nous garantir un stock suffisant.

La troisième, plus curieuse, au moment du déconfinement du 11 mai 2020. La veille, pour être précis. La loi qui organise le déconfinement a été votée, mais elle a été déférée devant le Conseil constitutionnel par les oppositions, et nous espérions que compte tenu des circonstances, il puisse rendre sa décision en urgence. Le 10 mai, il nous fait finalement savoir qu'il prendra quelques jours pour examiner la constitutionnalité du texte. Rien d'anormal, même si, en 1984, à l'occasion de l'examen d'une loi relative à l'état d'urgence en Nouvelle-Calédonie, le même Conseil constitutionnel, constatant l'urgence, avait pu rendre en 24 heures une décision que le gouvernement de Laurent Fabius attendait, légitimement, avec impatience. En l'absence de décision, il n'était pas possible de promulguer la loi à temps pour qu'elle entre en vigueur le 11 mai à 0 heure, date sur laquelle le Président s'était engagé, et que la France attendait avec impatience après deux mois de confinement strict. Mais sans loi promulguée, tout le dispositif permettant de mettre en œuvre les mesures du déconfinement, c'est-à-dire les limitations à la liberté du commerce ou à celle d'aller et venir (comme le port obligatoire du masque ou la limitation de la densité dans les transports publics), se trouvait dépourvu de base légale.

Dans l'enceinte discrète de Matignon, les débats sont vifs, entre les politiques qui dénoncent les arguties juridiques et les juristes qui mettent en garde les politiques contre les situations impossibles dans lesquelles ils vont placer des commerçants, des chefs d'entreprise, des élus locaux qui devront prendre des décisions que la loi ne permet pas encore. Les uns et les autres ont un peu raison, mais il faut décider.

La solution juridique adoptée dans la nuit du 10 mai, élégante mais fragile, a eu l'immense mérite de ne pas braquer les Français qui n'auraient pas compris un report, tout en sécurisant l'ensemble de ceux qui auraient pu, sinon, se trouver dans des situations juridiques délicates. Parce que nous sommes attachés au principe de légalité que nous regardons comme une garantie de la liberté dans une démocratie, nos sueurs froides ont été réelles ce soir-là, sans doute plus abondantes à Matignon que dans d'autres palais de la République et évidemment discrètes, preuve que le « lot complexe et méritoire autant qu'essentiel[1] » du Premier ministre n'est pas toujours public.

Au cours de ces quelques mois, nous avons plusieurs fois songé à cette remarque de Churchill sur le gouvernement en période de guerre : « Le plus

1. Pour reprendre la formule utilisée par le général de Gaulle en 1964.

dur, c'est de prendre des décisions quand un tiers des informations dont vous disposez sont incomplètes, un tiers sont contradictoires et un tiers sont fausses[1]. » Elle nous est apparue à la fois lumineuse de vérité, et incroyablement difficile à concilier avec le débat démocratique auquel nous sommes par ailleurs très attachés.

Elle impose au fond d'admettre que, dans un certain nombre de situations, il est normal que le gouvernement puisse se tromper, qu'il n'est pas responsable de tout[2].

Et qu'il ne sait pas tout.

Lorsqu'on gouverne, on ne connaît jamais tous les tenants et les aboutissants d'un sujet, toutes ses dérivations et ses nuances, toutes les conséquences directes ou indirectes des solutions qui s'offrent à tel ou tel instant. Mais dans la majorité des cas, on peut se faire une idée assez précise et prendre une décision la plus éclairée possible. Et pourtant il peut arriver, même en sachant beaucoup, que l'on se trompe.

En période de crise, Churchill a raison de dire qu'on sait beaucoup moins de choses, parce que les

1. Comme un certain nombre de citations attribuées à Churchill, on se demande si elles sont apocryphes ou réelles. Ce qui est certain, c'est que celle-ci est juste, quel qu'en soit l'auteur.

2. La professeure Karine Lacombe, cheffe du service des maladies infectieuses de l'hôpital Saint-Antoine à Paris, a coutume de rappeler que le responsable du virus, c'est le virus. Pour quiconque a suivi le débat public depuis février 2020, ce n'est pas qu'une tautologie.

informations sont trop nombreuses, parfois contradictoires, leurs sources trop incertaines, parce qu'il faut décider très vite, parce qu'il n'existe aucun précédent, aucun référentiel, parce qu'il n'y a que des mauvaises solutions, certaines moins mauvaises, mais aucune bonne.

Tous les choix sont difficiles et certains se révèlent mauvais *a posteriori*. Le jour où ils sont faits, en fonction des éléments disponibles, ils peuvent paraître justifiés, ou tout au moins apparaître comme les moins mauvais. Il est préférable de ne pas se tromper trop souvent, et pas sur l'essentiel, et de ne pas faire deux fois les mêmes erreurs. Mais la lucidité impose de comprendre que cela arrivera nécessairement.

C'est là une des nombreuses différences entre nos démocraties et les régimes autoritaires. Il est courant de les distinguer en comparant les niveaux de libertés individuelles et publiques, mais les deux formes de régime se distinguent aussi par la capacité qu'elles ont à admettre et à supporter les erreurs des gouvernants.

Les régimes autoritaires, par définition, peuvent imposer des mesures extrêmement strictes, des privations de libertés plus ou moins temporaires : en période de pandémie, et du strict point de vue sanitaire, ce peut être efficace, d'autant qu'ils peuvent publier des chiffres flatteurs que personne n'a les moyens de vérifier. Il nous semble qu'il serait hasardeux d'en faire un modèle. De leur côté, les gouvernements de régimes démocratiques doivent, en permanence, rendre compte, répondre aux questions et aux polémiques. Ils doivent expliquer leur stratégie et la faire partager, sous le feu des critiques acerbes des oppositions et du débat public qui proposent (parfois) des solutions alternatives et qui réfutent (souvent) les arguments déployés au soutien de la position du gouvernement.

Il ne s'agit pas de le déplorer, bien au contraire, juste de constater que beaucoup de temps a été consacré à comparer l'incomparable.

Les régimes autoritaires ont aussi notamment pour caractéristique de ne jamais admettre leurs torts. Jamais. Sur rien. Il ne faudrait pas qu'en contrepoint nos démocraties refusent systématiquement d'admettre que leurs gouvernants aient, parfois, raison ou que parfois, comme tout un chacun, ils reçoivent des informations qui les conduisent à changer de stratégie.

Dans cette crise sanitaire, Boris Johnson, qui avait privilégié, au début du mois de mars, une stratégie fondée sur la circulation du virus et « l'immunité collective », qui envisageait, selon ses propres termes, de « décapiter le sombrero[1] », a dû changer radicalement de pied, et confiner, comme partout ailleurs.

1. En référence à la courbe dessinée par l'augmentation rapide des cas suivie d'une diminution aussi rapide, telle que l'ont connue les pays ayant adopté la stratégie du confinement.

Et nous qui avions dit, avec l'OMS, que le port du masque était inutile, avons corrigé ensuite.

Qu'en avons-nous déduit ?

Que la meilleure façon de communiquer dans une démocratie confrontée à la crise sanitaire était de privilégier une information factuelle et documentée, et surtout, surtout, de dire ce que nous ne savions pas.

Reconnaître son ignorance n'est pas si simple. Cela pourrait relever du plus pur bon sens ou de l'honnêteté intellectuelle la plus normale, mais dans ce monde politique où se croisent des bons élèves, des esprits souples et agiles, des illuminés par leur propre étoile ou des doctrinaires pénétrés d'une vérité éternelle qu'ils sont parfois les seuls à détenir, admettre son ignorance n'est ni courant ni admis.

Et pourtant, assez vite, devant l'angoisse et le besoin d'information que nourrissaient les polémiques et le confinement, il nous sembla utile de « poser le ballon ». De dire aux Français où nous en étions. Ce que nous savions, et ce que nous ne savions pas. De ne pas laisser prospérer des fantasmes ou des mensonges. En prenant notre temps. En sortant de la polémique. En expliquant et en répondant, si possible, à toutes les questions, y compris les plus dérangeantes ou celles auxquelles nous n'avions pas de réponse.

C'est cette intuition et cette analyse qui nous conduisirent à préparer des conférences de presse que nous voulions longues, précises, documentées, ponctuées par des présentations graphiques et par des interventions de professeurs de médecine ou de responsables politiques. Un exercice de pédagogie, à plusieurs voix, pour dire avec assurance ce que nous savions et avec clarté ce que nous ne savions pas.

La première fois, les chaînes d'information en continu, les seules à diffuser en direct la conférence de presse, commencèrent par refuser de diffuser les cartouches graphiques de chiffres, de courbes ou d'information que nous avions préparés, craignant probablement de se voir reprocher de faire le jeu de la communication gouvernementale. Ce fut donc avec des écrans disposés derrière les intervenants que ces courbes et ces chiffres furent présentés, au détriment de leur lisibilité, jusqu'à ce que les régies et les rédactions se rendent compte, pendant la conférence de presse, que diffuser ce que nous avions préparé était bien plus clair, et que le public y trouverait son compte.

Au final, le pari d'interventions longues, dans un univers de temps court, fut récompensé par des audiences importantes et ininterrompues, qui témoignaient d'un besoin de savoir et de comprendre important, y compris sur les sujets les plus techniques. Il n'y a aucune règle générale à en tirer : à période particulière, solution particulière. Nous ne sommes pas certains qu'une conférence de presse de trois heures sur la présentation du budget de l'État trouverait son public. Et pourtant, il y aurait à dire…

La crise sanitaire, née en 2020, se poursuit en 2021. Peut-être plus longtemps. Aussi est-il probablement prématuré d'en tirer des conclusions.

Que restera-t-il de tout cela ?

Lorsque est apparu, très tôt après le début du premier confinement, le débat sur les conséquences de la Covid sur notre société et sur notre monde, nous avons été consternés d'entendre des avis définitifs. C'est d'ailleurs une constante qui fait sourire nos amis : nous n'aimons pas les jugements définitifs. Certains ont pensé, ou en tout cas affirmé, car à notre époque il est courant d'affirmer avant même d'avoir commencé à penser, que « plus rien ne serait désormais comme avant ».

Individuellement, au-delà des malheureuses victimes du virus, les confinements ont constitué pour nombre d'entre nous des contraintes importantes, professionnelles, financières, personnelles, familiales, qui auront de durables et néfastes conséquences. D'autres, sûrement plus privilégiés, nous disent aussi qu'ils ont réfléchi à des choses auxquelles ils n'avaient jamais vraiment réfléchi – l'autre, l'étranger, la frontière, le voyage, la famille, la fragilité, la maladie, la mort, l'héritage, bref à peu près tout –, lu des livres qu'ils n'auraient jamais lus, retrouvé le sens de ce qui est essentiel et ce qui l'est moins, et qu'ils sortiront de tout cela, un peu, changés, temporairement ou durablement. En mieux, forcément.

Nous n'en sortirons donc pas totalement identiques, et nous serons tous heureux, pendant un temps au moins, de retrouver ce qui faisait le sel de la vie d'avant, les amis, les restaurants, les cinémas, les stades, et bien d'autres choses dont, pour en avoir été privés, nous avons appris à mesurer la valeur.

Quant à nous, nous n'oublions pas que dans la vie d'avant, aujourd'hui tant désirée, voire idéalisée, nombreux étaient ceux à trouver des motifs d'insatisfaction, et que ces motifs ne tarderont pas à se retrouver à nouveau au-dessus de la pile lorsque la Covid ne sera plus qu'un mauvais souvenir.

Car collectivement, la crise sanitaire a provoqué ou accéléré des déséquilibres puissants, qui produiront des effets majeurs dans le temps, et dont il est trop tôt pour dessiner les contours. Qui aurait pu dire, au soir de février 1915, ce que la Première Guerre mondiale réserverait ? Aussi longtemps que la source des déséquilibres continue de les produire, il est bien délicat de faire un pari sur le résultat final. Mais il sera évidemment marquant pour le monde et probablement cruel pour notre pays.

Les régimes autoritaires seront-ils légitimés par leur gestion de la Covid, à supposer qu'elle soit aussi parfaite qu'ils le disent, là où les démocraties occidentales, qui mettent un point d'honneur à concilier l'efficacité de l'action collective avec le respect des libertés individuelles, auront peiné à convaincre ? Le basculement du centre de gravité économique et politique du monde depuis l'Occident vers l'Asie s'en trouvera-t-il accéléré ? L'appauvrissement de l'Europe du Sud, marquée durement par la crise, aura-t-il pour conséquence de laisser une place accrue en Méditerranée à des acteurs régionaux déterminés à faire valoir une volonté de puissance assumée ? Les acteurs industriels qui assuraient encore à l'Europe une place importante dans le monde productif peuvent-ils survivre dans un monde où le principal moteur de consommation sera asiatique ?

Les questions sont infinies. Et les menaces nombreuses.

Sur le plan national, des incertitudes vertigineuses ont été ouvertes par la crise. Le niveau et la dynamique de la dette publique contractée pour y faire face nous paraissent atteindre des zones extrêmement périlleuses. La solidité des liens entre les nations d'Europe a été mise à l'épreuve au début de la crise : sont apparues une propension à l'égoïsme national et une rigidité des mécanismes européens que la distribution massive d'argent public par Bruxelles et l'organisation des commandes de vaccination ont ensuite permis d'atténuer, mais qui pourraient bien laisser des traces durables dans l'esprit de nos concitoyens. L'appauvrissement d'une bonne partie de la population, conséquence imparable de la contraction économique de 2020 et de la crise qui suivra, produira un jour, peut-être en 2021 ou 2022, peut-être dix ans après, des répliques sociales et politiques qui s'annoncent brutales.

Et comme tous les moments de drames collectifs, la Covid a fait émerger le meilleur et le pire de l'âme humaine : l'égoïsme le plus abject et la générosité la plus admirable, le complotisme le plus rance et la science la plus lumineuse.

Certains y ont vu la vengeance de la nature sur l'Homme et se sont couvert la tête de cendres.

Nous préférons retenir que jamais dans l'histoire de l'humanité, l'apparition d'une pandémie de cette nature n'a donné lieu à des réactions aussi massives, à une coordination mondiale aussi poussée, à un souci aussi affirmé de préserver la vie et la santé de tous, à une recherche médicale aussi intense qui aura permis, en quelques semaines, d'identifier le virus, de le dépister chez les malades y compris asymptomatiques, puis de produire, en moins d'un an, non pas un vaccin mais plusieurs, dans des quantités qui laissent espérer un effet significatif sur la pandémie à très court terme. Il nous paraît, à nous, que l'Homme n'a pas dit son dernier mot et que jamais il n'aura trouvé aussi vite et aussi bien une solution à ce type de problème.

Et il est heureux qu'il n'ait pas dit son dernier mot. Car les années qui viennent, comme le furent celles qui suivirent 1920, 1820, 1720 et beaucoup d'autres, s'annoncent denses et agitées.

La porte étroite

« Lorsque le Premier ministre n'existe pas, il manque.
Lorsqu'il existe, il finit par inquiéter. »
Pierre Avril

« Il n'a plus rien, tout est à lui ! »
André Gide,
Les faux-monnayeurs

On reste Premier ministre aussi longtemps que l'on dispose du soutien de la majorité et de la confiance du Président, et aussi longtemps qu'on est à l'aise avec ce qu'on fait.

La première condition est juridiquement nécessaire.

La seconde est politiquement indispensable, sauf en période de cohabitation.

La troisième dépend des caractères.

*

Le soir du 15 mai 2017, le premier soir à Matignon, après le premier 20 heures sur TF1, après avoir appelé sa mère, qui trouvait, déjà, que la mine était mauvaise et qui recommandait, comme souvent, de manger un peu plus, le Premier ministre, sur le conseil avisé de l'autre auteur de ces lignes, choisissait, autant par courtoisie que par prudence, d'appeler quelques-uns de ses prédécesseurs.

Tous furent bienveillants. Tous savent de quoi il retourne. L'un d'eux, au sens de la formule aiguisé, eut même cette phrase : « Un jour, Édouard, le plus tard possible je te le souhaite, mais un jour, tu quitteras Matignon et tu rejoindras un club assez restreint et très agréable, celui des anciens Premiers ministres. »

À Matignon, la fin est toujours présente.

Elle peut, mais c'est assez rare, être déterminée à l'avance, la fin de la mandature et du quinquennat rendant improbable la poursuite de la mission. Seul Georges Pompidou, nommé Premier ministre en 1962, a enjambé une présidentielle et poursuivi sa mission après la réélection du général de Gaulle en 1965. À Matignon, il aura tenu plus de six ans et reste pour longtemps le Patron symbolique du lieu. À l'inverse, Bernard Cazeneuve, nommé en décembre 2016 après le départ de Manuel Valls, alors qu'il était acquis que le Président Hollande ne se représenterait pas, a occupé le poste moins de six mois et savait, le jour de sa nomination, qu'il s'agissait simplement de tenir la maison jusqu'au terme du mandat.

Le plus souvent, le terme n'est pas connu.

Le Président peut changer de Premier ministre en raison d'une crise majeure, après une élection perdue, il peut en changer, aussi, parce que s'installeraient une mésentente, des désaccords stratégiques ou de fond, parce que la confiance s'éroderait, parce que la relation personnelle s'abîmerait ou s'userait, ou parce que, tout simplement, dans certaines circonstances, il faut un nouveau visage.

L'histoire politique offre du reste une gamme de précédents variée et exotique : on peut changer de Premier ministre sans changer de politique, mais on peut aussi changer de politique sans changer de Premier ministre. Celui-ci peut rester ou partir sous la contrainte politique : certains sont partis alors que le Président aurait, au fond, voulu les garder, et d'autres sont restés alors que le Président, au fond, aurait aimé les changer. Les raisons qui peuvent pousser un Président à changer ou à garder son Premier ministre sont, à la vérité, un peu mystérieuses, et n'appartiennent qu'à lui.

Nicolas Sarkozy, qui n'en a pas changé, explique volontiers que beaucoup lui suggéraient de remplacer François Fillon. Pensant que son Premier ministre était un confort, qu'en changer lui aurait valu une rancœur de la part de l'évincé[1], l'amertume des pos-

1. Il est permis de noter que lui renouveler sa confiance n'a pas complètement évité la rancœur ensuite.

tulants non choisis, et bientôt l'ingratitude de celui ou celle qu'il aurait choisi, il n'en fit rien. Il se peut qu'il ait regretté ce choix[1], tout comme son Premier ministre de l'époque a pu, peut-être, regretter d'avoir insisté pour durer à Matignon.

Durer. « Durer et endurer », pour citer Raymond Barre, qui a tenu cinq ans.

Durer pour durer ne présente pas un intérêt considérable. Même si, compte tenu de la masse d'informations et d'expériences accumulées à Matignon, durer peut présenter des avantages. Mille personnes vous recommandent d'ailleurs de durer, pour vous enraciner dans le paysage, pour accroître votre influence, pour rencontrer toujours plus d'interlocuteurs ou pour pousser l'action aussi loin que possible. Et ces conseils ne sont pas forcément mauvais. Car partir lorsque les choses deviennent difficiles peut relever d'une faiblesse qui ne doit pas avoir sa place lorsque, à ce poste, on a charge d'âmes.

Endurer, en revanche, est toujours nécessaire.

À la suite d'un livre puis d'un documentaire passionnants[2], la formule « l'enfer de Matignon » s'est

---

1. À l'époque, Jean-Louis Borloo, fortement pressenti et, dit-on, autorisé à se préparer, avait très mal vécu de ne pas être choisi, ressuscitant de fait, et pour longtemps, le schisme entre la droite et le centre que Nicolas Sarkozy, plus tard, paiera cher.
2. *L'Enfer de Matignon*, Raphaëlle Bacqué, Albin Michel, 2008.

imposée. Le poste serait impossible, la pression insupportable, les contradictions infinies, les pièges innombrables et les trahisons inévitables : l'enfer. Il n'en est rien. Du reste, on n'a jamais vu personne refuser le poste, sauf ceux qui le prétendent, ce qui est à la fois le signe qu'on ne le leur a pas proposé et la preuve qu'on a bien fait.

Matignon est tout sauf un enfer. C'est un lieu de travail passionnant, une ruche où des collaborateurs intelligents et dévoués font, littéralement, de leur mieux pour servir le pays, un endroit où on ne travaille qu'en équipe et où les rares succès sont collectifs, un moment où à force d'arbitrages, on a la chance de dessiner, petit à petit, une action publique dont la cohérence et le bien-fondé peuvent, le cas échéant, se révéler. À Matignon, on peint impressionniste ; à l'Élysée, on a besoin de lignes claires.

Ce n'est pas l'enfer, mais il faut savoir encaisser le stress permanent, la mauvaise foi consubstantielle du monde politique[1], le rythme de travail insensé, l'incroyable diversité des sujets, les attaques des autres et, plus rudes encore, les doutes que l'on conçoit soi-même.

Tout se passe comme si les journées successives testaient la capacité du Premier ministre et de son équipe à tenir des équilibres fragiles, à constituer le point de rencontre de forces antagonistes : ne pas s'abîmer dans la gestion du quotidien et des

1. Dont, dans l'opposition, nous n'avons pas toujours été exempts.

urgences mais ne pas s'en désintéresser sous peine d'être débordé ; avoir l'œil fixé, au loin, sur les engagements pris par le Président et la majorité et, au près, sur l'ensemble des circonstances et des appétences qui peuvent conduire à les perdre de vue ; conduire et défendre la majorité sans se couper des oppositions ; commander, rassurer et piloter l'administration sans en être prisonnier ; être à la fois sur le terrain, au contact, en soutien des parlementaires, des fonctionnaires et des Français, dans son bureau pour que les arbitrages fondamentaux soient discutés avec les ministres et arrêtés en connaissance de cause ; prendre la lumière mais pas trop ; coordonner la communication du gouvernement et faire en sorte que chacun s'exprime dans le même sens sans étouffer les personnalités. Tous les équilibristes vous le diront, l'exercice est sensationnel mais usant. Il faut donc endurer si l'on veut durer.

Plusieurs fois, au cours des 1 145 jours passés à Matignon, nous avons eu le sentiment que la fin était proche. Lorsque la fureur des gilets jaunes a donné le sentiment à certains que rien ne l'arrêterait sinon un changement radical de politique, il aurait pu être concevable de changer le Premier ministre. Il n'est pas certain que la mesure aurait suffi, et elle n'était d'ailleurs pas au cœur des revendications des manifestants. Mais une crise de cette nature aurait pu justifier une telle décision de la part du Président.

De même, nous sentions que le rendez-vous des élections européennes, en juin 2019, serait important. Une lourde défaite, après les tensions des gilets jaunes, aurait pu conduire, deux ans après le début du quinquennat, le Président à changer de Premier ministre. C'est à peu près le raisonnement qui avait prévalu sous François Hollande après les mauvais résultats électoraux de la majorité aux municipales de 2014 et qui avait conduit au remplacement de Jean-Marc Ayrault par Manuel Valls.

Est-ce pour cette raison que l'engagement dans la campagne a été considérable ? Sans doute, mais pas seulement. Après tout, l'un d'entre nous était candidat et il s'agissait de le faire élire[1], la question européenne nous tient particulièrement à cœur et nous aimons les campagnes. Mais surtout les élections européennes offraient, pour la première fois, la possibilité d'élargir la majorité à des formations politiques proches mais encore réticentes au dépassement engagé en 2017. La liste « Renaissance », véritable plateforme de rassemblement, montrait, deux ans après l'élection présidentielle, que la poutre n'avait pas cessé de travailler[2], et que l'idée de recomposition politique conservait un sens. En dix jours de meetings à Caen, à Strasbourg, à Libourne, à Angers, à Toulon, à Valenciennes, à Orléans, à Vesoul, nous donnerons le maximum.

1. Mission en l'occurrence, on le sait, particulièrement complexe.

2. Formule que nous employons souvent pour décrire les mouvements tectoniques, et inachevés, de la recomposition politique.

Les résultats, catastrophiques pour les vieux partis dits de gouvernement et inespérés pour la majorité, n'entraîneront qu'un seul départ de Matignon : celui du conseiller spécial[1] du Premier ministre, élu député européen d'abord puis questeur du Parlement. Deux ans après la nomination, le Premier ministre, lui, restait.

Il se passe quelque chose au cap des deux ans. Rien de juridique, rien de tangible non plus. Mais quelque chose qui relève du ressenti. Comme si, à Matignon, il fallait au minimum tenir deux ans pour commencer à faire le tour de la fonction.

Derrière ce cap psychologique se dessine une vérité qui mérite d'être bien pesée. À Matignon, plus ça dure, moins c'est dur. La fatigue et l'usure mises à part, toutes les difficultés apparaissent très vite, et plus on reste en poste, mieux on parvient à les dompter et à les apprivoiser. Cela ne veut pas dire qu'on réussit, mais cela veut dire qu'une fois prise la mesure du poste, la difficulté ne s'accroît plus. Et que ce faisant, les choses deviennent de moins en moins dures. À l'Élysée, pour autant que nous puissions en juger, il nous semble que c'est l'inverse. La difficulté n'est pas forcément immédiate, mais plus on avance dans le quinquennat, plus l'isolement vous saisit, plus on se rapproche de l'élection présidentielle, plus le

1. C'est Jérôme Bonnafont, diplomate et ancien porte-parole de Jacques Chirac à l'Élysée, qui lui succédera pour devenir la vigie et le *sparring partner* indispensable du Premier ministre.

pays se tourne vers le Président pour qu'il rende des comptes, plus les choses deviennent compliquées. À l'Élysée, plus ça dure, plus c'est dur. Peut-être la fin d'un second mandat viendrait-elle infirmer cette règle. Mais constatons que la règle est tellement vraie que, depuis quelque temps, le second mandat n'est plus tout à fait la norme.

Passé deux ans, donc, les trois conditions qui forment la grammaire du maintien ou non du Premier ministre à Matignon restaient en vigueur. Elles étaient, visiblement, toutes les trois remplies.

Un an après, le 3 juillet 2020, l'Élysée annonçait que le Premier ministre avait remis au Président sa démission, laquelle entraînait celle de tous les membres du gouvernement.

*

Être Premier ministre suppose d'être le chef du gouvernement et impose d'être celui de la majorité. Le premier exercice n'est pas simple, le second non plus, leur conjugaison encore moins.

Tout a été dit sur la majorité parlementaire issue des urnes en 2017. Inexpérimentée, divisée, brouillonne, éclatée.

De fait, elle ne ressemblait guère aux majorités qui l'avaient précédée. La structuration partisane lui était étrangère, l'expérience locale, réelle chez certains, restait globalement faible et l'*affectio societatis* idéologique, élaborée pendant la campagne présidentielle, relativement légère. De fait, il a pu arriver, au cours des séances, qu'un parfum de *Monsieur Smith au Sénat* souffle au Palais-Bourbon. Mais dénigrer cette majorité du fait de sa faible antériorité politique devrait faire réfléchir : les électeurs ont précisément valorisé cette nouveauté, et précisément rejeté celles et ceux qui étaient dans le paysage depuis longtemps. En 2017, ce sont des citoyens passionnés de la chose publique et animés d'une furieuse volonté de changer les choses qui sont entrés à l'Assemblée nationale. Sans doute n'avaient-ils pas tous les codes, individuels et collectifs, qu'inculque, y compris aux plus rebelles ou aux moins soumis, une pratique ancienne de la vie politique ou du Parlement. Mais condamner l'enthousiasme et l'engagement dans la vie civique traduit un cynisme préoccupant, surtout lorsque cette condamnation émane de ceux-là mêmes que le suffrage universel a écartés.

La limite la plus forte à l'action de la majorité n'est d'ailleurs pas à chercher dans sa relative inexpérience ou dans sa prétendue naïveté. La première s'acquiert progressivement et la seconde s'efface vite au contact du monde politique. La plus grande difficulté nous paraît relever des grandes divisions que certains sujets, insuffisamment travaillés pendant les campagnes présidentielle puis législative, ont révélées dans un groupe parfaitement soudé sur les projets annoncés par le candidat Macron mais parfois terriblement divisé sur les autres. Faiblesse réelle. Mais à relativiser. D'abord parce qu'elle n'a jamais véritablement limité l'action du gouvernement. Ensuite parce que l'histoire récente des majorités parlementaires montre qu'une structuration partisane forte, une expérience locale riche et un corpus idéologique surdéveloppé n'interdisent ni les dissensions ni les frondes. La majorité socialiste de 2012-2017 l'a illustré avec brio. Les majorités de droite et du centre ont connu, elles aussi, des divisions féroces qui, pour être parfois moins publiques, n'en laissaient pas moins de traces.

Ce qui est certain, c'est que cette majorité ne nous a jamais manqué. Jamais. Même dans les moments les plus tendus, et surtout dans ceux-là d'ailleurs, l'immense majorité des groupes parlementaires composant la majorité s'est retrouvée, unie, autour du gouvernement. Et même si des choix gouvernementaux ont été discutés, questionnés, parfois critiqués, même si parfois le Premier ministre et le gouvernement ont pu donner le sentiment de s'impatienter devant les discussions internes de la majorité, celle-ci n'a, en définitive, jamais lâché le gouvernement qu'elle soutenait. De cela, nous lui sommes durablement reconnaissants.

Le soutien de la majorité acquis, restaient les deux autres conditions : la confiance du Président et la volonté du Premier ministre.

La question de la confiance entre un Président et son Premier ministre est une question délicate. Du reste, la confiance est toujours une question délicate, *a fortiori* dans un monde politique où on l'accorde difficilement. Mais lorsque ces deux personnes sont Président et Premier ministre, c'est-à-dire forcément plus stressés et retors que la moyenne, plus prompts à la paranoïa, plus sollicités par certains entourages qui espèrent créer des interstices entre les deux têtes de l'exécutif[1], puis en tirer profit, la question de la confiance peut vite devenir sensible.

Il nous est impossible de comparer les relations qu'ont entretenues nos prédécesseurs avec les Présidents qu'ils ont servis. Nous savons ce qu'en disait la presse, mais ayant observé que cette même presse se trompait souvent sur la relation entre le Président Macron et son premier Premier ministre, il nous paraît imprudent de nous fonder sur elle pour établir et justifier des différences. Mais nous pouvons au moins indiquer que, du début à la fin, les relations auront été cordiales, simples et détendues ; que toujours la contradiction aura été admise et entendue et qu'au fond la confiance aura été aussi complète que possible.

Si celle-ci avait seulement procédé d'une bonne volonté partagée par les deux têtes de l'exécutif, l'érosion que produit immanquablement la dureté du milieu politique aurait eu rapidement raison de ce sentiment admirable. C'est pourquoi, dès mai 2017, le Président et le Premier ministre choisirent de recruter des conseillers partagés, placés à l'Élysée ou

1. Avec une discrétion, une finesse et une efficacité extrêmement variables.

à Matignon, mais transmettant aux deux maisons les mêmes notes et les mêmes informations. La qualité des échanges entre les deux rives de l'Élysée s'en trouva renforcée. C'est aussi pour cela que le vœu de silence absolu sur les échanges entre le Président et le Premier ministre fut scrupuleusement respecté.

Bien sûr, à intervalles réguliers, les critiques émanant des entourages revenaient. Par la presse ou par des connaissances communes, nous apprendrons, successivement et parfois en même temps, qu'aux yeux de « l'Élysée » « le Premier ministre n'existe pas, il n'imprime pas, il ne tient pas la majorité, il ne manage pas son équipe, il ne protège pas le Président, il se protège, il est trop absent, il est trop présent, il est trop à droite, il ne mord pas assez à droite, il ne tranche pas, il tranche trop, il est très impopulaire, il est trop populaire… ». Du grand classique, rapporté sous forme anonyme et souvent mis dans la bouche d'un « proche du Président » ou d'un « ponte de la majorité ». C'est malheureusement la norme du milieu politique, qui satisfait les élus en mal de déjeuners de presse et les journalistes en mal de papiers. Aussi longtemps qu'on ne s'énerve pas, ces remugles produisent à peu près le même effet sur la réalité politique du pays qu'un pet sur une toile cirée. En à peine moins sonore et à peine plus odorant.

La vérité est que la confiance avec le Président n'a jamais été rompue. Même les approches parfois différentes, sur la manière ou sur le rythme, sur le fond, le calendrier ou sur l'ampleur des réformes à conduire (ou à ne pas lancer), n'entamèrent jamais ce lien entre les deux têtes de l'exécutif. Il y eut, sans doute, comme dans toute relation professionnelle, de l'impatience ou des doutes, des options contradictoires privilégiées par l'un et par l'autre sur certains sujets, mais la confiance n'a rien à voir avec l'accord complet, permanent et inconditionnel. C'est tout l'inverse. Il ne peut y avoir confiance et loyauté que parce qu'il y a, de temps à autre, des différences de point de vue et un accord sur l'essentiel.

Cet essentiel, pour nous, relevait de quelques principes simples, au cœur des engagements de 2017 : l'idée d'une France compétitive et attractive ; d'une Défense raffermie pour faire face aux défis considérables de notre sécurité d'aujourd'hui et de demain ; d'un renoncement à l'addiction de la société française au statut et à la rente ; d'un choix européen assumé ; d'une lutte enfin sérieuse contre l'accumulation des dettes financière et écologique ; d'un libéralisme qui ne serait pas honteux et d'un désir de justice sociale qui ne s'arrêterait pas à la déclamation de droits mais irait jusqu'à la mise en œuvre de réformes permettant l'émancipation du plus grand nombre ; le choix de l'apprentissage, d'un enseignement supérieur qui refuseraient la sélection par l'échec, d'une école primaire renforcée, d'un retour à un modèle républicain fondé sur l'école et le travail.

Jamais nous n'avons renoncé à faire de ces éléments les boussoles de notre action. Nous n'y avons d'ailleurs toujours pas renoncé, et nous ne voyons guère de raisons d'y renoncer à l'avenir.

Mais entre les objectifs et les résultats, il y a la viscosité du réel. Il y a l'accumulation des oppositions qui finissent toujours par s'additionner dans le refus alors même qu'elles seraient incapables de se conjuguer dans l'action. Et comme pour tous les projets politiques, même les plus séduisants, à côté des principes, il y a les circonstances et les caractères.

Très tôt, il est apparu que l'horizon des municipales de mars 2020 serait décisif. Tout convergeait pour qu'après ces élections, des décisions importantes s'imposent.

La réforme des retraites d'abord. Longuement « préparée » puis « concertée » par le haut commissaire à la réforme des retraites, Jean-Paul Delevoye, dont le prestige dans la majorité était aussi incontestable qu'incompréhensible, la réforme complexe était présentée par son concepteur avec autant d'enthousiasme que d'ambiguïtés. Plus sa préparation avançait, plus la complexité et les conséquences apparaissaient, plus les débats internes au gouvernement et aux groupes parlementaires de la majorité prospéraient. Fallait-il, comme y invitait la CFDT, réformer massivement sans penser à l'équilibre financier du système, qui viendrait ensuite, par surcroît, sans que l'on sache très bien ni quand ni comment ? Ou bien fallait-il garantir cet équilibre, soit avant, soit à l'occasion de la réforme, au prix d'une durée de travail progressivement un peu plus longue ? La justice d'abord ! disaient certains. L'équilibre dans la justice ! répondaient d'autres. Pas de réforme ! objectaient beaucoup. Débat éternel, débat légitime, qui aurait mérité de ne pas être caricaturé en une opposition entre les comptables et les belles âmes, et qui aurait gagné à ne pas offrir tant d'occasions à ceux qui préfèrent se draper dans des postures dont ils reconnaissent eux-mêmes, en privé, qu'elles sont intenables dans la durée.

La pression politique, l'opposition syndicale, les manifestations, les grèves, la fronde des avocats, attachés au maintien de leur système propre, la redoutable technicité de la réforme : tout cela n'avait en rien amoindri notre volonté de tenir les engagements pris par le Président d'une transformation ambitieuse et équilibrée du système de retraites, mais les obstacles accumulés semblaient exiger une énergie toujours accrue pour avancer à un rythme de moins en moins soutenu.

Dans le même temps, l'apparition de la crise sanitaire imposait de repenser totalement les priorités du quinquennat. Si la maîtrise de la dépense publique et la réduction des déficits n'avaient plus guère de sens dès lors qu'à juste titre, le Président avait choisi de soutenir le tissu économique et l'emploi « quoi qu'il en coûte », se posait la question des instruments à mettre d'ores et déjà en place pour, le moment venu, ne pas se retrouver dans une situation financière et budgétaire dangereuse. Au fond, il s'agissait de savoir si, pour faire face à la crise, il convenait de dépenser pour survivre ou s'il était possible de dépenser et de réformer pour rebondir. La première solution présentait l'avantage de rassurer un pays crispé et bientôt traumatisé par le premier confinement ; la seconde permettait d'espérer éviter la perspective du déclassement et de l'appauvrissement durables après le plus fort de la crise.

Sur un plan plus politique se posait la question du suffrage universel. En 2017, le Premier ministre, bien avant de le devenir, avait fait le choix de ne pas se présenter aux élections législatives, pour privilégier son mandat de maire du Havre. Ne pas se présenter, en 2020, aux municipales, c'était se placer dans une position de détachement par rapport au suffrage. Or il nous paraît difficile d'exercer durablement un mandat ou une fonction politique en se soustrayant à la rigueur de l'élection. Il est bien entendu sain qu'un ministre puisse être nommé alors même qu'il n'a jamais sollicité le suffrage universel. Georges Pompidou, Robert Badinter ou Simone Veil, pour ne citer qu'eux, n'avaient jamais sollicité un mandat local ou national avant d'accéder au gouvernement, et il ne paraît pas que cela ait nui à la qualité de leur travail. Mais si l'on envisage une action politique dans la durée, il est indispensable, à nos yeux, de solliciter régulièrement l'onction du suffrage : tous les trois s'y sont d'ailleurs frottés ensuite.

Se présenter aux municipales au Havre, même en qualité de sortant et de Premier ministre, dans une ville dont la « culture de la lutte » est assumée et ayant placé Jean-Luc Mélenchon (très largement) en tête en 2017, en pleine réforme des retraites, après trois ans passés à Paris (et donc assez peu au Havre) représentait un risque politique certain. Mais surtout, il s'agissait de solliciter les suffrages des Havrais sans pouvoir leur dire si, dans l'hypothèse d'une victoire, le Premier ministre renoncerait à Matignon ou non. Répondre explicitement à cette question aurait été déloyal à l'égard du Président : en pleine réforme des retraites puis, plus encore, en pleine crise sanitaire, cela aurait évidemment nui à l'efficacité de l'action gouvernementale. Annoncer publiquement une démission en cas de victoire revenait à ruiner le crédit (déjà vigoureusement mis à l'épreuve) du gouvernement. Annoncer publiquement un maintien à Matignon en cas de victoire revenait à s'arroger une décision relevant du président de la République, et donc à méconnaître le sens de nos institutions.

Compte tenu de ces difficultés, beaucoup déconseillaient la candidature, jugeant qu'une défaite, fort possible, imposerait de démissionner de Matignon et de mettre un terme, au moins prolongé, à toute carrière politique. Antoine Rufenacht, invité à déjeuner à Matignon mi-janvier 2020, se montrait très réservé, inquiet du risque d'une coagulation des oppositions de gauche, puissante, et d'extrême droite, vindicative. Le risque était, en effet, réel.

Après une longue réflexion et quelques consultations, la décision fut prise d'y aller. La politique est aussi affaire d'instinct et d'enracinement : lorsqu'on a des tripes au goût d'eau salée et qu'on a choisi l'engagement politique, on n'abdique pas l'honneur d'être une cible et on prend son risque dans la ville qu'on aime.

Pour répondre aux questions, nombreuses, des journalistes et des électeurs, il avait été choisi d'expliquer simplement qu'en cas de victoire, aussi longtemps que le Président choisirait de conserver son Premier ministre, celui-ci ne serait pas maire, mais qu'il le redeviendrait, et avec plaisir, aussitôt terminée sa mission à Matignon. Aucun élément de langage n'est aussi efficace que la vérité.

Enfin, au-delà des municipales, la perspective de la fin du quinquennat du Président lui imposait de s'interroger sur le dispositif à mettre en place pour la seconde partie de son mandat. Changer de politique, de Premier ministre, de gouvernement n'a guère de sens un an avant la présidentielle. Si le Président jugeait qu'il fallait procéder à ces changements, il était naturel qu'il le fasse après les municipales, et pas plus tard.

Les plus proches, au sein du cabinet, savaient donc qu'après les municipales, il pouvait se passer des choses. Ils n'étaient probablement pas les seuls à saisir l'importance du moment.

Au Havre, la campagne précédant le premier tour fut tendue. Entre les journalistes omniprésents, qui compliquent singulièrement la qualité du contact avec les électeurs, les quelques gilets jaunes encore motivés dont la violence (verbale pour l'essentiel, mais parfois physique) fut édifiante et la motivation des autres candidats qui espéraient battre un Premier ministre en exercice, il fut parfois difficile de discuter et de débattre, de convaincre et d'expliquer le programme. Certains tentèrent d'empêcher ou de perturber la tenue des réunions publiques, puis les échanges sur les marchés. L'ambiance, rapidement, devint exécrable.

Au soir du premier tour, trois surprises et un constat s'imposaient. D'une part, l'abstention était forte. D'autre part, ni la liste du Rassemblement national ni celle (commune) des Verts et du Parti socialiste ne pouvaient se maintenir au second tour, faute d'avoir obtenu 10 % des suffrages. Enfin, la liste dirigée par le député communiste se plaçait immédiatement derrière celle du Premier ministre : 35,9 % contre 43,6 %. Le second tour s'annonçait serré. Gagnable, nous en étions convaincus, mais serré.

Mais l'équation politique locale, déjà perturbée par les circonstances nationales, allait l'être plus encore par l'accélération de la crise sanitaire, laquelle conduisait, deux jours après le premier tour, au confinement général et au report du second tour à une date ultérieure et indéterminée.

Pendant deux mois, entre le soir du 15 mars et la toute fin du mois de mai, la compétition électorale est totalement mise entre parenthèses. La gestion de la crise sanitaire occupera tout l'espace et toute l'énergie des candidats havrais, et encore plus celle du Premier ministre.

La campagne ne reprend qu'au début du mois de juin, après que les restrictions aux déplacements auront commencé à être levées et qu'en accord avec les forces politiques nationales la date du second tour des élections municipales aura été arrêtée.

C'est également début juin 2020 qu'il fut indiqué au Président, au cours d'un tête-à-tête, et sans que qui que ce soit d'autre en soit informé, que le Premier ministre remettrait la démission du gouvernement après le second tour de l'élection. Quel qu'en soit le résultat.

Cette démission, en faisant place nette, permettrait au Président, le moment venu, de prendre ses décisions en toute liberté : changer de Premier ministre ou le confirmer, profiter de l'occasion pour modifier à la marge ou en profondeur la composition de l'équipe gouvernementale, changer de politique ou de méthode ou, au contraire, s'inscrire dans une forme de continuité. En prévenir le Président, c'était aussi lui indiquer que la décision qu'il prendrait n'entraînerait aucune espèce de ressentiment de la part de son Premier ministre dans l'hypothèse d'un changement de locataire à Matignon.

Changer de Premier ministre, et donc de gouvernement, et donc de politique, après trois ans (et quels trois ans !) présentait, pour le Président, de sérieux avantages. On ne doute pas, du reste, que pour beaucoup de ceux qui, dans son entourage, espéraient de nouvelles opportunités, les avantages paraissaient plus nets que les inconvénients.

Mais du point de vue du Premier ministre, il n'était pas complètement évident non plus qu'il fallût rester. L'esprit de 2017, ce réformisme ambitieux mâtiné de volonté de dépassement politique, se heurtait désormais aux conséquences de la crise sanitaire. De toutes parts, les voix dominantes du paysage politique demandaient que la dépense publique prenne à son compte toutes les conséquences prévisibles de la crise, et même, au-delà, que les efforts consentis jusqu'au début de l'année 2020 soient remis en cause. Des visiteurs du soir, peu suspects de détestation du Président pour certains et pour d'autres franchement opposés à la majorité, venaient à Matignon dire qu'il était temps de partir, prédisant des lendemains difficiles à la relation entre les deux têtes de l'exécutif et suggérant qu'il était temps de se placer en situation de recours. D'autres en revanche paraissaient convaincus que durer pour durer présentait un intérêt personnel évident et faisaient même mine de penser qu'en l'occurrence, l'intérêt du Premier ministre et celui du pays étaient alignés.

Les conseilleurs ont ceci de précieux qu'ils vous obligent à réfléchir : il semble toutefois avisé de conserver une distance raisonnable avec leurs préconisations et de rester, toujours, lucide sur les raisons pour lesquelles ils les formulent. Dans ces périodes, nous avons appris à distinguer ceux, plus rares, qui formuleront un conseil totalement désintéressé, parfois même à rebours de ce qui serait leur intérêt.

Fin juin, la seule chose acquise était donc que l'élection n'était pas gagnée, et qu'après le second tour il reviendrait au Président de choisir entre une forme de continuité et une forme de rupture. Et parce que, en politique, les choses qui ont une valeur politique doivent être dites publiquement, nous avions seulement pris soin d'indiquer, dans un entretien donné au *Havre-Presse*, que le Président savait ce que son Premier ministre « savait faire et ce qu'il ne savait pas faire », afin d'indiquer, discrètement mais clairement, que nous ne resterions pas à tout prix, et certainement pas pour mettre en œuvre des mesures auxquelles nous ne croirions pas.

Il ne s'agissait pas d'un bras de fer. Le président de la République, quel qu'il soit, est un homme qui doit faire souvent seul des choix politiques importants, et nous n'oublions pas, nous n'oublierons jamais, le choix que ce Président avait fait, trois ans plus tôt, alors que tant d'autres étaient possibles. Pas question de se tortiller pour rester à tout prix, y compris en créant une contrainte politique artificielle ou par l'effet d'un rapport de force imaginaire. Le Président avait choisi sans contrainte en 2017, il devait pouvoir, trois ans après, prendre une nouvelle décision sans contrainte dans une fonction qui en comporte suffisamment par ailleurs.

Le dimanche 28 juin 2020, le second tour des municipales donnait une victoire sans appel à l'équipe sortante, avec plus de 58 % des voix. Comme en 2014, la presse havraise parle d'une victoire par KO, et plus encore qu'en 2014, la nuit est consacrée à une fête intense avec toute l'équipe de campagne dans un bar havrais qui restera ouvert, pour l'occasion, jusqu'à l'aube.

Le lendemain matin, à 10 heures, rendez-vous à l'Élysée avec le président de la République. La nuit a été courte. Très courte. L'entretien est cordial, comme toujours, et permet de faire le point sur les résultats du scrutin municipal autant que sur le discours que le Président s'apprête à prononcer devant les membres de la convention citoyenne réunis dans le parc du château. D'emblée, il est convenu que la discussion sur la suite n'aura pas lieu le lundi, mais un peu plus tard dans la semaine. Le Président n'aime pas que le calendrier lui soit imposé.

Quelques minutes plus tard, nous sommes dans le jardin. Il fait bon. Les membres de la convention sont heureux de pouvoir présenter leurs travaux au Président et au gouvernement, et attendent que le Président leur dise ce qu'il en retient. Assis sur son siège au premier rang, le Premier ministre semble songeur. Certains journalistes écriront que cette mine renfrognée était la conséquence d'un entretien tendu avec le Président. En vérité, il s'agissait surtout de ne pas s'endormir. Les effets de la nuit, ou plutôt de l'absence de nuit, commençaient à se faire sentir : les sportifs disent que la victoire fait oublier la fatigue, il faut croire que la maxime ne s'applique pas toujours.

Par ailleurs, comment le nier, nous n'avons jamais été à l'aise avec le principe de la convention citoyenne. L'idée que des citoyens tirés au sort travaillent sur des sujets est parfaitement acceptable, mais l'idée que leur travail, orienté et organisé par des « experts » dont les objectifs sont transparents, puisse revendiquer une légitimité particulière et s'imposer dans le débat public comme une forme de vérité révélée nous a toujours semblé baroque. Loin de constituer une initiative moderne de nature à régénérer la démocratie, nous pensons plutôt qu'elle est l'expression d'une défiance à l'égard du débat parlementaire et d'une forme de mauvaise conscience malvenue à l'endroit du suffrage universel. Rien de grave, mais enfin notre enthousiasme est pour le moins relatif, même si loyalement nous avons défendu le principe de l'exercice chaque fois qu'il le fallait.

La semaine se déroule, presque normale, active, intense. Au Havre, l'équipe oscille entre le bonheur d'avoir gagné et la circonspection devant la situation curieuse dans laquelle elle se trouve : ne pas savoir qui elle va élire au poste de maire à l'occasion du premier conseil municipal le dimanche suivant. À Matignon nous attendons le rendez-vous avec le Président qui nous permettra de remettre la démission promise. Le rendez-vous tarde à venir. Nous ne disons rien. Il y a mille choses à faire en attendant et la patience est une vertu qui se cultive. Et si le rendez-vous ne venait pas avant le dimanche ? Tranquillement, nous décidons que dans cette hypothèse curieuse (mais qu'il serait imprudent d'écarter), le Premier ministre se ferait élire maire par le conseil municipal. Un maire peut renoncer à son mandat si le Président lui demande de servir la France, mais encore faut-il que le Président le demande.

Les choses se dénouent le jeudi soir.

Armé d'une lettre de démission rédigée dans les termes les plus sobres, le Premier ministre répond à l'invitation du Président d'aller discuter de la suite avec lui. D'emblée et avec une grande élégance, celui-ci fait part de sa volonté de changer de Premier ministre. Il explique sa décision, ses motivations. Nous convenons que la démission du gouvernement sera rendue publique le lendemain matin. Le Président indique le nom du futur Premier ministre. Intelligent, sérieux, connaissant parfaitement la mécanique de l'État et pouvant s'appuyer sur son expérience d'élu local, il reviendra à Jean Castex de diriger l'action du gouvernement dans un contexte que le Président espère sans doute apaisé. Pense-t-il que le plus dur de la crise sanitaire est passé et qu'il convient désormais de reconstruire en arrondissant les angles ? Peut-être. La décision de changer de Premier ministre est-elle risquée ? Sans doute. En la matière, on sait toujours ce qu'on perd et jamais complètement ce qu'on gagne. Mais la capacité à prendre des risques, indispensable par gros temps, est une des qualités fondamentales du Président. Son histoire politique personnelle est marquée par cette aptitude et par ce goût. En juillet 2020, son intuition paraît lui dicter d'entrer encore plus avant dans la gestion des affaires courantes, de gouverner au moins autant qu'il préside. Il suit son intuition et prend son risque. Ce qui est parfaitement son droit et ce qui lui a jusqu'à présent réussi.

La prise de congé, sur le perron de l'Élysée, est cordiale et détendue. Des deux côtés, une forme de soulagement mêlé d'émotion paraît prévaloir. Le Président semble rassuré de constater que, du côté de son ancien Premier ministre, il n'y aurait ni drame, ni aigreur, ni rancune. Le futur maire du Havre sait qu'il va pouvoir passer à autre chose, et que cet autre chose sera passionnant aussi.

Mais il faut soigner le départ. On n'a pas tous les jours l'occasion de laisser une dernière impression.

Le jeudi soir, dernier dîner en famille au pavillon de musique auquel se joignent Benoît Ribadeau-Dumas, qui sait tout, Gilles Boyer, qui comprend tout, et Charles Hufnagel, qui sent tout. Quelques bonnes bouteilles partagées. Une grande décompression, même si le directeur de cabinet tient à éplucher, après le dîner et pendant une bonne partie de la nuit, comme chaque nuit depuis 1 144 jours, toutes les notes et les documents qui lui ont été transmis dans la journée afin de laisser à son successeur des dossiers en ordre.

Le vendredi est intense.

C'est d'abord l'annonce aux membres du cabinet.

Un Premier ministre n'est pas grand-chose sans son cabinet et ceux qui y travaillent. Tout au long de ces trois années, ils ont travaillé d'arrache-pied, toujours disponibles, toujours présents, toujours bienveillants, toujours compétents, souvent souriants, dissimulant avec talent leur consternation face à l'étendue de nos ignorances. À côté de Benoît Ribadeau-Dumas, Thomas Fatome, son adjoint, dont la solidité, l'abnégation, la modestie et l'intelligente bienveillance ne se démentiront jamais ; Anne Clerc, la cheffe de cabinet, en charge du fonctionnement matériel de Matignon, de la construction (et de la mise en œuvre) de l'agenda du Premier ministre, mélange de dureté et de prudence, de sens de l'État et de fidélité totale, qui nous aura évité tant de pièges et de faux pas ; Charles Hufnagel, le conseiller communication rencontré en 2007 chez Areva et qui sait, avec une infinie patience[1], un sens remarquable de la formule et de l'image, aussi bien répondre aux questions des journalistes (qu'il respecte et qu'il prend au sérieux) qu'organiser une communication cohérente et apaisée ; et tous les autres pour qui la démission du Premier ministre signifie la fin d'une aventure unique et la recherche d'une nouvelle mission, voire d'un nouveau métier.

Avant le déjeuner, nous réunissons tout le monde dans le jardin. Il fait beau. Les visages sont émus. Les membres du cabinet, de l'intendance, du GSPM, les secrétaires, le standard, tous ceux qui ont été au plus

1. En dépit d'une susceptibilité légendaire.

près de ces trois années. C'est le directeur de cabinet qui parle le premier. En quelques mots bien choisis, il dit la fierté du travail accompli et la reconnaissance à l'égard d'une équipe ayant réussi à faire les choses sérieusement sans se prendre trop au sérieux. Les yeux s'embuent.

Les journalistes annoncent la nomination du nouveau Premier ministre. Pour le déjeuner, nous réunissons les collaborateurs les plus proches et les amis les plus fidèles. L'atmosphère est joyeuse, même si nous savons que certains des ministres présents s'interrogent sur la suite. Ils nous font l'amitié de ne rien montrer et de profiter d'un moment de détente.

Puis, en quelques heures, c'est la machine Matignon qui se déploie pour faire de la place et sortir, avec les égards certes, mais rapidement, l'actuel locataire et préparer les lieux pour le suivant. Des cartons, stockés on ne sait où, font leur apparition et tout, absolument tout, ce qui n'a pas vocation à rester pour la nouvelle équipe est mis en boîte. En une heure, les bureaux, la bibliothèque privée, les affaires du PM conservées à Matignon pour faire face à toutes les éventualités, tout est vidé. La place doit être nette.

Alors nous profitons des derniers instants. Nous décidons de visiter les quelques endroits de l'hôtel où nous n'avons jamais mis les pieds. Depuis les toits, nous admirons Paris. Nous prenons quelques selfies avec ceux qui étaient là le premier jour et ont partagé tous les instants de cette aventure. En bas, dans la cour, les caméras s'agitent et se préparent à l'arrivée du nouveau Premier ministre. Il est temps d'aller l'accueillir.

Comme une parenthèse se referme, c'est l'inverse de la journée du 15 mai 2017 qui semble se dérouler. À l'époque, nous étions ignorants et inquiets. Le 3 juillet, c'est parfaitement détendus et sachant exactement ce qui attend le nouveau Premier ministre que nous l'attendons, là où Bernard Cazeneuve se tenait le premier jour. C'est entourés d'amis et même, noyée dans la foule pour ne pas être photographiée, d'une partie de la famille, que se tient la cérémonie de passation, là où, en 2017, nous avions le sentiment d'arriver bien seuls dans un endroit où on nous regardait curieusement.

Le Premier ministre arrive. Escalier. Tête-à-tête dans le bureau. Escalier. Discours. Applaudissements. Voiture et c'est fini.

*

À la fin du printemps 2019, quelques semaines après sa nomination au Conseil constitutionnel, nous avions invité Alain Juppé à déjeuner. Tous les trois, nous nous retrouvions, dans un de ces moments qui relèveraient presque de la « reconstitution de ligue dissoute ». Avant de rejoindre le jardin du pavillon de musique où nous devions nous installer, il était passé par le bureau du Premier ministre. Vingt-deux ans après son départ de Matignon, que pensait-il en revenant dans ces lieux où il avait travaillé et vécu ? Sa discrétion naturelle, que nous partageons volontiers, est telle que nous aurions pu ne jamais le savoir. Mais en descendant l'escalier, alors que le Premier ministre expliquait la difficulté aujourd'hui accessoire et hier insoluble qu'il devait régler en urgence, Alain Juppé s'était subitement arrêté sur une marche et, fixant son lointain successeur, avait déclaré, d'un ton qui n'avait rien d'amer et qui relevait plutôt du conseil paternel : « Ce poste est impossible, et ça ne s'arrange pas, mais vous verrez, Édouard, vous verrez, un jour tout ça vous manquera. »

Pas pour l'instant.

Mais n'excluons pas que cela puisse venir.

Ce qui nous semble certain, en revanche, c'est qu'on ne ressort pas indemne d'une telle expérience. Nous sommes pour notre part aujourd'hui bien plus conscients de la difficulté de gouverner et de celle, encore plus grande, de présider. Les âneries formulées par la ribambelle de prétendants qui, forts de leur expérience ministérielle et de leur exécutif local, imaginent qu'ils savent tellement mieux, sur chaque dossier et à chaque instant, ce que devrait faire le président de la République, nous laisseront toujours pantois. Présider impose une solitude, une retenue et une maîtrise de soi inimaginables. Présider suppose un enracinement profond dans le pays, dans son histoire et sa géographie, dans sa culture et son imaginaire, dans sa diversité et ses contradictions, dans ses aspirations et ses tabous. On peut bien sûr comprendre qu'il faille une forme de présomption pour oser se présenter à de telles fonctions, mais on aimerait déceler, chez tous ceux qui y aspirent, une forme de lucidité sur leurs propres imperfections, d'humilité à l'égard de l'ambition qu'ils nourrissent et de mesure dans les jugements qu'ils portent sur l'actuel titulaire de la charge.

Nous sommes également convaincus, on l'aura compris, que présider et gouverner sont deux exercices différents, liés et complémentaires, mais fondamentalement différents. Le sort d'un exécutif serait scellé dès lors que celui qui gouverne se piquerait de présider, ce qui heureusement n'est pas courant ; il le serait tout autant si celui qui préside se prenait à vouloir gouverner, ce qui malheureusement n'est pas rare.

Il nous paraît, à nous, que la France est loin d'être ingouvernable, pour autant qu'elle accepte de cesser de se mentir à elle-même. Oui, nous décrochons des Allemands depuis vingt ans, et oui l'Europe décroche face à l'Asie depuis dix ans. Oui, nous travaillons globalement moins qu'ailleurs alors que nous dépensons globalement plus qu'ailleurs. Oui, la qualité de nos services publics se dégrade et la seule réponse qui semble acceptable est d'y consacrer encore plus d'argent public. Oui, nous repoussons des réformes indispensables que d'autres pays ont mises en œuvre et qui ont réussi.

Nos amis allemands ont su dépenser sans compter pour financer une réunification périlleuse qui a été un immense succès. L'intensité de l'effort qu'ils ont consenti au cours des années 1990 pour absorber ce choc nous a donné l'impression que nos chemins convergeaient. Mais une fois la réunification achevée, les Allemands ont resserré leurs comptes et réformé leur système social et leur école. Des efforts considérables, mais pas surhumains, leur ont permis de se renforcer et d'aborder la crise en meilleure forme que nous. Les voilà désormais en mesure d'utiliser leurs marges de manœuvre pour sauver leur économie et investir dans des secteurs d'avenir. Entre 1980 et 2020, la France, en parallèle, a augmenté considérablement ses dépenses publiques et sa dette afin de tenter de garantir, d'ailleurs en vain, une forme de paix sociale bien plus que pour financer un grand dessein. La suite s'annonce compliquée.

Rien de tout cela ne nous condamne bien sûr au déclassement éternel. Le goût de l'effort et le sens de l'État restent puissants, et la France n'a pas renoncé à la grandeur.

Impressions soleil couchant

Éric Ménassi
Au nord, la Montagne Noire ; au sud, le massif des Corbières : une vallée qui mène à la Méditerranée. À l'est de Carcassonne : Trèbes, 5 000 habitants. En 2018, par deux fois, elle sera au cœur d'une actualité tragique : en mars avec l'attentat qui fera 4 morts dont le colonel Beltrame ; en octobre avec une inondation majeure, à la suite des grandes crues de l'Aude, qui causera 15 morts, dont 6 à Trèbes. À chaque fois, le maire, Éric Ménassi, fait face. Une première rencontre quelques jours après l'attentat, pour participer à une cérémonie silencieuse et déchirante sur la place des arènes. Un contact humain intense dans un moment très dur. Une deuxième visite, pendant les inondations, où nous allons ensemble voir des habitants qui ont tout perdu et qui oscillent entre reconnaissance, désespoir et colère. Là encore, il fait face. Calme. Solide. Humain. Nos échanges se poursuivent après ces deux événements, mélange d'estime réciproque et de discrétion partagée. Une de ces rencontres qui confirment le sens de l'engagement politique. Il en

faut davantage pour le décourager : Éric Ménassi se représente en 2020. Il est largement réélu.

Nouvelle-Calédonie

La preuve qu'il existe un « domaine réservé » du Premier ministre, inconnu du texte constitutionnel mais construit par l'usage depuis Michel Rocard. S'intéresser à la Nouvelle-Calédonie, c'est plonger dans la difficile, la grande et la belle politique. C'est tenter de comprendre ce qui fait un peuple, c'est concilier la liberté des peuples à disposer d'eux-mêmes avec les intérêts de la France, c'est chercher à réconcilier et à recoudre ce que l'histoire coloniale a pu déchirer. Et c'est rencontrer des femmes et des hommes exceptionnels, marqués par la torsion de leurs sentiments et de leurs attachements, entre le Caillou et la Métropole, entre l'aspiration républicaine et la culture mélanésienne.

Cathédrales

À chaque déplacement, sous le regard d'abord consterné puis résigné de ceux dont la mission est de tenir l'horaire et le programme, l'habitude fut prise de visiter, même trop vite, le patrimoine religieux prodigieux qui appartient à l'État (pour les cathédrales) et aux communes (pour les églises construites avant 1905). À chaque visite, une merveille : l'église Notre-Dame-des-Sablons, à Aigues-Mortes, dernière trace du passage de Saint Louis avant son départ vers les Croisades, visitée au cours de la campagne législative de 2017 ; la cathédrale de Bourges, visitée trop rapidement entre deux rendez-vous lors d'une délocalisation gouvernementale dans le Cher en mai 2018 ; la cathédrale de Metz, visitée le mois suivant avec le maire d'alors, Dominique Gros, intarissable et érudit ; la cathédrale de Beauvais, ambitieuse, inachevée et fragile, soutenue d'abord par des cerclages de fer puis par des étais en bois, et dans laquelle deux horloges extraordinaires défient le temps ; la cathédrale d'Albi, vertigineuse et splendide, peinte et fortifiée, qui suffirait à faire la fierté d'un peuple ; Notre-Dame de Paris bien sûr, sauvée des flammes un soir d'angoisse, et reconstruite avec l'ambition tranquille de ceux qui savent qu'enjamber les siècles est l'affaire de l'homme ; l'église monolithe d'Aubeterre-sur-Dronne, creusée dans la roche de Charente, qui laisse sans voix et pourrait bien faire douter même les plus athées ; le Mont-Saint-Michel visité presque seul, un luxe, en mars 2019 ; la basilique Notre-Dame-de-la-Garde à Marseille et ses *ex-voto* marins ; l'église de Saint-Sulpice-de-Favières, lumineuse et presque esseulée dans ce petit village de l'Essonne ; et tant d'autres.

« Une femme, un toit »

Il arrive qu'on découvre tard des sujets importants. Les violences intrafamiliales font partie de ceux-là. Quelques heures, marquantes, au siège de la remarquable association parisienne « Une femme, un toit » : discuter, sans caméras, sans journalistes, avec des femmes aux profils variés mais dont chacune avait connu la violence conjugale et parfois la rue, retenir des larmes devant l'émotion également contenue de celles qui disaient, simplement, ce qu'elles avaient vécu et, plus encore, ce à quoi elles aspiraient désormais. Ces échanges ont nourri le plan mis ensuite en œuvre par Marlène Schiappa, mais ils ont également cheminé jusqu'au Havre, où l'objectif est d'aider les acteurs locaux à faire face, et de leur permettre de construire une véritable politique publique. Quelques mois après cette première rencontre, invitation à Matignon pour faire visiter un palais de la République et échanger encore. Des sourires. De l'émotion, aussi. De la résolution, surtout.

GSPM

Le Premier ministre est protégé. Heureusement, il ne sait pas toujours contre quoi. 55 policiers constituent le Groupement de sécurité du Premier ministre et se relaient pour que tous les jours, toutes les nuits, lorsqu'il n'est ni à Matignon ni chez lui, il soit entouré de professionnels sachant réagir à une menace. Dès l'arrivée à Matignon, il avait été décidé que les membres de sa famille ne feraient l'objet d'aucune protection : ils n'ont pas choisi de faire de la politique, ils ne seront jamais visibles dans les événements publics et ils vivront normalement pendant toute la période. Le PM, en revanche, ne sort jamais sans ses anges gardiens, sans son « grand magic circus ». Le dispositif est lourd. Il impressionne souvent, et il est d'ailleurs fait pour ça, la dissuasion étant souvent un moyen intelligent de protection. Il pourrait être pesant. Mais la mission est assurée avec une discrétion exemplaire, une efficacité redoutable et une bienveillance constante. Et même dans les moments les plus chauds, lorsque des gilets jaunes nous croiseront au restaurant et trouveront opportun d'insulter la famille, lorsqu'à Charleville-Mézières dans un festival de rock (par ailleurs très réussi et très convivial) les œufs commenceront à voler, ou quand, au milieu des bains de foule, des signaux inquiétants seront repérés, leur action ferme et sereine permettra d'éviter les dérapages. Immense reconnaissance.

Rafale

À un centimètre près. Si le fémur du Premier ministre avait été un centimètre plus long, il n'aurait pas pu prendre place sur le siège éjectable du Rafale, et il aurait été privé de la possibilité incroyable de voler, une heure, dans l'avion de chasse qui équipe les armées françaises. Une heure à encaisser des G, à simuler un combat aérien ou des opérations de police de l'Air, à frôler (à distance de sécurité bien sûr) la croix de Lorraine de Colombey-les-Deux-Églises. Éprouvante sur le plan physique, cette intense et rare parenthèse dans un rude agenda offrira aussi l'occasion d'une rencontre passionnante avec des pilotes fiers de servir les armes de la France. Pas de communication, de photo publique ni de caméra : la Défense est le domaine du Président.

Conseil des ministres

Souvent formel. Curieusement, le seul moment où le Premier ministre parle après le Président. Puis une partie A où les ministres présentent les textes de loi ou les ordonnances dont ils ont la charge. Une partie B consacrée aux nominations. Une partie C où le Conseil écoute parfois le ministre des Affaires étrangères évoquer longuement la situation internationale. Une partie D pour présenter des politiques publiques ou des réformes à venir. Des débats rares, et de plus en plus rares au fur et à mesure que ce qui se dit est rapporté par *Le Canard enchaîné*. Des échanges de petits mots entre les ministres, dont il est préférable qu'ils ne soient pas rendus publics tant ils sont parfois décalés. Une fierté visible (et justifiée) pour les nouveaux. Un respect de l'horaire de plus en plus aléatoire au fur et à mesure que le quinquennat avance.

Centre interministériel de crise

La table, immense, a une forme de goutte d'eau. Ou de larme. Et sans que l'on sache très bien si ce choix a été fait consciemment, il est adapté aux situations qui sont traitées dans cette salle du sous-sol du ministère de l'Intérieur, dont l'ouverture est toujours la traduction d'une situation tendue : inondations, cyclone, attentat, crise sanitaire, manifestations violentes… La présidence peut être assurée par le président de la République, par le Premier ministre, par le ministre de l'Intérieur ou un autre ministre en fonction des sujets. Autour de la table, les responsables opérationnels, qui présentent les faits et les options. De grands écrans permettent de visualiser cartes, interlocuteurs, données ou toute autre information indispensable à la gestion de la crise. Dans une salle attenante, des dizaines de fonctionnaires détachés par leurs administrations assurent les liaisons avec l'appareil d'État. Dans cette salle, s'exprimer impose concision, clarté et précision. Et gouverner exige de formuler des ordres. Ailleurs, on peut faire des phrases. Pas là.

Élisabeth Pelsez
Aider les victimes. Lorsque l'attentat a été commis ou que la catastrophe a frappé, et que dans leurs biens, dans leur chair ou dans leur âme, certains de nos concitoyens sont meurtris. Ne pas seulement déplorer mais véritablement aider, dans la durée, les victimes et leur famille, est une tâche redoutable, qui exige humanité et efficacité, énergie et méthode. En juillet 2017, Élisabeth Pelsez est nommée. Elle est magistrat. Les associations s'inquiètent de son rattachement au ministère de la Justice plutôt qu'à Matignon. En trois ans, avec méticulosité et constance, elle s'imposera. Ferme, souriante, touchante aussi lorsqu'elle rencontre les blessés, les familles et les proches de ces victimes que nous ne devons jamais abandonner. Plusieurs fois, avec elle, dans des moments poignants, nous avons senti nos cœurs se serrer et nos regards s'embuer. Et à chaque fois, d'un discret plissement des yeux, nous échangions en silence pour tenir et essayer d'être à la hauteur.

Secrétaire général du gouvernement
Le général de Gaulle disait du Premier ministre que son lot était aussi « complexe et méritoire qu'essentiel ». Le Premier ministre pourrait sans doute dire la même chose du rôle joué, à ses côtés, par le secrétaire général du gouvernement. À la tête d'une machine complexe dont la mission est de faire en sorte que le gouvernement fonctionne, que le Conseil des

ministres soit huilé, que les procédures et les normes juridiques qui s'imposent au gouvernement soient respectées, le secrétaire général est aussi important que méconnu. Illustration de la continuité de l'État et de la neutralité de la fonction publique, ayant vocation à durer là où les gouvernements se succèdent, défenseur de l'ordonnancement juridique et du respect des formes, il peut arriver qu'il soit contraint de rappeler aux ministres (et pas seulement à eux) que le droit s'impose, que l'approximation, parfois utile dans la joute politique, est toujours nuisible dans le domaine réglementaire, que la mise en œuvre d'une politique publique est au moins aussi importante que ses principes ou sa stratégie. Il est rare que, ce faisant, il se fasse des amis. Il n'est pas là pour ça, mais il mérite, de ce fait, et parce que c'est aussi la mission du Premier ministre, d'être défendu lorsqu'il est attaqué. Pour notre part, nous avons eu la grande chance de bénéficier des conseils d'un remarquable secrétaire général, choisi, en 2015, par François Hollande et Manuel Valls.

Traditions et usages

Planter un arbre dans le jardin de Matignon ; être élevé à la dignité de grand-croix de l'Ordre national du mérite après six mois en fonction ; répondre personnellement aux questions posées par les présidents de groupes parlementaires ; voir son portrait ajouté à ceux de tous les chefs de gouvernement successifs depuis le début de la IIIe République dans les deux gros livres de l'antichambre ; être le président du Conseil d'État (sans avoir aucune autorité sur l'activité de ses membres ni sur le contenu de ses décisions) ; continuer à porter son titre après son départ de Matignon ; être élevé de plein droit à la dignité de grand officier de la Légion d'honneur après avoir quitté Matignon si on y est resté plus de deux ans ; présider, une fois par an, l'instance nationale de dialogue avec les représentants de l'Église catholique ; célébrer, à l'Opéra de Paris, le Noël des enfants des personnels de Matignon ; être salué sur l'escalier du perron (pourquoi donc sur l'escalier…) par un garde républicain dès lors qu'on entre ou sort de Matignon.

Philippe de Villiers

Ne l'ayant jamais rencontré avant Matignon, nous ne le connaissions pas. Deux fois seulement, nous nous sommes parlé. En janvier 2018 d'abord, à propos de l'aéroport de Notre-Dame-des-Landes, dont il ne voulait à aucun prix, au moins autant pour ne pas éloigner l'aéroport de Nantes du Puy-du-Fou que parce que Bruno Retailleau y était favorable. Conversation savoureuse. Méchanceté onctueuse. Cynisme complet. Fin mai 2020 ensuite, au moment où il s'agissait de poursuivre le déconfinement et la reprise de l'activité économique et culturelle. Soucieux de nous assurer de l'efficacité des mesures progressives mises en place pour faire repartir l'économie sans faire repartir l'épidémie, nous souhaitions que les parcs et les manifestations culturels ne soient rouverts qu'à la fin du mois de juin. Colère du vicomte. Colère contre la prudence, colère contre la technocratie, contre l'incompréhension crasse de ce qu'est la France profonde, la vraie France, la France éternelle que lui connaît, car lui y vit et lui en descend. Et voilà comment le fils du premier bachelier de la famille Philippe, petit-fils d'un autodidacte tout juste diplômé de son certif, arrière-petit-fils d'un docker, maire d'une ville qui n'est pas exactement la plus bourgeoise de France, se verra reprocher d'incarner à lui seul une caste parisienne dominante par un autre énarque, fils de vicomte et de bonne famille, député pendant 14 ans, député européen pendant 13 ans et président de conseil général pendant 12 ans, revendiquant par ailleurs, et avec hauteur, le respect des usages immémoriaux mais faisant état sans vergogne, comme le premier plumitif venu, de ses échanges avec le président de la République.

Sport

Si garder un esprit sain n'est pas toujours simple à Matignon, conserver un corps sain n'est pas beaucoup plus facile. Le stress, les multiples déjeuners et dîners officiels, le talent des cuisiniers, la sédentarité, les décalages horaires, parfois, et le manque de sommeil : tout cela peut rapidement produire des effets. Certains grossissent. D'autres blanchissent. Beaucoup se rident. Pour nous, ce fut tout à la fois. Pour ralentir les effets conjugués de ces trois évolutions redoutées, le sport fut indispensable : les longues marches dans Paris, avec le minimum de protection, casquette vissée sur la tête ; les joggings le long des quais à Paris ou le long de la plage au Havre ; les séances de boxe hebdomadaires dans la salle de sport aménagée au fond du jardin de Matignon par Manuel Valls et les matchs de foot en salle organisés le mardi soir à partir de 22 heures par Gérald Darmanin dans le gymnase de Bercy. Quelques ministres, quelques conseillers, aucune photo, du jeu, de la rigolade, pour certains de la technique, une respiration miraculeuse et discrète avant les mercredis toujours compliqués.

Cheminée

À Matignon, dans le bureau du Premier ministre comme dans celui de son directeur de cabinet, il y a des cheminées. Tout l'hiver, si le Premier ministre le souhaite, elles fonctionnent à plein, embaumant les rares bureaux du premier étage de cette odeur unique de fumée et de cendres qui renvoie au bonheur privé bien plus qu'aux affaires de l'État. Allumer un feu, le nourrir, vérifier qu'il ne s'éteint pas constitueront progressivement les moments importants d'un rituel permettant de tromper l'agacement et de rester calme. Et la façon la plus efficace de faire disparaître les mots manuscrits reçus pendant les séances du Conseil des ministres ou les questions au gouvernement.

Claude Chirac

Si elle parlait, elle pourrait, sans doute, dire des choses uniques sur le monde politique. Mais voilà, Claude Chirac ne parle pas. Elle observe le monde politique avec l'œil sûr et exercé de celle qui a approché de près, et longtemps, les acteurs de premier plan de la vie politique nationale. Même si elle s'en défend, elle donne le sentiment de tout savoir et surtout de tout comprendre de la politique, des limites des uns et des autres, des aspirations contrariées et des ambitions dissimulées, des fidélités imparfaites et des convictions fragiles, des solidités prometteuses aussi, jaugeant les mots, saisissant les tonalités et lisant les gestes de ceux qui prétendent compter avec une humilité et une intelligence à la fois sincère et lumineuse. Elle nous a donné, dans un moment sensible, le conseil le plus marquant de ces 1 145 jours.

Millas

Le 14 décembre 2017, un jeudi, peu après 16 heures, dans cette commune des Pyrénées-Orientales, six collégiens trouvent la mort dans une collision, au passage à niveau, entre leur bus scolaire et un TER. On les imagine quelques instants auparavant, insouciants, racontant des bêtises, éclatant de rire, turbulents, peut-être, les garçons qui se moquent d'un côté, les filles qui lèvent les yeux au ciel de l'autre, tous pensant sûrement aux vacances et aux cadeaux de Noël. Quelques instants plus tard, la vie de familles entières bascule. De Cahors, où nous sommes en déplacement, nous fonçons vers Millas. Arrivée de nuit. Réunion à la mairie avec les élus et les services de secours. Atmosphère terrible. Les familles attendent encore de savoir si leurs enfants sont blessés ou pire… Après la réunion, micros tendus, devant des caméras forcément impudiques et sous des lumières crues. Parler et ne pas pleurer. Puis une rencontre avec les pompiers intervenus sur le site. Des grands gaillards, solides, animés par l'envie de servir, courageux, et qui, ce soir-là, ayant vu l'enfer, le vrai, ne retiennent pas leurs larmes. Peut-être le moment le plus dur de Matignon.

Prélèvement à la source
Une réforme envisagée depuis longtemps, décidée sous François Hollande mais dont la mise en œuvre devait intervenir après 2017. Cette réforme, beaucoup voulaient qu'elle soit faite, mais personne ne voulait s'y coller tant elle était techniquement complexe et politiquement risquée. Le ministre des Comptes publics, Gérald Darmanin, s'y engage avec méthode et imagination. Lorsqu'il est prêt, lorsqu'il faut y aller, certains s'effraient. Trop risqué. Les oppositions et certains corps intermédiaires s'interrogent et dénoncent. Le Président hésite. Darmanin tient bon, et nous le soutenons. La réforme est mise en œuvre. Elle est un succès manifeste. Et comme il n'y a eu aucun problème, le train étant arrivé à l'heure, tout le monde l'a oubliée. Mais à nous, il ne paraît pas inutile de constater la performance administrative et technique, et de relever le courage politique nécessaire pour la mettre en œuvre alors qu'il aurait été plus facile de remettre à demain une réforme qui simplifie la vie de dizaines de millions de contribuables.

Patrick Devedjian
La Covid nous a pris Patrick Devedjian, l'un des esprits les plus fins et les plus cultivés de notre petit monde. Nous savions d'où il venait, et nous l'avons connu sur le tard. Nous n'étions pas suffisamment proches pour être amis mais chaque déjeuner, chaque café partagé, chaque rencontre, chaque coup de fil, était un plaisir pour l'esprit. Byzance et les Croisades, l'épopée normande de Sicile et la place unique de Frédéric II de Hohenstaufen dans

l'Histoire, les trois mille ans de l'Arménie ou l'aménagement de Paris, Patrick Devedjian mobilisait une culture et un savoir rares pour nourrir un art de la discussion et de la réflexion lumineux. Entier, aussi bienveillant avec ses amis, nombreux, qu'impitoyable avec ses adversaires, tout aussi nombreux. En toutes choses, il valait mieux l'avoir avec soi que contre soi. Il nous manque.

Quatre colonnes

La salle des quatre colonnes est toute proche de l'hémicycle de l'Assemblée nationale. La presse y a accès, mais ne peut aller au-delà. Aux grandes heures de la semaine parlementaire, les caméras et les journalistes, circonscrits derrière un cordon rouge, guettent les députés et leurs réactions aux sujets du jour. Face aux stars, le mur des caméras. Derrière eux, les seconds couteaux qui se montrent et qui acquiescent. Et les autres, qui traversent la salle tout doucement, dans le secret espoir d'être interpellés par un journaliste. Un jour, par miracle, ils entendent leur nom, se retournent et font comme si c'était normal alors que c'est la fête dans leur crâne. Ils se laissent désirer, regardent leur montre, disent qu'ils n'ont que quelques minutes, mais en fait ils sont heureux, et ils donnent leur avis, quel que soit le sujet. Puis, n'y tenant plus, ils demandent à quelle heure ça va passer.

Angela Merkel

À Berlin, la Chancellerie est aux antipodes des palais français. Moderne, fonctionnelle, sans âme, sérieuse. La chancelière nous accueille : elle est l'homologue du Président, mais le Premier ministre n'a pas d'autre homologue qu'elle. Que se dit-elle en accueillant son sixième Premier ministre français ? Est-elle lassée par le décalage entre les mâles engagements que prennent les Français et les réformes timides et inconstantes qu'ils mettent en œuvre ? Elle n'en montre rien. Peut-être attend-elle le suivant. Elle nous laisse exposer notre plan. Bienveillante, elle nous prodigue un conseil : les réformes doivent être ambitieuses et engagées très tôt dans le mandat car elles ne produisent leurs effets que dans le temps. Son visage s'éclaire lorsque nous citons, en allemand, un vers de Goethe pour aller dans son sens. Angela Merkel a suscité un agacement souvent mâtiné de jalousie et de mépris dans la classe politique française que nous n'avons jamais partagé, et que nous avouons ne pas comprendre. Ou plutôt trop bien comprendre.

Nicolas Sarkozy

Nous l'avons combattu, parfois durement. Mais, en grand fauve, il pardonne à ceux qui ont été loyaux à d'autres, beaucoup plus qu'à ceux qui lui ont été déloyaux à lui. Il ne le dit pas, mais nous le comprenons. Alors, puisque temporairement ou durablement il n'y a plus vraiment d'enjeu, nous renouons le dialogue, riche, drôle, utile, comme un voyage dans un film dialogué par Audiard. Les portraits qu'il dessine en quelques phrases sont acides et souvent justes, ses intuitions et ses réflexions sur les grands sujets nationaux précieuses, mais, de loin, c'est sur les sujets internationaux, sur la Russie et la Turquie, sur l'Union européenne ou l'avenir de nos liens avec les États-Unis, sur la démographie mondiale comme facteur d'instabilité ou d'opportunité qu'il est le plus pénétrant.

Marc Fesneau

Sa famille habite dans le Loir-et-Cher, et comme on le sait depuis Michel Delpech, ces gens-là ne font pas de manières. En 2017, nous avons découvert le président du groupe parlementaire Modem à l'Assemblée avec un brin de méfiance. C'est souvent délicat à manier, un groupe parlementaire centriste. Même dans la majorité. Surtout dans la majorité, diraient certains. Nous avons constaté, très rapidement, combien il était solide et fiable, agile et loyal, discret, capable d'anticiper et de rester positif, même lorsqu'il exprime ses doutes. Dans le monde politique, la camaraderie est courante. Elle est plus spontanée, plus démonstrative et plus sonore que l'amitié. Elle est moins solide aussi, et forcément plus rare. Avec le ministre en charge du Parlement, progressivement, nous nous sommes trouvés. Depuis que nous le connaissons, nous observons qu'il est difficile de trouver quelqu'un pour en dire du mal. Qu'il ne s'inquiète pas, ça viendra.

Décorations

La République aime honorer ses citoyens les plus méritants. Légion d'honneur, Ordre national du mérite, palmes académiques, mérite agricole, médaille militaire et tant d'autres. L'attribution des médailles et le passage des grades sont soumis à des règles assez strictes qui encadrent, et c'est heureux, l'enthousiasme avec lequel certains se saisissent de ces symboles. Notre expérience locale nous avait un peu préparés à la vérité, mais elle nous est apparue de façon crue et saisissante à Matignon : le nombre de gens prêts à se damner pour une décoration est édifiant, et ne cesse de nous surprendre. À l'inverse, il existe quelques rares individus qui refusent, absolument, toute distinction. La seule règle que nous avons apprise s'agissant de ces décorations est, en la matière, d'une grande sagesse : les prendre au sérieux, ne jamais les solliciter et ne jamais les refuser. Pour en savoir plus, outre le grand chancelier de l'Ordre, il faut se tourner vers Sébastien Lecornu, qui nous paraît le plus grand expert mondial des décorations françaises, à moins que ce ne soit l'inverse.

Richard Ferrand

Le Breton est aveyronnais, preuve que la vie et les attachements peuvent être complexes. Richard Ferrand est socialiste. Ou plus exactement, il a été socialiste avec une telle passion qu'il demeurera toujours fidèle à ce qu'il considère l'essence du socialisme. La figure en surplomb d'un François Mitterrand qu'il admire plus que toute autre, la reconnaissance affectueuse à Kofi Yamgnane qui l'a fait entrer dans le monde politique et qui l'a installé en Bretagne, la force d'une aspiration à la justice sociale et la conviction viscérale que ceux qui ont peu doivent être entendus, tout cela, et bien d'autres choses, façonnent une personnalité. Elle aurait pu se frotter avec la nôtre.

Et de fait, les débuts furent lents. La circonstance que nous ayons vécu, au même âge, en Allemagne et que nous connaissions suffisamment ce pays pour l'aimer, une conception assez proche de l'équilibre à tenir, en politique, entre la loyauté et la liberté intellectuelle, le partage de quelques galettes complètes en Bretagne et de quelques bons bordeaux à Paris finirent par nous rapprocher. Tourmenté, touchant, attachant, fin, capable de résumer un caractère ou une situation en une expression hilarante et percutante, prononçant les plus beaux discours du quinquennat, il est devenu un président de l'Assemblée écouté. Et respecté.

Écrivains

Pour un lecteur, Matignon est une frustration. Non pas qu'on ne lise plus, car le rythme des notes à ingurgiter est tel qu'on lit, tous les jours, des papiers techniques qu'il est préférable de comprendre si on veut prendre de bonnes décisions. Mais lire autre chose que des notes n'est pas simple. Le temps manque un peu. Il y a en revanche quelque chose d'unique à Matignon, c'est qu'il est facile d'y inviter des gens qu'on aurait du mal, sinon, à rencontrer. Paul Auster et sa femme Siri Hustvedt pour un mémorable dîner (au Havre), R. J. Ellory pour un long déjeuner en tête à tête un 8 mai, après les cérémonies militaires, Robert Littell pour un entretien un jour où les mauvaises nouvelles s'accumulaient et où il sera un moment de lumière, et d'autres, François Léotard, Philippe Labro, Daniel Rondeau… Même le grand Kundera devait venir déjeuner, mais le confinement a rendu impossible la rencontre espérée, et l'échange entre nous est resté épistolaire et bref, mais tellement touchant…

DPG

La déclaration de politique générale est prononcée par le Premier ministre lorsqu'il entre en fonctions. Elle donne lieu à un vote qui permet aux députés de dire s'ils font, ou non, confiance au gouvernement pour mettre en œuvre ce qui est à la fois un programme et une méthode. En 2017, le Président avait trouvé judicieux de réunir le Congrès à Versailles, la veille, pour présenter aux deux assemblées réunies son programme et sa méthode. L'innovation avait déclenché beaucoup de commentaires. Par ailleurs, pendant que le Premier ministre prononce à l'Assemblée sa déclaration de politique générale, un membre du gouvernement lit au Sénat le même discours, ce qui ne contribue pas à réduire le caractère terriblement formel de l'exercice… Comme son nom l'indique, la déclaration doit parler de tout, ce qui est matériellement impossible. L'exercice l'est aussi. Avant même de l'avoir entendue, les oppositions se préparent : trop long, confus, sans souffle, sans perspective, sans vision, il n'a pas parlé de ceci, pas un mot sur cela, etc. Perdu d'avance. L'idée est de ne pas dépasser une heure. Comme tout arrive, il se peut, ce fut notre cas, qu'un même Premier ministre soit conduit à faire deux déclarations de politique générale et comme tout s'apprend, la seconde fois fut meilleure que la première.

Corse

22 janvier 2018. Première rencontre avec les patrons de la Collectivité territoriale de Corse. Jean-Guy Talamoni préside l'assemblée et Gilles Simeoni l'exécutif. Nationalistes tous les deux, avec des nuances qui font les délices des commentateurs, et des différences de caractère dont on ne sait, lorsqu'on les rencontre pour la première fois, si elles produisent de la complémentarité ou de l'antagonisme. Ambiance fraîche. Difficile d'oublier que le préfet Érignac était un des amis les plus proches d'Antoine Rufenacht. Difficile aussi d'accepter l'idée que tous les maux de la Corse seraient le fait de l'État et des continentaux. Difficile de faire semblant d'ignorer la poussée mafieuse sur l'île. Et pourtant, ils n'ont pas tort lorsqu'ils affirment que toutes les îles de la Méditerranée ont des statuts particuliers, parce que l'insularité montagneuse est une contrainte spécifique, et que la géographie et l'histoire ont fait de ces territoires des espaces irréductiblement particuliers. Ce constat peut-il justifier la rupture avec l'unité républicaine ? Nous ne le pensons pas. Surtout, nous pensons que les principaux problèmes de la Corse ne tiennent pas à des questions d'organisation administrative ou constitutionnelle, mais bien à la mise en œuvre de politiques publiques locales ambitieuses et intelligentes. Petit à petit, lentement, la qualité des échanges s'améliorera. Les désaccords sur le fond resteront, évidents et assumés, mais quelques dossiers concrets avanceront. Sur place, nous serons impressionnés par la beauté de l'île, par l'accueil à la fois poli et chaleureux,

par l'ampleur des défis et par la sédimentation des défiances et des ressentiments.

Prédécesseurs

Dans l'ensemble très bienveillants. Édith Cresson, directe (et vive), reçue à Matignon pour évoquer la fondation qu'elle préside ; Édouard Balladur, joint par téléphone le premier jour, et qui, avec son intelligence et son onctuosité, formulera des vœux de bonne chance tout en indiquant qu'il ne croit pas une seconde à la fin du clivage droite/gauche ; Alain Juppé, amical et paternel, distant parce que discret et présent parce que bienveillant ; François Fillon, qui se révélera, dans la crise sanitaire, d'une grande gentillesse et d'un soutien moral précieux ; Manuel Valls, chaleureux, direct et attachant ; Jean-Marc Ayrault, peu enthousiasmé par la politique mise en œuvre par son successeur (ce n'est sans doute pas le seul de cette liste) mais poli et d'une grande correction ; Jean-Pierre Raffarin, réconfortant et avisé ; Dominique de Villepin, jamais croisé ; Bernard Cazeneuve, lucide et critique, mais drôle, intelligent et fidèle ; Laurent Fabius, statue du commandeur dans sa fonction de président du Conseil constitutionnel ; Lionel Jospin, merveilleux convive d'un déjeuner de juin 2020, passionné, curieux, convaincu.

Buvette

En plein cœur de l'Assemblée nationale, à côté de l'hémicycle et de la bibliothèque, une double porte capitonnée s'ouvre sur une salle dont l'accès est réservé, aux heures de pointe, aux députés, aux ministres et aux principaux collaborateurs. Ici pas de photo prise ni de conversation enregistrée. Une enclave, comme les loges d'un grand théâtre. À l'intérieur, un grand bar, des banquettes, des tables et des chaises un peu vieillottes, un buffet froid, un menu du jour, les produits de terroirs promus par les députés. Des serveurs à l'ancienne : l'un d'entre eux connaît par cœur la date de naissance de tous ses clients, plusieurs centaines tout de même. Par beau temps, un petit jardin extérieur, étonnante enclave de verdure que seule une clôture en fer sépare des émissions de CO_2 des voitures et des bus qui filent sur le boulevard Saint-Germain. Ici, les groupes politiques n'existent plus. On s'y rassemble par affinités, bien sûr, mais c'est l'un des seuls endroits où dialoguent des élus qui s'invectivaient quelques minutes auparavant et qui s'invectiveront sans doute quelques minutes après. Ce qui se dit à la buvette reste à la buvette. Ici se parlent des députés qui ne se parleront jamais ailleurs. Ici, on sait qu'on fait le même métier. On ne joue jamais la comédie dans les loges.

Hémicycles

Bourbon, Luxembourg, Iéna. Trois palais, trois assemblées. L'Assemblée nationale, le Sénat, le Conseil économique, social et environnemental. Trois hémicycles, trois arènes, trois ambiances. Au palais d'Iéna, le Havrais a le sentiment de jouer à domicile : conçu par Perret, l'architecte de légende qui a reconstruit Le Havre après la guerre, tout ressemble à la maison, le béton, les colonnes, l'ambiance. Tous les pères de famille savent toutefois que parler à la maison ne garantit jamais l'approbation de l'auditoire. Au Palais-Bourbon, l'hémicycle est beaucoup plus vertical qu'il n'y paraît à la télévision. Pendant les grandes séances, les invectives et noms d'oiseaux semblent tomber du ciel comme dans un stade espagnol chauffé à blanc, et s'abattre en pluie sur l'orateur isolé, en bas, face à ce qui ressemble à un mur. Les blessures sont vives, mais finalement superficielles et éphémères. Au palais du Luxembourg, moins haut, plus large, plus horizontal, la moquette est épaisse (jusqu'à mi-mollet, disait le regretté Guy Carcassonne), les fauteuils sont profonds, les débats feutrés, les fleurets mouchetés et le poison des flèches à infusion lente, mais non moins létale pour qui n'y prend garde. Ici, on vous pique avec le sourire et l'accent mais vous saignez longtemps.

QAG

Le rituel est immuable. À 15 heures précises, la séance de questions au gouvernement commence. La retransmission télévisée modifie les comportements : pour une fois, l'hémicycle est plein, et de part et d'autre on surjoue pour faire acquiescer dans les chaumières. L'ordre des questions et l'identité du questionneur sont connus mais le sujet abordé ne l'est pas nécessairement. Dans les ministères, les conseillers parlementaires sautent le déjeuner pour aller à la pêche aux infos, tandis que les conseillers techniques grattent à la va-vite des réponses aux questions susceptibles d'être posées. Certains ministres déboulent avec un classeur complet, avec toutes les réponses possibles, sauf à la question finalement posée. Bien souvent, les ministres, ou le Premier ministre, doivent se débrouiller, ce qui ne fait jamais de mal. On surveille l'horloge pour éviter d'être interrompu au milieu d'une phrase, image ridicule (seul le Premier ministre n'est pas limité dans son temps de réponse). Parfois, on trouve la repartie qui tue. Parfois, seul face à la meute, on n'a qu'une hâte : retrouver l'inconfort du strapontin et laisser la place au suivant. Certains téléspectateurs doivent penser que la vie parlementaire se résume à ça. Certains parlementaires aussi…

Johnny

Johnny meurt et la France s'arrête. Le jour des obsèques, arriver à l'église de la Madeleine et entendre les haut-parleurs, à l'extérieur, faire sonner le *Requiem pour un fou* ; voir Laeticia et Laura s'étreindre longuement, peut-être pour la dernière fois ; être assis entre le président Larcher et Brigitte Macron et en face de Sandrine Kiberlain ; songer aux allers-retours en voiture entre Le Havre et Paris ou entre Bordeaux et Paris que certaines de ses chansons ont rythmés ; sortir et regarder autour de soi pour constater que la France est là : tous les âges, toutes les régions, toutes les professions, tous les milieux.

Petits mots

Face au SMS triomphant, le mot manuscrit n'est pas mort. Pendant le Conseil des ministres, où les portables sont prohibés, chacun dispose de petits cartons de correspondance et d'enveloppes. Les petits mots s'échangent. Il arrive même que certains soient sérieux. Aux QAG, les portables sont autorisés et largement utilisés. Mais la culture des petits mots reste prégnante : on fait signe à l'huissier en livrée, qui le délivre à son destinataire. L'occasion d'un échange direct avec les ministres, dont on n'a pas toujours le portable. L'occasion, aussi, devenue de plus en plus rare, d'admirer les jolies écritures, de décrypter les plus indéchiffrables, et, pour les plus talentueux, d'en tirer de définitives conclusions sur la psychologie du personnage. Ne pas négliger les petits mots. La politique, c'est souvent de grandes idées et des petits mots.

Sibeth Ndiaye

Nous venons de la droite, elle de la gauche. Nous ne nous connaissions pas. Nous la découvrons dans son rôle, difficile, de chef du service de presse de l'Élysée. Elle nous découvre comme on découvre ceux qui n'étaient pas là au début. Puis la voilà propulsée de l'ombre à la lumière, apparatchik propulsée ministre, porte-parole du gouvernement, le visage du *on* après avoir été la voix du *off* : les mêmes interlocuteurs, mais deux métiers différents, très différents. Certains pensent, ou espèrent, y voir un coin entre l'Élysée et Matignon. Grâce à elle, ils en seront pour leurs frais : d'emblée, elle prend la mesure de son job, et elle apporte une authenticité précieuse dans une fonction ô combien périlleuse. Au début de la crise de la Covid, elle dira ce qu'à l'époque nous savons, ou croyons savoir. Injustement, elle sera le visage de nos ignorances, largement partagées à travers le monde : c'est au chef du gouvernement, et non à sa porte-parole, d'en assumer les conséquences. Une femme de valeur et de valeurs, les idées claires et la parole libre.

Diên Biên Phu

Fierté immense d'être le premier chef de gouvernement à rendre hommage, officiellement, aux morts pour la France à Diên Biên Phu, sur place. Se poser en avion dans la cuvette, voir le drapeau français flotter sur la tour de contrôle, arpenter les collines, sentir la chaleur et l'humidité et le soleil qui, même en ce début de novembre, trempent et laminent, se recueillir devant le monument français avec deux anciens combattants émus et dignes, encadrés par deux jeunes saint-cyriens en uniforme, rendre hommage aux morts vietnamiens ensuite, avec les mêmes. Entendre les vétérans raconter leur bataille, les voir s'interrompre pour pleurer avant de repartir à l'assaut de leurs souvenirs. Songer à la somme de courage et de souffrances accumulée dans cette cuvette.

Signatures

Catherine Nay, Michèle Cotta, Jean-Pierre Elkabbach, Alain Duhamel… Adolescents, nous guettions ces grandes voix, ces grandes signatures. Plus tard, nous les connaîtrons, pour beaucoup nous les apprécierons, et pour certains ils nous apprécieront. Ils en ont vu d'autres. Ils ont souvent en commun le sens de l'Histoire et l'amour du mot juste. Et eux, que se disent-ils en nous voyant, en comparant avec les très grands qu'ils ont côtoyés ?

POSTFACE

Le 3 juillet 2020, vers 19 heures.

Deux heures auparavant, la cour de Matignon était pleine de bruits, de visages, de tristesses et d'aspirations, de fiertés et de regrets. Le costume bleu sombre et la cravate marquaient la solennité qu'exigeaient les circonstances. Les sentiments se bousculaient : la légère appréhension de l'inconnu, la crainte du vide, la tristesse de quitter ce lieu de vie et d'action et toutes les personnes remarquables et dévouées qui l'animent, la frustration de ne pas poursuivre, le lâche soulagement aussi.

Mais de la tempête sous ce crâne, rien ne devait apparaître. La fonction prime, même quand tout s'arrête, et la passation de pouvoir, qui laisse rarement des souvenirs au pays, demeure, pour ceux qui la vivent, un moment rare.

Deux heures après, en tee-shirt, rue Lepic, le désormais ancien Premier ministre goûtait aux plaisirs discrets d'une liberté retrouvée. Que rêver de mieux, après 1145 jours à Matignon, qu'une pizza en tête à tête avec sa fille, sur la terrasse d'une charmante épicerie sicilienne dissimulée sur les premières pentes de Montmartre ? Le regard bienveillant des passants, la joie manifeste d'une jeune fille sur le point de fêter ses dix ans et qui retrouvait son père pour ne le partager avec personne pendant quelque temps, la satisfaction d'une sortie aussi soignée que possible et d'un devoir accompli aussi correctement que possible : tout, au fond, faisait briller la journée et oublier combien la rupture avec Matignon avait été brutale.

Préméditée, certes, la démission ayant été annoncée au Président, quelle que soit l'issue du scrutin au Havre ; cordiale et détendue aussi, le Président ayant veillé, avec l'élégance que nous avons soulignée, à annoncer avec les formes nécessaires sa décision de changer de Premier ministre, et néanmoins brutale dans son exécution : à 9 heures, le vendredi, annonce de la démission ; à 12 heures, annonce de la nomination de Jean Castex ; à 17 heures, passation de pouvoir ; à 19 heures, pizza chez Tentazioni[1].

Sauf pour les ministres les plus proches, impossible de remercier individuellement les collègues du gouvernement avec lesquels, pendant trois ans, nous avions cherché, réforme après réforme, à mettre en œuvre les engagements du président de la République. Impossible aussi de remercier les parlementaires, les fonctionnaires, les interlocuteurs réguliers.

1. Audiard aurait dit : « Faut reconnaître… c'est du brutal. »

Le concept de tournée d'adieux pour un Premier ministre n'a évidemment aucun sens, mais lorsqu'on a participé à une aventure collective, il n'est pas interdit de prendre congé dans les formes.

L'été commençait et le déconfinement finissait enfin de dévoiler une France dont l'appétit de renaissance était immense. Une forme de légèreté, de liberté, semblait flotter dans l'air. Peut-être est-ce toujours ainsi lorsque les épreuves paraissent se terminer. Peut-être qu'au fond, la France, à l'unisson avec le Président, éprouvait le besoin de tourner la page, et vite.

De nombreuses personnalités politiques, quelques amis aussi, nous avaient alertés sur une possible déprime post-ministérielle. La décompression peut être difficile. Le changement d'humeur du milieu peut être rapide, nous avait-on laissé entendre : celles et ceux qui « adoraient » et qui, tout à coup, commenceraient à brûler ; celles et ceux qui ne tarderaient pas à mettre sur le dos du Premier ministre sorti tous les maux du quinquennat ; celles et ceux qui trouveraient que, subitement, tout fonctionne tellement mieux ; celles et ceux, aussi, qui espèreraient nous soutirer des petites phrases révélant amertume, esprit de revanche ou rivalité.

De tout cela, il fallait faire abstraction. Ne rien entendre, et surtout ne pas répondre. Nous avons choisi de suivre le conseil de Nicolas Sarkozy qui, malicieusement, nous avait dit que ce moment se prête encore moins à la susceptibilité que les autres. Et nous avons préféré y voir, finalement, la meilleure reconnaissance du travail accompli.

Nous sommes passés à côté du désœuvrement brutal, aidés par l'exercice de mandats qui nous passionnent et par l'envie de nouvelles aventures.

Le député européen passa plus de temps encore à Strasbourg et à Bruxelles, ce qui au fond le réjouissait, lui qui avait choisi de s'investir pleinement dans un mandat qui le fascinait, lui, depuis le début – à défaut de fasciner les foules et les médias.

L'ancien Premier ministre redevenait maire du Havre dès le 5 juillet, à peine trente-six heures après le départ de Matignon. Dix ans après la succession d'Antoine Rufenacht, six ans après l'élection au premier tour de 2014, un peu plus de trois ans après avoir confié le fauteuil de maire à son premier adjoint, il reprenait sa place dans la salle d'un conseil municipal renouvelé par les urnes le dimanche précédent.

Retrouver Le Havre, retrouver ce mandat de maire tant aimé, retrouver le contact constant avec des concitoyens marqués par le confinement et inquiets des suites de cet événement extraordinaire, reprendre le fil d'une stratégie urbaine, accompagner à nouveau le développement du port, imaginer des politiques publiques nouvelles ou corriger celles devenues inefficaces, mettre en place une nouvelle équipe d'adjoints, reprendre en main une Communauté urbaine forte de 54 communes et de 280 000 habitants, tout cela occupe et procure un sentiment d'utilité que la politique nationale peine parfois à égaler.

Une page se tournait, mais elle se tournait dans une forme de tranquillité et de sérénité. Et quitte à tourner une page, il nous parut rapidement utile de le faire en écrivant un livre.

Dans les jours suivant le départ de Matignon, un grand nombre d'éditeurs nous avaient contactés. Tous connaissaient notre goût commun pour l'écriture et tous semblaient se dire que nous avions une histoire à raconter. Certains espéraient sans doute que, nourris par une aigreur malsaine ou animés d'une ambition rageuse, nous profiterions de l'occasion pour sortir un de ces livres venimeux, au titre tapageur, où toutes les rancunes seraient exploitées et tous les comptes réglés. D'autres, plus nombreux, auraient aimé que nous puissions contribuer à éclairer les lecteurs, et peut-être aussi les électeurs, sur le président de la République. Une description, si possible « psychologisante », d'un homme que tout le monde connaît mais que bien peu saisissent, une analyse de son entourage, des fidélités ou des oppositions qu'il suscite, voilà qui aurait ravi bien des maisons d'édition. Et on les comprend, car le sujet est riche.

D'emblée, nous avions exclu de céder à cette facilité. Raconter une anecdote, une répartie, une discussion, un désaccord ou une convergence avec le Président permettrait sans doute de mieux éclairer la réalité de l'action d'un Premier ministre. Il ne fait aucun doute que cela permettrait de rétablir la vérité face aux bêtises que des commentateurs plus ou moins intéressés colportent sans grande précaution afin de servir, consciemment ou non, les intérêts de quelque intrigant. Toutes les époques ont leur cour. La nôtre ne fait malheureusement pas exception.

Par respect pour les fonctions d'abord, celle de Président mais aussi celle de Premier ministre, nous nous sommes immédiatement accordés pour écarter cette hypothèse. Peut-être par orgueil aussi, un vilain défaut sans doute, mais qui, lorsqu'il vous incite à vous tenir un peu plus droit et à viser un peu plus haut, constitue une ressource précieuse. Et lorsque l'un de nous deux était tenté de céder à cette facilité, il savait que l'autre en sourirait et l'en empêcherait d'un même mouvement[1].

Nous avons fait le choix de rester fidèles à nos éditrices[2], et d'écrire ce qui est devenu ce livre. En un peu plus de six mois, de juillet 2020 à janvier 2021, nous avons essayé d'expliquer ce que nous avions vécu et d'exposer ce que nous avions retenu, à partir d'exemples, d'impressions, et en renonçant d'emblée à la chronologie ou à l'exhaustivité. Notre objectif n'était ni de présenter un plan pour l'avenir, ni de définir une stratégie ni même d'annoncer des objec-

1. De l'utilité d'écrire à deux.

2. Ce qui montre qu'après trois ans à Matignon on est encore en mesure de prendre d'excellentes décisions.

tifs nouveaux, mais bien d'ordonner ce qui ressortait d'une expérience rare.

Comme pour celle de nos deux précédents romans, l'écriture a donné lieu à des échanges quotidiens, à des interminables fous rires, à des corrections discutées et parfois à de légers agacements du député européen face aux libertés prises par le maire du Havre en matière d'orthographe[1] ...

La publication du livre était attendue. Par les journalistes politiques évidemment. Par quelques acteurs du monde politique aussi. Par certains lecteurs enfin.

Comme souvent, le petit monde politique s'intéressait moins au contenu du livre qu'aux raisons, et au moment, de sa publication. Pour certains, ce que nous retenions de Matignon comptait moins que ce que nous pourrions dire de la suite, de nos intentions, de nos ambitions, de notre relation avec le Président ou avec la majorité. Comment leur en vouloir ? Une bonne partie des livres écrits par des acteurs du monde politique est fait exactement pour ça : pour justifier une tournée des plateaux permettant de commenter encore un peu plus l'actualité.

Mais même conscients de ce travers, même avertis du risque de voir le contenu de notre livre ignoré

1. Si vous saviez…

au profit de conjectures sur la suite, nous avons été surpris[1].

Par la fébrilité d'un grand nombre de pontes de la majorité d'abord. Comment pouvait-on écrire un livre alors que le pays sortait à peine de son troisième confinement ? Les Français n'avaient pas l'esprit à cela, et quelle indécence vis-à-vis du gouvernement qui était à la tâche ! Et pourquoi écrire un livre sur Matignon sans se livrer à un éloge soutenu du Président, ou sans dire d'emblée que, quoi qu'il arrive, on le soutiendrait pour la suite ? Ne fallait-il pas voir dans ce livre le premier mouvement d'une stratégie ayant pour objet de déstabiliser le Président pour pouvoir, le moment venu, se substituer à lui ? Et puisque les auteurs avaient quitté leur parti pour rejoindre le Président, n'était-ce pas le signe qu'ils étaient évidemment prêts à quitter le Président lorsque leur intérêt le dicterait ?

Nous avons entendu ces inquiétudes qui nous ont d'abord fait sourire, tant elles étaient dépourvues de fondement. Nous les avons vues ensuite se transformer en messages tantôt insistants, tantôt vaguement menaçants.

Cette fébrilité venait peut-être faire écho à l'insuffisante clarté de notre propos. En politique, un message nuancé est toujours plus délicat à émettre qu'un

1. Ce qui montre qu'après trois ans à Matignon on est encore en mesure de se faire surprendre.

message simple. Loyal et libre, c'est une nuance. Loyal, c'est plus simple. Libre aussi, d'ailleurs.

La ligne que nous avons présentée à la sortie du livre nous paraissait aussi équilibrée que présentable : une loyauté complète à l'endroit de celui qui nous avait fait confiance en 2017 et à qui nous restons attachés par le sentiment puissant qui naît d'un travail commun pendant trois ans, à laquelle se conjuguait la liberté que peut légitimement revendiquer celui qui n'est plus ni membre d'un gouvernement, ni membre d'une majorité parlementaire, mais redevenu élu local après avoir été élu sur son nom.

Peut-être fut-elle mal présentée. Peut-être fut-elle mal interprétée. Ce qui est certain, c'est que nous n'en avons pas varié. Tout au long de la tournée, entreprise dès que les conditions sanitaires rendirent possibles les déplacements et les séances de signature, nous nous sommes évertués à ne pas commenter l'actualité politique immédiate et à recentrer les conversations ou les interviews sur l'objet du livre, en expliquant aussi clairement que possible que, oui, nous étions loyaux au Président et que, oui, nous étions libres, en rappelant que le soutien loyal d'un allié libre était souvent plus utile que le soutien forcé d'un vassal contraint.

La seconde surprise a tenu aux sujets ayant retenu l'attention des commentateurs.

Notre plaidoyer pour le nucléaire, notre critique très vive de l'étalement urbain, l'analyse au fond assez critique de choix anciens et structurants pour notre Défense mais qui nous paraissent inadaptés à la nouvelle donne stratégique, notre proposition de réforme du Sénat, volontairement iconoclaste, n'ont fait l'objet d'à peu près aucune question au cours des conférences ou des interviews données pendant la longue tournée de promotion du livre.

Comment expliquer que certains passages du livre concentrent toute l'attention des commentaires quand d'autres sont systématiquement ignorés ? Comment ne pas remarquer que le fond intéresse moins que le vécu ? Nous ne voulons, par ce constat, mettre en cause personne sinon nous-mêmes : nous n'avons pas réussi à susciter le débat sur des sujets de fond qui nous semblent primordiaux pour notre avenir alors que nous avons su capter l'attention sur ce que nous avions vécu ou ressenti. D'autres ont plus de facilité pour créer le débat à partir de phrases définitives ou de propositions choc. Il n'est pas certain que cette qualité, précieuse dans le débat public tel qu'il est, suffise à susciter notre admiration.

La troisième surprise, qui fut moins une surprise par sa nature, que nous pressentions, que par son ampleur, a tenu au sentiment de désorientation profond dans lequel nous avons trouvé un grand nombre d'élus issus de la droite (et parfois de la gauche) devant le paysage politique actuel. Nous voulions profiter de la sortie du livre pour voyager, pour aller à la rencontre de nos lecteurs et pour profiter du plaisir de parcourir la France après des confinements parfois oppressants. La tournée nous conduisit dans plus de 50 villes et dans toutes les régions de France métropolitaine. L'usage républicain, et le plaisir des rencontres, commandait d'informer aussi souvent que possible le premier magistrat de la ville de notre venue, quel que soit son bord politique, quels que soient nos liens antérieurs, ou leur absence, avec le ou la Maire[1].

Au fil de la tournée, la perspective de notre venue a suscité, en particulier chez les maires issus de la droite républicaine, nombreux à être élus ou réélus en 2020, une palette de réactions particulièrement savoureuses.

Fallait-il recevoir l'ancien Premier ministre, apprécié d'une partie de l'électorat, mais qui avait quitté la « famille[2] » et servi une autre cause (mais était-ce vraiment une autre cause) ? Fallait-il s'afficher avec l'ancien chef de la majorité, dont les représentants siégeaient parfois (mais pas toujours) dans l'opposition au conseil municipal ? Fallait-il se montrer avec lui, au premier rang de la terrasse la plus en vue, ou au contraire le recevoir en catimini, par la porte

---

1. Nous avons presque systématiquement respecté cet usage et nous excusons platement auprès des quelques maires qui se seraient à bon droit émus de ne pas avoir été prévenus de notre visite.

2. Il y aurait beaucoup à dire sur l'utilisation abusive de la notion de « famille politique ». Sauf erreur de notre part, on choisit ses amis, pas sa famille. La connotation clanique du terme ne nous paraît pas, par ailleurs, renvoyer aux meilleures références en matière de débat public.

de derrière, ou même prétexter d'une autre obligation pour ne pas le voir du tout ? Certains géreront ça très simplement, au nom de l'accueil républicain cordial voire amical, d'autres couperont les cheveux en quatre en allant jusqu'à préciser qu'ils nous ont reçus « à notre demande », comme pour s'excuser de l'avoir fait, tout en le faisant.

Cet embarras, et la diversité des réactions, pourrait paraître anecdotique. Il l'est très largement et ne doit pas masquer combien l'accueil fut, en règle générale, chaleureux et bienveillant. Mais il constitue, à nos yeux, un indice supplémentaire du grand désarroi d'une bonne partie des élus locaux, le signe sans doute que la recomposition politique entamée en 2017 est bien loin d'être achevée, et que l'année 2022 en constituera une nouvelle étape importante.

Nous avons, du reste, été frappés par le nombre de maires de droite ou de gauche, assumant parfaitement leur attachement à une étiquette, à une forme de filiation ou de culture politiques, connaissant finement leur territoire et confiants dans leur enracinement électoral, qui disent ne plus se retrouver dans la structuration actuelle du monde politique, ni même dans les formations politiques auxquelles ils ont adhéré pendant longtemps. Le désamour pour le PS ou pour les Républicains, pour ne parler que des deux grands partis de gouvernement qui ont structuré le débat public des décennies durant, le scepticisme assez prononcé, et parfois injustifié, à l'égard de la République en Marche, le sentiment de ne plus pouvoir participer au débat politique national ont désarçonné un très grand nombre d'élus.

Les objections et les critiques souvent outrées de l'opposition parlementaire de droite face à des réformes souvent acceptées (voire souhaitées) par son électorat ont conduit bien des élus locaux à prendre une distance au moins intellectuelle avec un appareil partisan qui s'est radicalisé au point de ne plus être réellement en phase avec leurs électeurs. À gauche, c'est la tension croissante entre un communautarisme de plus en plus assumé par certains et l'attachement aux principes républicains universalistes rappelés par d'autres qui divisent les élus. À cette tension vient s'ajouter un débat compliqué sur la possibilité de conjuguer ce qui reste du modèle productif social-démocrate avec la composante décroissante et anticapitaliste de l'écologie conquérante et de l'insoumission revendiquée.

Les raisons peuvent différer mais la désorientation est partagée et l'insatisfaction à l'égard du débat public national est clairement formulée.

Message reçu.

Si certains élus sont désorientés, les lecteurs, eux, sont partout nombreux et bienveillants. Les libraires indépendants, que nous privilégions systématiquement, semblent heureux de pouvoir, à nouveau, organiser un événement. Ils nous confirment que le livre est bien vivant, et nous constatons que l'envie de politique l'est aussi, l'envie de rencontres, l'envie de débats, l'envie d'engagement, y compris chez les plus jeunes, à rebours des discours qui voudraient qu'ils soient, tous et pour toujours, perdus pour la cause. Et nous entendons les encouragements à persévérer en politique, à ne pas changer, à demeurer loyal au Président, à se préparer.

Aucune valeur statistique dans tout cela, mais des constantes, de Limoges à Libourne, de Mulhouse à Toulon, de Brest à Biarritz, d'Ajaccio à Angers, qui finissent par dessiner une tendance intéressante.

Là aussi, message reçu.

Au moment où nous rédigeons ce chapitre additionnel, nous ne savons pas qui sortira vainqueur de la primaire fermée des Républicains, nous ne savons pas si Éric Zemmour se décidera à être candidat ni si Anne Hidalgo, elle, y renoncera ; nous ne savons pas comment se dérouleront les deux tours de l'élection présidentielle et nous ne savons pas qui va gagner. Nous pensons que le président de la République sera candidat ; nous nous en réjouissons et nous le soutiendrons. Nous pensons que le prochain quinquennat comptera son lot de réformes délicates et impopulaires, que l'après-Covid, pour autant qu'il advienne clairement, posera à notre pays des questions sensibles, et nous espérons que le débat public préalable à l'élection présidentielle permettra aux Français de se prononcer sur les options qu'ils privilégient pour le futur de la France.

Et nous comptons bien participer à ce débat.

Car trois choses nous sont apparues clairement au fur et à mesure que Matignon s'éloignait.

D'abord que nous voulions continuer à être des acteurs du monde politique. L'idée peut faire sourire. Bien des gens pensent qu'il est impossible, pour un homme politique, de décrocher. Beaucoup jugent, avec le Don Salluste de *La Folie des grandeurs*, qu'un ministre ne sait rien faire sinon être ministre. Il paraît improbable que des hommes politiques encore jeunes puissent succomber à la tentation de Venise ou d'ailleurs. Et pourtant, chacun de notre côté, nous avons réfléchi. Terminer le mandat européen pour, ensuite, faire autre chose, ou bien conjuguer un engagement strictement local, au Havre, avec une aventure dans un cabinet d'avocats, ou bien encore changer de vie en partant enseigner dans telle ou telle université étrangère. Nous avons tous les deux travaillé dans le privé, nous pourrions facilement y retourner.

Pourtant, nous nous sommes dit assez vite que nous ne voulions pas arrêter. Parce que nous aimons la politique et ce qu'elle implique d'action collective, de compagnonnage, de joutes oratoires, de rencontres diverses et de déplacements parfois improbables. Parce que nous aimons la France et qu'il nous paraît, tout de même, que l'engagement public au service de son pays reste une chose digne et belle.

Parce que nous pensons que nous pouvons apporter quelque chose, pas tout, pas tout seuls, mais quelque chose d'utile néanmoins. Parce qu'entre un capitaine d'industrie admirable ou un universitaire génial et un homme d'État, notre admiration nous conduit toujours vers l'homme d'État à qui nous aimerions ressembler.

Continuer donc.

Et continuer en étant soi-même, tout en sachant qu'on ne sera jamais complètement identique, après Matignon, à celui qu'on était avant.

C'est qu'on ne cesse pas complètement d'être Premier ministre le jour où Matignon s'arrête. De la même manière qu'on ne devient sans doute pas pleinement Premier ministre le jour de sa nomination. Certaines choses s'évanouissent : le poids du quotidien disparaît d'emblée, la parole n'est plus contrainte, comme dans l'exercice du pouvoir, sinon du fait des obligations élémentaires qu'on s'impose à soi-même, l'emploi du temps s'allège, le niveau d'information baisse avec le tarissement des notes qui, sur tous les sujets, venaient documenter et mettre en perspective l'actualité. La vie change, bien sûr. Mais l'esprit de responsabilité, lui, demeure. L'impression laissée par le service de l'État ne cesse d'affleurer dans les réflexions les plus variées. Là où, avant, il était possible de se satisfaire d'une formule, la fonction passée vient nous murmurer, *in petto*, combien les idées sans traductions concrètes sont incomplètes et combien les postures sont vaines.

À Matignon, on apprend énormément. Sur la France, sur les autres, sur soi-même, sur des sujets qu'on croyait connaître, on découvre aussi des sujets dont on ignorait tout, et sur lesquels il faut parfois décider vite, voire bien. On découvre, on l'a vu, la complexité de la pratique de nos institutions, qui n'a d'égale que la complexité de leur théorie. On confirme parfois, par l'expérience, des intuitions anciennes. Bien plus souvent, on en tempère d'autres, autrefois affirmées avec force dans la chaleur des réunions publiques, mais que la réalité du pouvoir se charge de mettre en perspective ou de corriger.

Il est impossible d'appréhender les difficultés du pays après avoir eu la charge du gouvernement de la même manière qu'avant. Ceux qui ont eu la chance de l'exercer savent combien elle est difficile. Ils comprennent mieux les réactions de leurs prédécesseurs et sont sans doute plus enclins à une forme d'indulgence pour l'action de leurs successeurs. Il faut un certain temps, comme disait Fernand Raynaud, pour cesser d'être Premier ministre. Peut-être ne cesse-t-on jamais vraiment de l'être, au sens où l'on resterait indéfiniment marqué par l'expérience, qui commande de réagir face aux sujets du jour et aux affaires du moment sans facilité[1].

1. Peut-être un jour, au contraire, le souvenir de Matignon sera-t-il si lointain qu'il nous sera possible, avec une bonne

Continuer la politique, sans être ni tout à fait les mêmes ni tout à fait des autres, et construire pour l'avenir.

Au fil des rencontres et des déplacements, au fil des lectures, des conseils reçus, des sollicitations, aussi, une évidence nous est apparue : il existe une demande pour une offre politique nouvelle, une demande d'engagement collectif, une attente de nuance dans l'expression qui n'aurait d'égale que la détermination dans l'action, une demande de projection dans le long terme, une demande de vision des grands enjeux pour notre pays dans les trente prochaines années. Il existe, et c'est heureux, dans notre pays un très grand nombre de Français soucieux de l'avenir, désireux de ne plus voir la France se mentir à elle-même, préoccupés par l'affaissement du débat public, ouverts à une discussion qui permettrait de constater les risques auxquels nous devons faire face, de bâtir une stratégie collective pour y faire face et de retenir les mesures qui, une par une, dans le temps, avec constance et cohérence, permettraient d'y faire face.

Il existe, et c'est heureux, un très grand nombre de Français qui sentent que la France ne peut espérer

---

conscience éclatante, de nous borner à formuler des objectifs généraux et réjouissants en nous indignant qu'ils ne soient pas déjà atteints… Mais nous en doutons, et nous espérons que, si tel devenait le cas, nos lecteurs nous rappelleraient à nos devoirs !

trouver dans la contemplation de son passé, qu'elle soit nostalgique, exaltée voire lucide, le ressort de son identité. La France est une nation politique. Son identité n'est ni ethnique, ni linguistique. La France tient par ce qu'elle est un projet collectif, qui puise ses racines dans une histoire et une culture, mais qui aspire à l'universel et propose à chacun de participer à sa construction. C'est le projet qui tient la France, la volonté de construire quelque chose ensemble, et certainement pas l'idéalisation d'un âge d'or qu'on peine à identifier.

C'est pour cela que le 9 octobre 2021, nous avons créé au Havre un nouveau parti politique, nommé « Horizons ».

Pour préparer la suite.

Pour participer à la grande aventure française qui s'annonce.

Pour commencer à répondre à la question fondatrice de Robert Redford, alias McKay, lorsque tout commence :

« Et maintenant, qu'est-ce qu'on fait ? »

Table

D'ÉDOUARD PHILIPPE ET GILLES BOYER :

L'Heure de vérité, Flammarion, 2007.
Dans l'ombre, JC Lattès, 2011.

D'ÉDOUARD PHILIPPE :

Des hommes qui lisent, JC Lattès, 2017.

DE GILLES BOYER :

Un monde pour Stella, JC Lattès, 2015.
Rase campagne, JC Lattès, 2017.

PAPIER À BASE DE FIBRES CERTIFIÉES

Le Livre de Poche s'engage pour l'environnement en réduisant l'empreinte carbone de ses livres. Celle de cet exemplaire est de :
700 g éq. CO_2
Rendez-vous sur
www.livredepoche-durable.fr

Composition réalisée par Nord Compo

Achevé d'imprimer en France par
CPI BUSSIÈRE (18200 Saint-Amand-Montrond)
en février 2022
N° d'impression : 2063255
Dépôt légal 1re publication : janvier 2022
Édition 02 - février 2022
LIBRAIRIE GÉNÉRALE FRANÇAISE
21, rue du Montparnasse – 75298 Paris Cedex 06

79/3842/3